对外直接投资的产业升级理论与中国实践

房　裕　著

中国经济出版社
CHINA ECONOMIC PUBLISHING HOUSE
·北　京·

图书在版编目（CIP）数据

对外直接投资的产业升级理论与中国实践 / 房裕著 .
北京：中国经济出版社，2017. 11
ISBN 978 - 7 - 5136 - 4880 - 6

Ⅰ. ①对… Ⅱ. ①房… Ⅲ. ①对外投资—直接投资—影响—产业结构升级—研究—中国
Ⅳ. ①F832. 6 ②F121. 3

中国版本图书馆 CIP 数据核字（2017）第 236214 号

责任编辑　余静宜
责任印制　马小宾
封面设计　华子图文

出版发行　中国经济出版社
印 刷 者　北京九州迅驰传媒文化有限公司
经 销 者　各地新华书店
开　　本　710mm × 1000mm　1/16
印　　张　16. 75
字　　数　220 千字
版　　次　2017 年 11 月第 1 版
印　　次　2017 年 11 月第 1 次
定　　价　48. 00 元
广告经营许可证　京西工商广字第 8179 号

中国经济出版社 **网址** www. economyph. com **社址** 北京市西城区百万庄北街 3 号 **邮编** 100037
本版图书如存在印装质量问题，请与本社发行中心联系调换（联系电话：010 - 68330607）

前 言

《对外直接投资的产业升级理论与中国实践》研究的主题是以母国产业升级为导向的对外直接投资。近年来，发展中国家对外直接投资迅速增长，特别是中国的对外直接投资举世瞩目。《2016 年世界投资报告》和《2015 年度中国对外直接投资统计公报》数据显示，2015 年中国对外直接投资流量达到 1456.7 亿美元，高出日本（1286.5 亿美元）170.2 亿美元，位居全球第二，规模接近美国同期的 50%，达到日本同期的 1.1 倍，全球占比 9.9%，且连续 13 年保持快速增长，2002—2015 年均增长速度高达 35.9%，成为国际直接投资领域的重要议题。目前，中国正着力实施“走出去”和“一带一路”战略，其核心是推动企业对外投资。从现有的研究成果来看，对外直接投资与产业升级的关系是跨国投资研究领域的盲点，发展中国家普遍面临产业升级的艰巨任务，产业结构的合理化、高度化和高级化是对外直接投资的重要战略目标，由此对外直接投资的产业选择亦成为发展中国家的特殊问题，而构建以产业升级为目标的对外直接投资理论对发展中国家意义重大。基于前人的探讨，本书另辟蹊径，从产业升级新视角重点考察了中国的对外直接投资问题。

本书内容主要包括三部分：第一部分，是本书的第一章和第二章，包括绪论和文献综述及理论基础，重点从国际直接投资理论、产业转移理论和管理学三大理论视角来分析国内外对外直接投资与产业升级的研究现状，并梳理了国内外学者对二者关系的最新研究成果。第二部分，是第三章和第四章，这部分主要从企业投资动机的视角研究了美国、日本等先行国家通过对外直接投资促进母国产业升级的实践经验，并从微观动机、产业联动和宏观变量传导三个视角剖析了不同动机的投资对产业升级的影响，探讨了对外直接投资影响母国产业升级的内在机理。第三部分为本书研究的重点，包括第五章、第六章、第七章和第八章，重点研究了中国的对外直接投资发展与产业升级演进现状，并从微观和宏观视角实证检验了两者之间的关联，根据研究结论提出相应的政策建议。

国际金融危机所引发的全球资源要素和产业重新布局，对发展中国家的对外直接投资产生了较大的影响，涉及产业层面问题的研究也充满挑战。作为国际直接投资、产业经济学和管理学等学科的交叉领域，对外直接投资与母国产业升级关系的探究既有吸引力，也颇具难度。本书所追求的是深化对中国“走出去”战略的理解，探索中国对外直接投资的产业升级理论，为政府部门、学术界和跨国企业开展相关议题的研究拓展视野及理论思维空间。

房　裕

2017 年 8 月

目　录

第一章　绪论

1.1 选题背景与意义

1.1.1 选题背景

自 20 世纪 60 年代以来，以信息技术为代表的高科技产业迅猛发展，交通通信成本持续降低，推动了经济全球化进程，极大地扩张了国际直接投资的空间及规模。发达国家为强化其产品国际竞争力，纷纷以跨国公司为载体，通过对外直接投资、外包等方式将资源和劳动密集型产业，以及高新技术产业链中的劳动密集型环节分散到不同的发展中国家或地区，利用当地相对廉价的资源与劳动力组织生产以降低成本，推动全球价值链的片段化和空间重组，进而促进母国的产业升级。这种跨国界的生产要素流动改变了传统价值链的空间布局，为后发国家践行对外直接投资以促进母国产业升级提供了有益参考。在借鉴先行国家经验促进产业升级的实践中，韩国、新加坡、中国香港以及中国台湾地区等新兴工业化国家或地区成为新的对外直接投资的受益者，是借助对外直接投资带动其产业升级的典型代表，产业结构正沿着“劳动密集型→资本密集型→技术或知识密集型”的路径逐级攀升，在对外直接投资与产业升级的互动中赢得了经济高速发展，并跻身于先进国家或地区行列。

国际经验表明，对外直接投资具有母国产业升级效应，这是发达国家和新兴工业化国家创新产业升级路径的举措。然而，这些研究基本上均是以发达工业化国家为对象，即便是对后发国家或地区的探讨，也主要聚焦在已经成功的区域，如“亚洲四小龙”等。与发达国家或地区的对外投资不同，中国进行对外直接投资起步晚且数量和规模不高，在投资区域流向、行业偏好、企业选择和投资动机等方面与其他国家或地区相比有较大的差别，其产业升级的影响机理及效果也不尽相同。因此，在探究本论题的过程中，就需要明确对外直接投资的特征、动机与影响产业升级的机理，以及我国产业演进的规律，并通过典型案例总结和实证考察等方法谋求对外直接投资与产业升级间蕴含的内在关联，进而判定其是否存在产业升级效应，不能简单地对其他经济体的成功经验加以复制、扩展，而是应立足国情，来探索对外直接投资对我国产业升级的影响机理和内在规律①。

在开放经济条件下，由于外部环境存在多变性和不确定性，倘若一国或地区经济发展的外部依赖性过高，其对外贸易、外资吸引与产业结构调整等就极易遭遇外部不良冲击的影响进而受阻甚至中断。受金融危机的影响，中国外部需求骤减，高出口通道被阻断。受国内资源、环境与最终需求等条件的约束，高投资难以为继。因此，适时调整涉外经济发展战略与重构产业升级路径，以推动经济稳定与可持续发展势在必行。然而，当前来自外部压力和国内推力的双重驱动，使国内产业结构调整和转型升级迫在眉睫。

（1）产业升级的外部压力

在开放经济条件下，国家或地区的经济发展与产业升级，除依靠本身技术进步的自我强化机制外，在很大程度上还有赖于跨国界流动。自改革开放 30 多年来，通过大量吸引外商直接投资和鼓励发展出口贸易，中国创造了举世瞩目的经济连续 30 年高速增长的“奇迹”，在外向型经济发展模式引擎的驱动下，迅速在全球各经济体中确立了“经济大国”和“贸易大国”的地位。2009 年，出口贸易总额超过德国成为世界最大的出口国；2010 年，经济总量超越日本，成为仅次于美国的全球第二大经济体。

---

① 陈明森．国际产业转移的结构传导与区域互动——基于中国承接国际产业转移的实证研究[M]．北京：社会科学文献出版社，2012.

然而，中国在分享外资和外贸红利的同时也付出了代价。我国是“贸易大国”和“经济大国”，但并非“经济强国”，无论在技术先进性、产业高级化等方面，还是在企业全球竞争力、可持续发展等方面都存在不少问题。与此同时，伴随国际经济形势的骤然转变，国民经济发展过程中的一些深层次矛盾日渐凸显，主要体现在以下几方面：

其一，出口环境不断恶化，加剧了与主要贸易伙伴的贸易摩擦。世界经济发展中的不确定性增加致使美国等工业化国家产业政策回归，全球制造业竞争激烈，发达国家不断打压中国。新兴经济体经济增速放缓与通货膨胀严重，以及商品结构的类同性加剧了与我国的竞争，中国已成为全球贸易摩擦与纠纷的主要对象国。特别是2008 年金融危机造成外需大幅度缩减，使出口导向型行业遭遇严重冲击。事实上，自加入 WTO 以来的 10 多年，我国频繁遭遇国际贸易救济调查600 多起，累计金额达389. 8 亿美元。其中，美国发起100 起，欧盟70 余起；反补贴调查43 起，反倾销调查510 起，保障措施 106 起，特保措施达 33 起。中国连续 16 年（1995—2010）位居世界反倾销调查案件之首，连续 5 年（2006—2010）为世界遭受反补贴调查最多的国家①。

其二，盲目引进外商直接投资，导致国内资源消耗过度和生态环境污染日渐加重。与此同时，企业对境外先进技术和营销管理等优势的过分依赖，使中国成为发达国家的“代理工厂”，并被牢固锁定在全球产业链的最低端。Grossman 和 Krueger（1993）② 就曾强调，投资与贸易自由化所带来的市场和经济活动规模的扩大，不可避免地会造成环境污染和资源损耗，该观点为学术界所普遍接受。国内许多研究，如李国柱（2007）③、周

① 左安磊．后危机时代中国国际贸易摩擦的特点、趋势及对策[J]．世界贸易组织动态与研究，2012(5)：60 -69.

② Grossman G. and A. Krueger. Economic Growth and the Environment [J]. *Quarterly Journal of Economics*，1995，(2)：353 -377.

③ 李国柱．外商直接投资与环境污染的因果关系检验[J]．国际贸易问题，2007(6)：105 -109.

力（2009）①、张学刚（2010）②、张鹏（2013）③等的实证结果均证明，作为促进经济增长的代价，外商直接投资加剧了我国环境污染与生态破坏，这支持了“污染避难所”的观点。

其三，跨国公司以加工和装配低端环节为主的产业转移，在一定程度上加大了我国产业结构调整和优化升级的路径偏差与外部依赖。中国作为“贸易大国”，当前还主要是以加工贸易为主导，诸多关键零部件、设备以及原材料主要依靠从发达国家进口，在国际分工格局中处在产业链低端。Koopman 等（2008）④以贸易统计数据与投入产出表为基础，利用数学规划法重新测算后发现，中国出口中的海外成分比例高达50%，电子设备行业则高达80%，且自2003年以来，中国出口到美国的高新技术产品90%为外资企业生产。UNCTAD（2004）统计资料显示，21世纪初期与20世纪80年代的贸易条件相比较，发展中国家恶化了17%，但发达国家却改善了5%。

（2）产业升级的内在推力

自改革开放以来，在中国经济高速增长的过程中，产业结构适应需求变化支撑了过去的经济增长，但这种追求量扩张的发展模式产生和积累的矛盾，日渐成为影响未来经济健康发展的关键因素。未来一段时期是工业化中期转向工业化后期的过渡期，也是谋取从中低收入国家转向中高收入国家的跨进期。伴随全球分工模式与国内外环境的嬗变，以及中国工业化阶段性特点的变迁，产业结构矛盾日渐凸显并呈现出与以往相异的特征。从总体上来看，中国产业结构外在表现为三次产业间的关系不协调，实质却是价值链和产业链过度集聚在生产和加工制造环节的中低端，设计、研发、供应链管理、营销与品牌等核心环节的滞后或缺失，由此造成产能过

① 周力，应瑞瑶．外商直接投资与工业污染[J]．中国人口·资源与环境，2009(2)：42－50.

② 张学刚，钟茂初．外商直接投资与环境污染——基于联立方程的实证研究[J]．财经科学，2010(10)：110－117.

③ 张鹏，陈卫民，李亚楠．外商直接投资、市场化与环境污染——基于1998—2009年我国省际面板数据的经验研究[J]．国际贸易问题，2013(6)：88－97.

④ Robert Koopman. How much of Chinese exports is really made in China? Assessing domestic value－added when processing trades is pervasive[R]. NBER Working Paper, June 2008：1－49.

剩，资源、能源和环境压力加重，贸易条件恶化，国民收入增长率持续放缓，服务业比重偏低等问题，致使传统经济发展方式难以为继。因此，未来我国产业结构优化调整和转型升级迫在眉睫。

（3）产业升级路径新探

近些年来，特别是在加入 WTO 之后，中国经济增长势头强劲。受 2008 年金融危机的影响，世界经济深陷低迷的泥沼且复苏乏力，虽然中国经济增速出现小幅下滑，但 2013 年依然维持了 7.7% 的增速。与此同时，在对外直接投资、产业结构调整等方面还出现了令人鼓舞的景象。

第一，对外直接投资呈逐年攀升态势。伴随企业国际化能力的提升，中国掀起了对外直接投资的高潮。2002 年，对外直接投资额为 27 亿美元。2012 年，在国际形势复杂多变和世界经济复苏乏力的情况下，中国经济增长依然维持了平稳态势。此时，政府加快了"走出去"的步伐，大力推动对外投资便利化，对外直接投资创下 878 亿美元的历史纪录，成为当年世界第三大对外投资流量国，2003—2012 年，年均增速为 43.56%，对外直接投资有望成为推动国内产业升级的新动力（见图 1 - 1）。在对外开放的新形势下，国内资金、技术以及信息等要素正呈双向流动格局，国内经济与世界经济的联系更加密切，对外直接投资有望取代出口和外资，成为驱动经济增长和产业升级的新动力（江小涓，2006）①。

邓宁在投资发展周期学说②中指出，如果人均国内生产总值达到 2000 ~ 5000 美元则为投资发展周期的第三阶段，此时吸收外资的增速在下

① 江小涓．中国对外开放进入新阶段：更均衡地融入全球经济[J]．经济研究，2006(3)：2 - 9.

② 约翰·邓宁在 20 世纪 80 年代提出投资发展周期论，根据经济发展水平与对外直接投资的关系总结出人均 GDP 与对外直接投资间存在的规律性，并将其划分为 5 个阶段：第一阶段（人均 GDP 低于 400 美元），因经济发展水平较低，外资流入和对外直接投资都很少甚至为零；第二阶段（人均 GDP 在 400 ~ 2000 美元），伴随着经济发展，外资流入快速增加，并伴有少量对外直接投资，而净对外直接额为负值，但其绝对值在逐步增大；第三阶段（人均 GDP 在 2000 ~ 4750 美元），因经济发展水平持续提升，对外直接投资量大幅提高，且增长率超越外商直接投资，净对外直接投资额依然为负，但其绝对值在逐渐变小；第四阶段（人均 GDP 超过 4750 美元）对外直接投资流出量超越流入量，净对外直接投资为正，且呈增大趋势。1988 年，邓宁又提出了第五阶段，该阶段净对外直接投资依旧为正，但其绝对值开始下降。与前四阶段相比，第五阶段与经济发展水平的关联度减弱，但同发达国家间的交叉投资紧密相关。

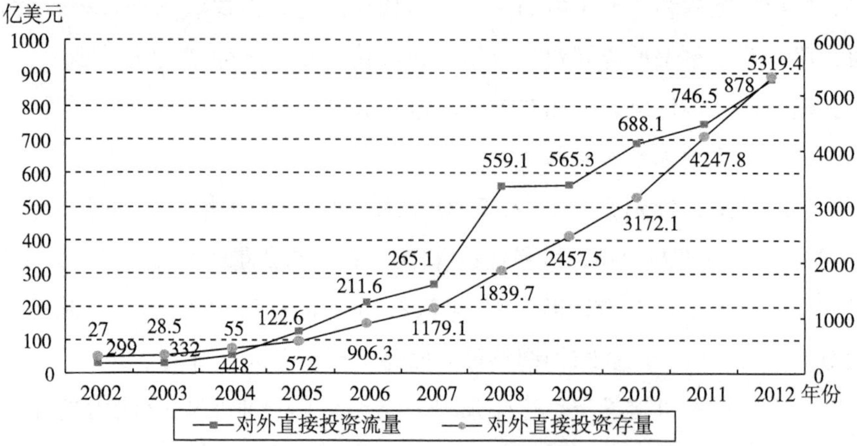

图 1－1　2002—2012 年中国对外直接投资流量与存量

降，对外直接投资将加速，尽管净对外直接投资额仍然为负值，但两者的差距在逐步缩小。图 1－2 和图 1－3 为中国 1983—2012 年人均 GDP 与人均净对外直接投资走势，2006 年我国人均 GDP 首次突破了 2000 美元，由此推断，中国已由投资发展周期的第一阶段、第二阶段跨入到第三阶段，对外直接投资呈持续增长态势，且对外直接投资增速超越外商直接投资，虽然我国净对外直接投资额依然为负值。根据 UNCTAD 数据的核算，2006—2012 年对外直接投资年均增速为 36.3%，显著高于同时期外商直接投资 8.8% 的年均增速。

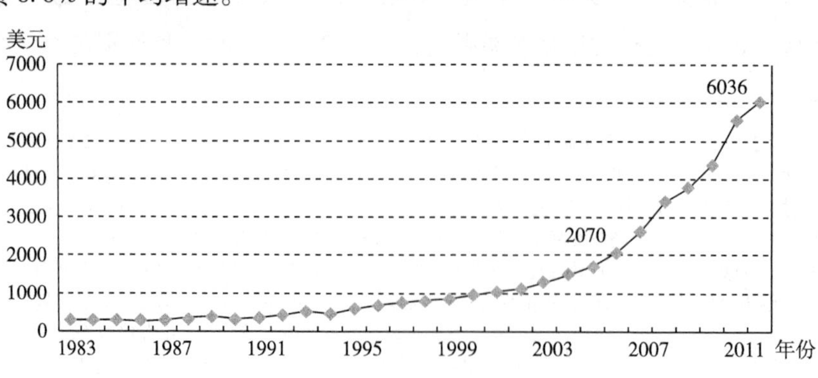

图 1－2　1983—2012 年中国人均 GDP

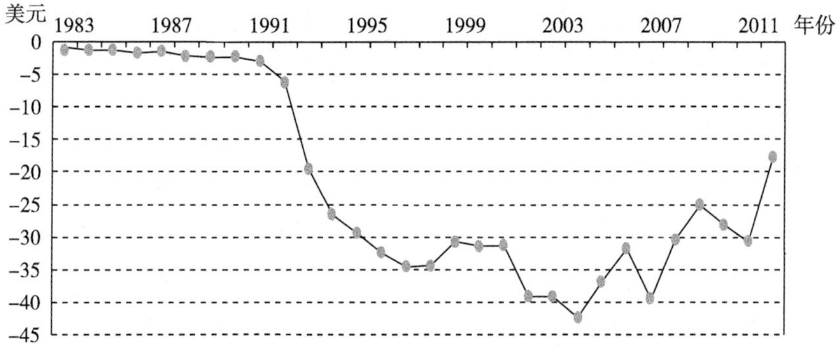

图 1－3　1983—2012 年中国人均净对外直接投资额

第二，国内产业结构呈现优化升级的阶段性特征。从三次产业来看，第一产业比重不断下降，经济增长还是以第二产业驱动为主，第三产业比重在不断攀升。第二产业、第三产业成为拉动就业增长的主体，但第三产业已超越第二产业成为吸纳就业的核心力量，这显示出工业化阶段产业结构不断优化升级的新特点。与 2002 年相比，2012 年第一产业占 GDP 比重下降了 3.66 个百分点，第二产业向上微调了 0.48 个百分点，第三产业增加了 2.18 个百分点；第二产业对 GDP 的贡献率为 45.12%，第三产业为 45.98%，第一产业为 8.91%；在就业结构上，与 2002 年相比，2012 年第一产业的就业比重下降了 16.4 个百分点，第二产业、第三产业则分别增加了 8.9 个和 7.5 个百分点。（见表 1－1）

表 1－1　2002—2012 年中国产业结构变动的情况（%）

GDP 结构	第一产业	第二产业	第三产业
2002 年	13.74	44.79	41.47
2012 年	10.08	45.27	44.65
份额变动	－3.66	0.48	2.18
对增长 GDP 的贡献	8.91	45.12	45.98
就业结构	第一产业	第二产业	第三产业
2002 年	50.0	21.4	28.6
2012 年	33.6	30.3	36.1
份额变动	－16.4	8.9	7.5

注：对 GDP 的贡献率按照现价计算。

从上述两大典型经济现象可以看出，对外直接投资发展与国内产业升级演进轨迹之间存在高度趋同性。那么，对外直接投资是否必然导致了或支撑了过去十多年的国内产业升级？在经济发展方式亟待转变与产业结构亟须转型升级的今天，中国快速推进对外直接投资能否成为带动国内产业升级的关键因素？2008 年金融危机诱发了全球要素、资源、企业以及产业等方向的大变革，这为中国企业“走出去”进行对外直接投资提供了空间和契机，因此探究对外直接投资对母国产业升级的影响，其学术价值和现实意义都毋庸置疑。

1.1.2 研究意义

主流的经济理论强调，资本存在边际报酬递减规律，为追求高收益必然会从富裕国家流向贫穷国家。然而，自 20 世纪 90 年代以来的投资实践却表明，诸多资本稀缺的国家正向发达国家或地区进行“逆向投资”。有些资本边际报酬高、经济增长速度较快的发展中国家更是经历了持续的资本流出而非流入，这被称为“国际资本流动悖论”（Lucas，1990）①。后发国家凭借自身积累的比较优势，主动实施国际化战略，通过资源获取以摆脱经济发展进程的高外部依赖性。中国在对外直接投资方面则走在了发展中国家的前列。因此，沿袭先行国家的逻辑与实践，学术界的很多新研究也开始将目光聚焦在与中国对外直接投资的相关问题上，对外直接投资与产业升级命题是其研究的焦点之一。

当下，中国经济正处在历史性的“转型”期，从发展理念到发展方式，从经济结构到经济体制等，其转型的广度和深度都是史无前例的。其中，产业结构调整和转型升级将是未来经济社会发展的核心要务。在国际分工和经济全球化日益深化的今天，对外直接投资作为影响国民经济发展的变量，其地位和作用日益提升。因此，重视对外直接投资相关课题的研

① Lucas, Robert E. , Why doesn't capital flow from rich to poor countries? [J]. *American Economic Review*, 1990, 80(2):92 -96.

究，如产业升级问题，具有极其重要的理论价值和现实意义。

首先，该论题能够丰富和完善对外直接理论和产业升级理论。早期关于对外直接投资问题的研究，主要聚集在投资动机、进入模式、区位流向、产业偏好和政策指引等方面，其产业升级现象被严重忽视且缺乏系统性分析，即便有部分研究也多散见于传统的对外直接投资理论中。近些年来，国外开始关注并高度重视该方向的研究，但尚未形成相对系统的分析框架。同时，在该理论领域的研究绝大多数都是从中观产业和宏观国家层面探讨直接投资的产业升级问题，侧重于微观企业视角的研究不多。但企业作为对外直接投资的主体，推动产业升级的核心引擎，重视企业对外直接投资的产业升级效应问题，有助于丰富和充实该领域的探究内容。故而本书选择从微观企业和宏观省际视角着手，探索我国对外直接投资的产业升级问题，是对现有对外直接投资与产业升级理论的有益补充。

其次，尝试构建后发国家以产业升级为主旨的对外直接投资研究框架，以摆脱由发达国家借助对外直接投资牵制后发国家的依附格局。在当前的国际分工格局下，发达国家还依然是“中心”，发展中国家或地区处于“外围”地位，进而发展中国家或地区沦为许多发达国家“过剩资本”输出和“边际产业”转移的主要对象，并被锁定在全球产业价值链的最低端。因此，当前如何谋取资本流入、流出的双向运动，特别是凭借自身积累的“后发优势”进行对外直接投资，积极主动地摆脱传统的产业升级路径依赖，进而实现产业价值链不断提升以及产品附加值增长，是需要审慎思考和深入研究的重要课题。

鉴于此，本书在梳理国内外相关理论解释和实证研究的基础上，对先行国借助投资推动母国产业升级的实践经验进行系统的归纳和总结，并将其促进产业升级的作用机理进行简明提炼和刻画，为实证建模提供参考。进一步地讲，通过对中国对外直接投资现状特点和产业演进的考察，实证检验 OFDI 对国内产业升级的影响，并依据估计结论提出有针对性的政策和建议。希望本书的尝试和努力能够揭示出对外直接投资影响产业升级的内在规律，以期为未来深化对外直接投资活动提供理论基础和经验指导。

1.2 相关概念界定

1.2.1 对外直接投资

国际资本流动是指一国（政府、企业或个人）同另一国（政府、企业或个人）间以及国际金融组织间资本的流入和流出。资本流动的载体有技术、商品和货币资金，其主要体现形式为商业资本、产业资本和金融资本。期限超过一年的国际资本流动被称为长期资本流动，主要包含证券投资、国际贷款与直接投资。根据直接投资流动方向的差异，可分为流入直接投资（Inward Foreign Direct Investment）和流出直接投资（Outward Foreign Direct Investment）。通常所讲的对外直接投资是指流出直接投资。作为资本国际化的形式之一，其定义目前学术界尚未达成一致，因侧重点不同，其具体内涵亦有所差别。

IMF 指出对外直接投资，是一国在境外从事经营并获取持续收益的一种投资形式，其目的旨在拥有企业的经营管理权①。OECD 强调，对外直接投资是通过与他国企业建立长期战略合作关系，取得经济利益并能对其有效控制的投资②，拥有他国企业 10% 及以上投票权即成立。类似地，《帕尔格雷夫经济学大辞典》、中国《对外直接投资统计制度》等文本也强调对企业的控制权。一些学者，如 A. G. 肯伍德（1992）③、Krugman（1997）④等也认为，进行跨境直接投资的主要目的旨在扩大企业的经营管理权。此外，部分定义则认为对外直接投资是企业资源在国际的流动（特别是无形资产），如将资本、技术、知识以及经营能力等资源向东道国输出（小岛

① IMF. Foreign Direct Investment Statistics: How Countries Measure FDI[Z]. Washington D. C., 2001:23.

② 联合国贸发会议．世界投资报告 1995[R]．北京:对外经济贸易大学出版社,1996.

③ [澳]A. G. 肯伍德,A. L. 洛赫德．国际经济的成长 1980—1990[M]．北京:经济科学出版社,1987.

④ 保罗·克鲁格曼．国际经济学[M]．北京:中国人民大学出版社,2011.

清，1987)[①]；企业所拥有的独特资源在企业内的跨国转移（原正行，1992)[②]。

国内对 OFDI 的定义也值得关注，如卢进勇（1997）把对外直接投资界定为掌控国外企业经营与管理权的投资行为[③]。同样，李东阳(2002)[④]、张继康（2004)[⑤] 等也表达了类似的观点，对外直接投资实质上是借助资源的跨国输出以达到控制企业国外经营管理权的活动。中国商务部将对外直接投资定义为，我国国内的投资者以实物、现金或无形资产等形式在海外及港澳台地区设立、购买国（境）外的企业，掌握该企业10%及以上股权，并以控制其经营管理权为核心目标的经济活动[⑥]。本书的对外直接投资采纳商务部的定义，即流出直接投资。

1.2.2 产业升级

产业升级是产业经济学的基础性概念和理论，其重要性毋庸置疑，但其内涵和概念迄今依然难以统一。Ernst（1998）强调，产业升级概念较为复杂，涵盖广义的创新活动，且不同产业与国家的产业升级往往呈现出不同的特点[⑦]。在现实经济活动实践中，人们对产业升级现象的认识可追溯至 17 世纪。1691 年，威廉·配第在考察英国当时的经济发展现状后发现，工业获取的利润比农业高、商业的利润比工业高，进而他认为伴随经济的发展，产业发展的重心将从有形财物的生产转向无形服务的生产，从而获取高经济利润[⑧]。此外，魁奈、亚当·斯密、阿·费希尔、霍夫曼、科

---

① 小岛清．对外贸易论[M]．周宝廉,天津:南开大学出版社,1987.

② 原正行．海外直接投资论[M]．广州:暨南大学出版社,1995.

③ 卢进勇．从《与贸易有关的投资措施协议》到《多边投资协议》[J]．世界经济,1997(10)：32－37.

④ 李东阳．国际直接投资与经济发展[D]．东北财经大学,2002.

⑤ 张继康．跨国公司与直接投资[M]．上海:复旦大学出版社,2004.

⑥ 商务部．2007 年中国对外直接投资统计公报[R]．商务部,2008:42.

⑦ Ernst D. Ganiatsos T. ,Mytleka L. Technological capabilities and export performance :lessons from east asia[M]. Cambridge University Press,1998.

⑧ 威廉·配第．配第经济著作文选[M]．北京:商务印书馆,1981.

林·克拉克、西蒙·库兹涅茨以及钱纳里等的拓展无疑更加丰富和完善了产业经济理论。

揣摩经典不难凝练，“产业”是指具有某些相似属性的企业集合体，是国民经济依照一定标准划分的部分，也是链接微观经济的企业与宏观经济单位的“集合概念”，且存在各种不同的分类方法（标准产业分类法、三次产业分类法等）。通常来讲，学术界主要从宏观和微观层面对其内涵进行解析：宏观视野考察的主要是产业部类和产业层次结构的变动；微观层面则从企业与产品内分工的视野来研究产业升级。本书将重点从这两个视角来阐述产业升级。

从宏观视角来看，产业升级是指随着国民经济的发展，一国三次产业间的比例及产业内逐步走向集约化，主要体现为：（1）三次产业及内部结构的比例不断升级，产业结构按照第一、二、三的次序演进与工业化的逐步推进，如重工业化、技术集约化等；（2）三次产业及内部要素结构的升级，即由劳动密集型到资本密集型再到知识或技术密集型产业的演进；（3）三次产业及内部技术进步驱动集约化。从微观视角来看，产业升级主要是指企业生产能力的逐步提升以及产品附加价值的增高。主要体现在：①企业生产流程的升级，即通过生产系统重组再造或者引进先进生产技术等，以促进生产效率的大幅提升；②企业产品的升级，即通过引进新生产线、新技术以及新工艺等，以增加产品的附加价值并提升产品的质量水平。

综合相关研究，笔者认为产业升级应从产业的经典定义层面来推定，而不能局限于某个具体的产业，即产业升级应内含两个不同升级方向且相互并列的产业发展内容：产业结构升级与产业深化发展①。前者体现国民经济内部异质性产业的时空布局，后者则揭示同质性产业在不同时空条件下的存在状态。其包含两种不同的资源配置形态：一是在等量投入获取等

① 产业深化是指在国际分工背景下，一国或地区总体上或某产业内的加工与再加工程度的逐步纵深化过程，进而实现技术集约化和高加工度化的趋势。产业深化发展的主要表现形式有：产品类别的增加、产品质量的提升、产品工艺的改进以及生产价值链环节的攀升等。

量利润回报的条件下，资源在各产业间流动；二是在竞争驱动条件下，资源在产业内部由低效率部门或企业流向高效率部门或企业。在此过程中，企业是推进产业升级的主体，在利润最大化动力的驱动下，企业通过自主研发、技术引进以及改进经营管理等手段，根据市场需求变化来组织生产，可以说企业在推动产业升级进程中发挥主导作用。当然，政府在推进产业升级过程中也发挥了关键性作用。企业的自主调节与政府的宏观调控相结合、相得益彰，共同促进并完成产业升级目标。同时，还需要特别强调的是，产业升级必须与经济社会的发展水平相适应，超前或滞后都将对经济社会的发展速度与质量产生不同程度的负面影响。结合选题，本书所探讨的产业升级主要是指产业结构升级，对于产业深化发展问题暂不讨论。

1.3 研究思路与框架

本书遵循“提出问题—分析问题—解决问题”的逻辑思路，在系统梳理和归纳总结相关研究文献和基础理论的前提下，提出研究论题。借鉴发达国家经验并结合国情，从微观动因、产业联动以及宏观变量传导三大视角尝试提炼出对外直接投资影响产业升级的机理；通过分析中国对外直接投资和产业结构升级演进的轨迹，发现二者具有一致性变动趋向；依托上述重要判断，重点从微观企业和宏观省际视野对以上规律进行了深入分析和实证检验，根据研究结论提出相应的政策建议。本书的基本思路和框架结构简化为图 1 -4。

1.4 研究方法与内容

本研究过程综合了经济史、产业经济学、国际经济学、区域经济学、计量经济学、跨国公司理论、管理学等多学科的观点与方法，结合中国对外直接投资和产业方面的数据，主要采用理论分析与实践研究、案例分析与比较研究、规范分析与实证研究、定性有分析与定量分析相结合的方法

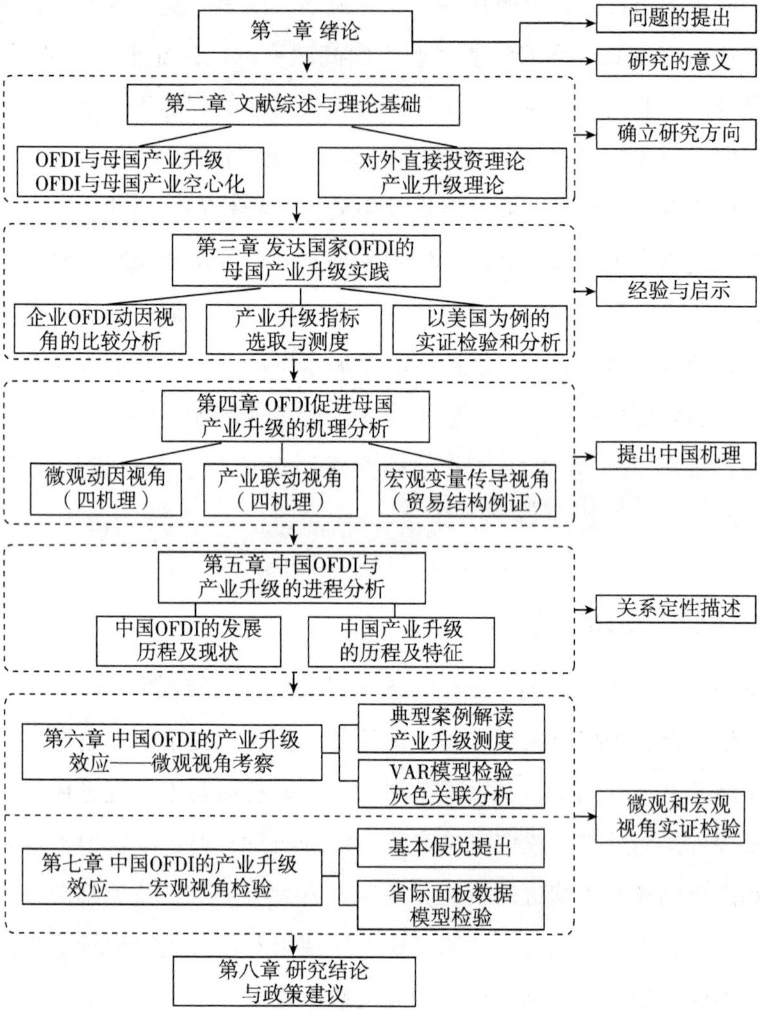

图 1－4　逻辑思路与基本框架

对选题进行尝试性的分析。通过对国内外相关研究文献梳理和总结，确定本研究的主体架构，为后续深入研究奠定了理论基础；通过对先行国家对外直接投资，推动母国产业升级实践的理论分析和实证判断，以期为中国借助对外直接投资带动国内产业升级提供经验借鉴；通过微观动因、产业联动以及宏观变量传导三大视角典型案例的解读，提炼并刻画出不同视角下对外直接投资推动母国产业升级的机理图，以期为下文指标筛选和实证分析提供技术支持；在相关理论研究、机理刻画、指标测度及模型分析的基础上，结合中国对外直接投资和产业升级的现状分析，以中国2012年对外直接投资存量排名前10位省市的面板数据为样本，以修正的钱纳里“标准结构”为模型，采取最小二乘法和广义最小二乘法定量考察了对外直接投资对国内产业升级的影响。

本研究共分为八章，内容安排如下：

第一章为绪论，对全书内容作了概括和介绍，以起到提纲挈领的作用，主要阐述了选题背景与意义、基本概念界定、研究思路与框架、研究方法与内容，以及创新点与不足。

第二章为文献综述和理论基础，文献综述主要从OFDI同母国产业升级以及母国产业空心化的视角，对当前相关研究成果作了简要回顾和述评，为本研究确立了方向；理论基础涵盖对外直接投资和产业升级两部分，对对外直接投资理论沿着发达国家、发展中国家以及中国三条主线，对当今国际直接投资理论进行了简要回顾和介绍，对产业升级理论的基本内涵、影响因素以及测度方法作了重点阐释，以上内容为研究中国对外直接投资问题提供了思路和方法。

第三章为发达国家OFDI促进母国产业升级的实践和经验，在对比分析了不同动机的投资后，以美国和日本为例并综合企业典型案例解读，进而提炼出不同类型的投资对产业升级的影响。进一步地，结合先行国家实际选取典型指标以测度产业升级状况，并以美国为例，通过VAR模型验证了对外直接投资具有母国产业升级效应的判断。同时，借助灰色关联理论考察了不同的投资行业与产业升级作用的关联度。对发达国家实践经验的分析和考察，为本研究提供了明确的现实基础和参考依据。

第四章为影响机理分析，在梳理和总结现有研究成果的基础上，主要沿微观动机、产业联动以及宏观变量传导三条主线，对对外直接投资影响母国产业升级的机理进行归纳、刻画和描述，并结合国情总结出了OFDI影响中国产业升级的综合机理，为实证分析提供了理论基础。

第五章为中国OFDI与产业升级的进程分析，主要是对两大经济现象的发展历程和主要特征作了概述。其中，对 OFDI 的演进及特点作了分析和解读，同时对中国 OFDI 与先行发展中国家 OFDI 特征作了对比。对产业升级问题，重点从新中国成立到改革开放及自改革开放以来二个阶段，对国内产业升级演进的特点和政策变化进行概述。根据二者发展和演进的时间轨迹，可以初步判断二者间蕴含某种内在关联，为后续实证研究奠定了现实基础。

第六章为微观企业视角的实证检验，基于企业不同投资动因并结合典型案例分析，总结出不同投资阶段所促成的产业升级的典型特征。通过选取并测度这些产业升级指标，发现其与对外直接投资关系密切，进而采取 VAR 模型实证研究得出结论：不同动因的投资对母国产业升级具有正向作用。进一步地，采取灰色关联分析给出了不同行业的投资对国内产业升级带动作用的关联度。

第七章为宏观省际视角的实证考察，本章以改进的钱纳里结构模型为基础，结合中国投资现状并采取 2012 年国内对外直接投资存量排名前 10 位省份的面板数据，借助固定效应模型证实了对外直接投资对国内产业升级存在积极作用。

第八章为研究结论与政策建议，在理论解释和实证检验的基础上，文章得出了主要研究结论，由此提出了有针对性的政策和建议。对本研究中存在的不足进行说明，并对今后的研究作了部分思考。

1.5 可能的创新与不足

（1）存在的创新

在探究本命题的过程中，可能存在的创新主要有以下三点：

第一，选题和考察视角的创新。从选题来看，学术界普遍关注了对外直接投资的东道国经济效应，对其母国经济效应尤其是产业效应研究不足，且分析结论存在较大异议。此外，在经验分析和实证研究上多以发达国家为主，没有将众多发展中国家，如中国纳入框架体系，而这些国家对借助对外直接投资推动国内经济增长和产业结构优化升级满怀期待。因此，基于中国的分析，揭示其对外直接投资的国内产业升级效应，学术价值和现实意义都毋庸置疑。从考察视角来看，以往的研究主要进行了中观产业和宏观国家层面的分析，本书从微观企业和宏观省际层面较系统地考察了中国对外直接投资对国内产业升级的影响，尤其是企业层面的详细阐述，基于企业四大投资动因并结合典型案例解析，总结出对外直接投资影响产业升级的规律，通过实证分析鉴别了所观测规律的真伪。遵循经验分析、规律总结和定量检验的基本逻辑，相关研究结论可以自圆其说，这为该领域的后续相关研究拓宽了思路。

第二，影响机理的系统性描述。以往的许多研究仅零星地涉及对外直接投资的母国产业效应，只给予了部分解释，但对其影响路径并没有详细地阐述。适用于中国对外直接投资影响国内产业升级的机理鲜有探讨。鉴于此，文章重点从微观企业投资动因和产业联动视野两大层面，对其影响机理进行了系统性总结和提炼。其中，微观动机视野归纳出资源导向型 OFDI 的重工业化效应、市场导向型 OFDI 的高加工度化效应、效率导向型 OFDI 的劳动生产率提升效应和战略资产导向型 OFDI 的高技术化效应；产业联动视野概述出传统产业转移效应、新产业促成效应、产业关联效应以及产业竞争和示范效应。此外，由于宏观变量传导视角的影响机理过程极为复杂，这里仅以贸易结构因素为例，对其影响路径作了简述。以此为基础并考虑中国实际，尝试性地提炼出对外直接投资影响国内产业升级的综合机理。基于文献梳理和案例解析，搜索、匹配并测度与对外直接投资相对应的产业升级指标，据此归纳并描绘出相对应机理的影响路径，这是对理论层面的部分创新。

第三，实证方法层面的创新。立足中国国情，在深入考察并借鉴先行国家采取对外直接投资驱动母国产业升级经验的前提下，按照投资典型案例解读、实践规律总结和产业升级指标检定的逻辑模式，归纳出对外直接投资影响母国产业升级的机理。将该分析模式应用于中国实践，以观测并检验不同动机所驱动的对外直接投资对国内产业升级的影响，不仅便于同先行国家作比较分析，也为后续实证考察奠定了理论基础。此外，因目前缺乏成熟的宏观层面的估测模型，本书尝试以结合中国国情修正的钱纳里模型为基础，在考虑了与投资过程存在紧密相关的过程变量，如投资的节奏、不规则等，提出判断中国对外直接投资影响产业升级的基本模型。由于中国开展对外直接投资的历史短暂，且区域性差距较大，若将全国31个省（自治区、直辖市）的数据纳为样本，不仅会产生非平衡的面板数据，而且以投资量较小的省份数据来解释经济现象的意义不大，且会对估计结果产生不利影响。因此，文章以2012年中国对外直接投资存量排名前10位省市的面板数据作样本，运用面板固定效应模型进行检测和分析，以期检测结论能为政府深化和优化对外直接投资活动提供指导，为借助对外直接投资，推动国内产业优化升级层面的政策制定和调适提供参考。

（2）存在的不足

由于中国对外直接投资尚处在起步阶段，对这样的崭新命题进行分析难免会存在诸多不足甚至缺陷：

第一，理论分析上存在难度。由于对外直接投资母国产业升级效应的探讨迄今尚未形成独立的理论框架，其思想或观点多蕴含于相关经典理论中，针对性的研究主要以定量考察为主，理论分析较少且层次不深。由于该问题涉及国际经济学、产业经济学、管理学和经济史等多个学科，因此，要从这些学科的交叉领域理出头绪，组建对外直接投资母国产业升级效应的分析框架，在技术层面存在一定的难度。

第二，微观层面的研究存在难度。企业是对外直接投资的主体，同时也是产业升级的主体。因此分析对外直接投资的产业效应，必须涵盖企业层面的研究，但当下的诸多研究，集中聚焦了中观和宏观层面的分析，对企业层面的关注不足，致使相关的文献和数据资料欠缺，给企业视野的讨论增加了难度。

第三，估计模型和样本选取存在困难。首先，既有的定量分析中鲜有被普遍接受的估计模型，尤其是宏观层面的检验模型。虽然有些学者尝试结合国情构建估计模型，但都存在这样或那样的问题，难以令人信服，甚至导致估计结果的偏误。其次，在数据搜寻上存在难度。微观企业层面的投资数据难以获取，即便宏观层面的数据能够查取，但由于数据区间长度较短，也只能建立小样本模型检测，这不仅制约了分析方法的选取，而且也造成估计结论的部分偏差，难以全面、真实地揭示对外直接投资的母国产业升级问题。

第二章　文献综述与理论基础

2.1 国内外文献回顾与评述

早期关于对外直接投资对产业升级影响的探索，主要聚焦于对外直接投资对东道国产业结构升级的影响，涉及对母国产业升级影响的分析不多。可以说，对外直接投资的母国产业升级效应是较新的研究命题。当下学术界对该命题的研究主要持两种观点：一是对外直接投资对母国产业升级存在积极效应，借助对外直接投资所获取的国际化资源、资本、技术以及市场等优势，推动母国产业升级；二是对外直接投资对母国产业升级具有消极影响，这种判断主要源自对外直接投资所造成的母国“产业空心化”问题。结合本研究选题，本书将重点阐述第一种观点，从而为本研究提供切入点。

2.1.1 OFDI 与母国产业升级

从研究范畴来看，OFDI 与产业升级问题属经济学和管理学的交叉命题，且对这一效应的分析和研究多散见于对外直接投资理论中。因此，可以根据对外直接投资理论的发展脉络对该效应进行归纳和梳理。按照投资主体可划分为两阶段：一是早期基于发达国家的对外直接投资，这一活动主要表现为发达国家对欠发达国家或地区的资本输出，典型理论，如维农（1966）的产品周期理论①、小岛清（1978）的边际产业扩

① Vernon. R. ,International Investment and International Trade in the Product Cycle[J]. *Quarterly Journal of Economics*, May,1966:190 -207.

张理论[①]；二是近年来基于发展中国家的对外直接投资，伴随经济发展和企业国际竞争力的提升，发展中国家的跨境投资问题开始引起学术界的关注，典型理论，如威尔斯（1977）的小规模技术理论[②]、坎特威尔等（1990）技术创新产业升级理论[③]。之后，逐步发展形成的直接投资理论更是对传统理论给予了补充和完善。可以说，产业升级问题与对外直接投资理论的发展之间有密切关联，这些理论都直接或间接地描述了两者的关系。

沿着对外直接投资理论的演进脉络，本书将从直接投资理论、产业转移理论以及管理学理论三大视角，对对外直接投资与产业升级间的关系进行梳理。

（1）直接投资理论视野的关注

从跨国投资的视角来看，考察对外直接投资与母国产业升级间的关系，其理论基础主要为海默的垄断优势理论、巴克利和卡森的内部化理论以及邓宁的折中理论。虽然，这些理论并没有直接对其关系给予明确阐释，但从中仍能清晰地观测出 OFDI 在促进母国产业升级层面上的积极效应。

邓宁（1958）曾在《美国在英国制造业中投资》中指出，美国1870—1940年对英国进行直接投资后，对推进美国工业化发展发挥了积极作用[④]。受这一观点启发，海默（1960）提出垄断优势理论，也称为市场不完全理论，以解释美国等发达国家的对外直接投资问题。海默观察到企业对外直接投资的动机主要有两个：一是规避风险并获取最大化收益；二是利用自身垄断优势与对手竞争以获取最大化市场份额。这种垄断优势或

---

① Kojima, K. , Direct Foreign Investment: A Japanese Model of Multinational Business Operations [M]. London: Croom Helm, 1978.

② ［美］刘易斯・威尔斯，第三世界跨国企业[M]. 叶刚，杨宇光，译. 上海：上海翻译出版公司，1986：14 – 72.

③ Cantwell John, Tolentino. Technological Accumulation and Third World Multinationals [R]. Berkshire: International Investment and Business Studies, 1990.

④ Dunning J. H. . American Investment in British Manufacturing Industry [M]. London: Allen and Unwin, 1958: 320.

来自规模经济、技术优势、市场占比、经营能力以及资本获得等[1]。进一步地，该理论得到金德尔伯格（1969）[2] 以及凯夫斯（1971）[3] 的认同。金德尔伯格认为，为了赢得竞争跨国公司必须对其垄断优势进行资本化，这些优势来自要素市场不完美（管理、技术等）、产品市场不完美（产品异质、营销技能）、规模经济以及政府干预等。凯夫斯则指出，跨国公司可以通过垂直化将公司的独特优势内部化，以节省交易成本并最大化公司的特定优势。从中能够看出，企业国际化的关键在于要素市场和产品市场的不完美以及跨国企业利用市场不完美的能力。跨国公司利用垄断优势进行对外直接投资，除为了获取更高的经济利润外，还在于借助国际化的优势资源夯实这种垄断优势，以提升母国企业的国际竞争力，这无疑会促进母国产业发展。

巴克利和卡森（1976）用内部化理论解释对外直接投资问题，尽管该理论的前提假设还是市场不完美，但其观察问题的视角不再集中于产品特性、市场阻碍以及规模经济等方面，而是从市场不完美或垄断会诱发企业交易成本上升[4]方面来进行。内部化理论认为战后企业的跨国直接投资取决于企业内部交易与市场交易的对比，市场不完美导致企业交易成本增加，推动企业利用内部化市场替代外部市场，以节约交易成本。内部化理论强调，跨国直接投资不是简单地资本转移，而是建立在所有权优势上的企业经营管理与控制权的扩张，借助企业管理机制，低成本地协调企业生产并实现资源最优配置，以克服外部市场的不完全获取内部化收益。跨国直接投资企业通过内部化优势实现交易成本节约，这对企业及产业竞争力的提升都将产生正向效应，对母国产业结构调整和升级也将产生积极影响。

---

① 薛求知. 当代跨国公司新理论[M]. 上海:复旦大学出版社,2007:4.

② Kindlebergr C. P. , American Business Abroad: Six Lcetures on Direct Investment[M]. New Haven:Yale University Press,1969.

③ Caves R. Causes of Direct Investment: Foreign Firms' Shares in Canadian and United Kingdom Manufacturing Industries[J]. *Review of Economics & Statistics*,1974(56):279 -293.

④ P. J. Buckley and M. Casson. The Future of the Multinational Enterprise[M]. Holmes & Meier, 1976.

邓宁（1977，1980，1988）在综合现有研究成果的基础上提出折中理论，即 OIL 模式[①]。根据该理论，当跨国公司拥有以下三种优势时可以进行对外直接投资：一是所有权优势，即企业内部化的资产。这些特定优势可能源于企业的自身创造。例如，技术优势、专有知识、组织管理以及人力资本等，也可以从外部购得，但要获得使用权。这些所有权资产可能是知识产权、规模经济、范围经济以及具有知识和技术特性的；二是内部化优势，所有权优势要植根于企业生产经营的内部化，而非通过转让、出售或许可等形式为其他公司所使用。企业进行内部化的目的旨在降低市场风险及不确定性，以节约交易成本并提高企业效率和获得规模经济；三是区位优势，这些特定的区位优势要能保证比国内市场及其他境外市场获得更高的利润，且这些区位专有要素是不可流转的，并无歧视地对所有国家的企业开放。这些区位优势主要包括自然资源、劳动成本、税收优惠、市场规模、政府政策、生产专业化及集中度等便利条件。邓宁认为，这些特定优势决定了企业应开展对外直接投资而非其他的国际经营活动。该理论不仅详细解释了资源导向型 OFDI、市场导向型 OFDI 和效率导向型 OFDI，而且对战略资产导向型 OFDI 给出了有效和合理化的解读，而这些投资无不与母国产业发展密切相关。进一步地，邓宁等（2008）在一个综合框架内，总结了四种不同动机下投资类型所对应的三大优势，以及相适应的战略目标和适宜的行业（见表 2－1）。折中理论以国家经济利益为出发点，为企业借助何种方式参与国际竞争指明方向，其中对外直接投资对母国产业发展无疑会产生积极影响。

---

① Dunning J. H.. Trade. Location of economic activity and the multinational enterprise: a search for an electic approach[A]. First published in Ohlin B. Hesseilorn P O. Wijkman P M. The international Allocation of Economic Activity[C]. London: Macmillan, 1977.

表 2-1　OIL 框架与投资动机

投资类型	所有权优势（O）	内部化优势（I）	区位优势（L）	战略目标	适宜行业
资源导向型	资本、技术、市场准入、互补资产、议价能力	确保在合理价格上稳定供应，控制市场	资源拥有状况，相关交通通信基础设施，税收优惠与其他激励	获得使用资源的特权或优先权	能源，矿产品，农产品；出口加工业，劳动密集型产品；某些离岸服务
市场导向型	资本、技术、信息、管理与组织技能、研发能力、规模经济产生品牌忠诚度	降低交易成本与信息成本，买方的不确定性，保护产权	市场规模及特点，政府政策（管制、进口控制、投资激励等）	保护现有市场，反击竞争者，阻止竞争者或潜在竞争者进入新市场	计算机、医药、汽车、香烟、加工食品、航空、金融服务
效率导向型	上述优势，范围经济，地理分散或积聚，中间投入的国际采购	垂直一体化和水平多元化经济	产业集聚和专业化；东道国对当地生产的鼓励，有力的商业环境	通过地区或全球范围的合理化生产，获得专业生产的利益	汽车、电子器具、家电、纺织服装、医药、商业服务、研发
战略资产导向型	能配合现有资产的上述优势	共同治理经济，改善竞争优势和战略优势，降低或分散风险	能提供公司缺少的技术、组织和其他资产的上述任何优势	加强全球创新竞争力和生产竞争力，获得新的产品线或市场	知识密集型产业

资料来源：何帆等．中国对外投资：理论与问题［M］．上海：上海财经大学出版社，2013.

基于投资理论的实证研究也很丰富，如 Kumar（1998）借助案例分析发现，亚洲新兴工业化国家或地区通过对外直接投资，从发达国家获得了更先进的技术、更强大的营销网络及更好地创建品牌等优势①；Branstetter（2000）认为，日本向美国进行直接投资获得了知识溢出的好处②；Lipsey

① Nagesh Kumar. Multinational Enterprises, Regional Economic Integration, and Export - Platform Production in the Host Countries: An Empirical Analysis for the US and Japanese Corporations [J]. *Weltwirtschaftliches Archiv*, 1998(3): 451-483.

② Branstetter, Lee. IS Foreign Direct Investment a channel of knowledge spillovers? Evidence from Japan's FDI in United States [R]. NBER Working Paper, No. 8015, 2000.

（2002）强调，跨国企业在进行对外直接投资时，一部分生产要素资源将流向新兴产业，这将促进本国的生产由资源产品向资本或技术密集型产品转变，从而带动母国产业的调整和升级①；Love（2003）指出，企业借助对外直接投资在东道国获得了廉价资源、先进技术及规模经济等有利条件②。国内研究也证实了上述论点，如陈继勇在分析美国企业的跨国投资时指出，20 世纪八九十年代美国经历了一次大规模的产业转型升级，主线是制造业对传统产业的扬弃，取而代之的是全新的 IT 产业和以知识创造为基础的新兴产业。在政府的鼓励下，跨国企业以 OFDI 的形式将传统产业输出海外，促进了美国高新技术产业的发展；刘辉煌（1997）在考察日本产业演变的过程中发现，战后的日本产业发展经历了从一产向二产和三产的转变。从产业内部的演进来看，对外直接投资与产业内部结构调整存在紧密关联，OFDI 在产业调整上的投向大致遵循从低效率产业向高效率产业、从劳动密集型生产向技术密集型生产以及从低附加值产品向高附加值产品的规律。由此可见，借助 OFDI 日本将处于或即将处于衰退的产业输出，进而为潜在竞争优势产业的发展提供空间③。之后，李国平的研究也印证了该结论；肖卫国（2002）在研究德国企业的 OFDI 时观测到，20 世纪 80 年代德国高科技产业的技术相对落后，为提升本国企业的技术水平，德国政府鼓励跨国企业通过 OFDI 获取国际化技术等优势，实现对其他发达国家的追赶以寻回失去的市场，这为德国产业结构的调整和升级创造了有利条件④。

（2）产业转移理论视角的认识

从产业转移理论视角来看，对外直接投资对母国产业发展影响的研

---

① Lipsey, R. Home and host effect of FDI[R]. NBER Working Paper Series: 9293, 2002.

② Love, J. H. Technology sourcing versus technology exploitation: an analysis of US Foreign Direct Investment flows[J]. *Applied Economics*, 2003(35): 1667 - 1678.

③ 刘辉煌．日本产业海外转移的新趋向与中国利用外资的对策分析[J]．金融与经济，1997(3): 48 - 52.

④ 肖卫国．跨国公司海外直接投资研究：兼论加入 WTO 新形势下我国利用外商直接投资的战略调整[M]．武汉：武汉大学出版社，2002.

究，多数集中在对美、日等发达国家案例的研究和考察上，代表性理论有阿·刘易斯的劳动密集型产业转移理论、小岛清的边际产业扩张理论、赤松要的雁行理论以及小泽辉智的动态比较优势投资理论。

刘易斯（Lewis，1978）对20世纪60年代以来美国等发达国家的对外直接投资进行研究后提出劳动密集型产业转移理论①。该理论指出，战后因发达国家的人口增长率降低导致劳动力的供给不足，致使国内劳动力成本增加，这致使它们将失去比较优势的劳动密集型产业转移至海外，但结果却加速了美国产业结构转型升级的步伐。20世纪70年代，新加坡、韩国、中国香港以及中国台湾在承接来自发达国家产业转移的同时，也将其劳动密集型产业转向泰国、印度尼西亚、马来西亚以及菲律宾等后发国家，这不但推动了东亚地区劳动密集型产业结构的调整升级，对输出国的产业升级亦发挥了积极作用②。

小岛清（1978）在分析日本对外直接投资的实践后提出了边际产业扩张理论。此理论以H－O要素禀赋理论为基础，指出对外直接投资应按照从本国处于或者即将处于比较劣势的产业（边际产业）逐次展开，这不仅能够带动本国对外贸易的发展，且对东道国以及本国产业结构的调整和转型升级都大有裨益。后来，这一研究结论得到较好的验证，如Hiley（1999）观测到，日本将处于衰退的纺织业向境外输出后对国内新兴产业的成长起到了促进作用③。邓宁（1981）也发现，英国借助对外直接投资向海外输出夕阳产业后，不仅没有阻碍产品出口，而且对本国的产业结构调整产生了积极作用。国内部分研究，如张雪宁等（1996）分析指出，单纯依靠吸引外资仅能引进投资国的成熟或标准化技术以及劣势产业，难以获取新的、先进的技术。因此，应该“走出去”到发达国家高技术行业投资以获得先进技术、管理及销售技能。同时，对相对某些发展中国家具有

---

① Lewis, W. A., The Evolution of the International Economic Order [M]. Princeton: University Press, 1978.

② 刘文娟. 发达国家劳动密集型产业转移的因素分析及启示[J]. 桂海论丛,2007(4):6－9.

③ M. Hiley. The dynamics of changing comparative advantage in the Asia－Pacific region [J]. *Journal of the Asia Pacific Economy*,1999.

比较优势的行业或技术领域，可以通过直接投资将我国部分处在衰退期，但在东道国还存在优势或潜力的技术进行输出①；范飞龙（2002）研究认为，对外直接投资应按照产业区位优势原则，即较东道国同水平的产业具有比较优势，这样才能发挥 OFDI 推动产业升级的功能②。此外，王根军(2004)③、冯志坚（2008)④ 等基于小岛清的思想指出，借助 OFDI 实施比较劣势产业转移不仅能够为国内新产业的促成释放稀缺资源和空间，而且技术寻求性 OFDI、资本寻求性 OFDI 等更从发达国家获取先进技术与优质资本，进而促进母国产业升级。

赤松要（1986）在对东亚各国对外直接投资与产业升级的关联探索后提出了雁行理论，用于解释产业在不同国家或地区之间的转移问题，并指出产业转移大致遵循从消费资料到资本资料、轻工业到重工业以及原材料生产到加工组装的演变规律⑤。东亚各国借助承接产业→消化吸收→创新后再转移的模式能够推进国内产业的调整和升级。在此基础上，小岛清给出了产业转移应遵从的标准，即边际产业转移准则或小岛清模式（从处于或即将处于劣势的边际产业逐次展开）。之后，小岛清按照该标准对日本和美国的对外直接投资与产业升级间的关联进行了对比检验，结果发现：日本参照该原则将比较劣势产业转移后，不仅对本国产业升级产生了积极作用，对东道国产业优势的提升也存在正向效应；但美国将比较优势产业输出国外后，却没有促进本国产业结构的调整和升级。边际产业转移理论的核心思想是，通过向国外输出比较劣势产业或夕阳产业，为国内新产业的形成和发展提供基础性要素资源，进而促进产业调整和升级。之后，Hiley 在分析日本对东盟等国进行直接投资以及产业转移能否对应雁行模式

---

① 张雪宁，胡振华．比较优势理论在国外的实践及对我国投资决策的启示[J]．财经理论与实践，1996(4)：67－68.

② 范飞龙．论我国对外直接投资的产业选择[J]．国际贸易问题，2002(11)：36－39.

③ 王根军．比较劣势产业对外直接投资与我国产业升级[J]．云南财贸学院学报（社会科学版），2004(3)：8－9.

④ 冯志坚，谭忠真．对外直接投资与母国产业升级的理论分析[J]．沈阳教育学院学报，2008(1)：90－93.

⑤ [日]赤松要．我国羊毛工业产品的贸易趋势[M]．东京：商业经济论丛，1986.

后得出，借助对外直接投资，日本已成功将比较劣势产业（如纺织业）输出境外，由此所释放出的要素资源对新产业的形成和发展带来了正向效应。同时，他还指出利用雁行理论指导投资的国家或地区，其直接投资与产业发展水平相适应。类似地，Dowling（2000）以亚洲国家 22 个行业的数据为基础，考察其对外直接投资能否支撑雁行理论。分析结果显示，在具备比较优势的前提下，后起国家或地区的对外直接投资方能对母国产业升级发挥积极影响，典型的案例是新加坡和韩国通过 OFDI 推动工业化及产业结构调整和升级①。

延续小岛清的思路，小泽辉智（1992）在考察 20 世纪六七十年代日本直接投资活动的基础上，提出了动态比较优势投资理论。他认为按照小岛清的边际产业转移说，将比较劣势产业输出后对母国产业结构调整或存在风险。这一认识主要是基于以下考虑：一是若企业将比较劣势产业输出能从东道国获取更高的收益，会形成“羊群效应”促使更多的企业进行跨境投资；二是直接投资为“一揽子”要素输出，包含同质要素（如劳动力）和异质要素（如独特资源），而异质性要素的输出会阻碍本国新产业的形成②。因此，小泽辉智强调对外直接投资应以提升本国存在或具有比较优势的产业为导向，使对外投资与母国产业结构的调整和升级相匹配。日本的境外直接投资与其他发达国家不同，其生产专注于劳动或技术标准化行业，产业结构异于发达国家。该理论实际上是在强调，后行国家的对外直接投资应与自身经济发展水平相适应，否则很难达到利用投资驱动母国产业升级的目的，这无疑对边际产业转移论提供了有益补充。

（3）管理学理论视野的判断

从管理学视角分析 OFDI 的产业升级问题，主要是从企业的特有资源、产业链等处着手，考察企业对外直接投资对自身的影响，进而对企业所处

---

① Dowling, M. and Rey, D. The structure and composition of international trade in Asia: historical trends and future prospects[J]. *Journal of Asian Economics*, 2000(11): 301 - 318.

② Magnus Blomstrom, Denise Konan, Robert E. Lipsey. FDI in the Restructuring of the Japanese Economy[R]. Cambrige: National Bureau of Economic Reaerch, 2000.

行业的发展产生积极作用。

美国经济学家维农（1966）在其《产品周期中的国际投资与国际贸易》一文中提出了产品生命周期理论。他观测到在产品全部生命周期中，生产所需要素会出现变动，故而在新产品生产中能够观测到一个周期，即产品创新阶段、产品成熟阶段及产品标准化阶段构成的产品生命周期。出现这种周期的原因在于各国技术进步的差距。事实上，这一思想源于波斯纳的技术差距理论。维农以此理论来分析跨国公司的对外直接投资问题。他认为，发达国家利用对外直接投资将部分比较劣势产业转移至国外，与本国企业所生产产品的生命周期密切相关。弗农指出伴随技术等外在条件以及产品比较优势的动态变化，老产品或产业将在本国市场失去竞争优势，但相对其他国家可能具有比较优势。企业通过跨境直接投资的目的是将这些处于或即将处于比较劣势的产业转移至国外，以延长产品的比较优势进而占据海外市场。该理论表达了这样的思想：企业的对外直接投资是产品生命周期运动的外在体现。

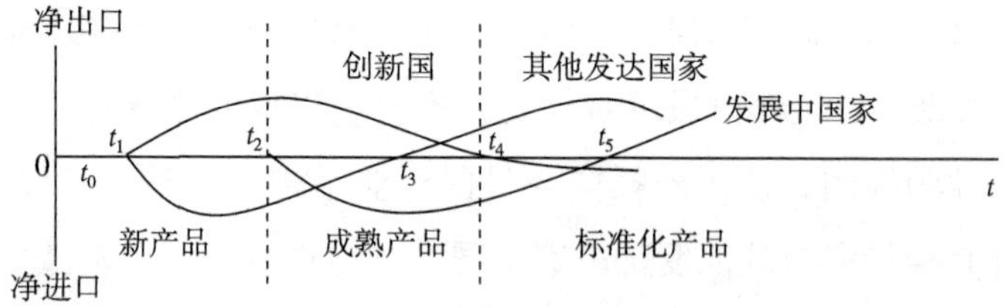

图 2－1　弗农的产品生命周期理论

将产品生命周期理论用图 2－1 描述。在 t_0时刻，新产品由创新国家研制而成。由于该阶段的产品技术尚需创新提升，生产基地分布在国内，且生产规模较小，消费也集中在国内，但到了 t_1时刻，开始出现小额国外需求。随着时间的推移，产品进口国家通过学习和模仿能够在本国自行生产，并替代部分进口，产品进入成熟阶段（t_2t_4），此时创新国的生产成本开始增加，市场对产品的需求也在增加，先发企业为延长产品生命周期及巩固并扩大市场份额，开始借助对外直接投资形式将生产转移至境外，以阻止竞争者进入。进入 t_4阶段后生产技术趋于成熟，产品达到标准化阶段，由技术密集型转化为资本密集型，到达 t_5时刻，产品开始变成非熟练劳动生产。产品和技术的标准化让先发企业失去比较优势，节约成本为企业之关键，此时通过对外直接投资将生产基地转移至劳动密集型国家，并从国外进口该产品，而该企业将再次步入新的研发和生产中。

生命周期理论强调，生产技术和要素等条件的变化导致企业的产品逐步丧失垄断优势，为延长产品的生命周期，企业将利用对外直接投资将成熟产业输出到廉价资源的国家或地区，而企业将从事新产品的研发、设计和生产等活动，这一进程推动了母国产业结构的调整、升级和发展。很多实证分析论证了该观点。例如，Blomström 等（2000）在分析日本对外直接投资与产品出口间关系时指出，通过对外直接投资企业成功地锁定了产品海外市场份额，为母国经济发展和产业升级提供了有利条件①。张宏（2003）借鉴弗农的思想提出，我国企业的对外直接投资应与产品的生命周期相适应借以发挥比较优势，并给出国内企业进行跨境直接投资行业的选择准则：劳动密集型及技术标准化行业为主导产业，服务业为策略产业，研发型技术产业为战略产业，资源开采型产业为预防性产业②。

坎特威尔和托兰提诺（1990）在解释自 20 世纪 80 年代以来，后起国家对发达国家直接投资的迅猛增加现象提出技术创新产业升级论。该理论强调发展中国家的企业技术创新、产业升级与对外直接投资之间存在紧密关联。他们认为，技术创新是产业发展的源泉和基础，后发国家的企业通过不断的技术积累能够推进产业结构的调整和升级。同时，技术是决定后发国家进行境外投资的关键因素，直接影响企业跨境投资的进入方式和规模速度。后发国家企业在进行境外直接投资过程中，其区位投向及产业偏好等选择是动态的、变化的，但也存在一定的规律性，在区位选择上一般从地理位置临近的周边国家或地区逐步向其他国家延伸；在产业偏好上，往往会从资源密集型行业向资本密集型行业及技术密集型行业拓展。可以

---

① M. Blomström. Foreign Investment and Productive Efficiency [J]. Journal of Industrial Economics, 1986(15):97 - 110.

② 张宏. 我国对外直接投资的产业选择[J]. 齐鲁学刊,2003(3):42 - 44.

说，该理论为后发国家企业进行跨国投资提供了新的参考准则，即便那些不具备显著国际竞争优势的企业也能从中发现有价值的信息。当然，这一理论也存在明显的缺陷，即它强调发达国家能够依靠自身投入实现技术创新，而后发国家只能被动地进行学习和模仿以提升技术水平，这显然无视了其自主创新能力。但从整体上来看，这一理论还是很值得称道的。之后的很多实证研究更证实了该思想。例如，Advincula（2000）在考察韩国企业的跨国投资后认为，借助对外直接投资，企业将在本国生产的低端链条转移至境外，这直接提升了企业生产的技术密集度，对母国产业结构调整和升级发挥了积极作用。此外，部分研究还从技术溢出视角考察直接投资带动母国产业升级①，如 Griffth（2001）②，Falzoni（2005）③ 等研究均指出，对外直接投资有助于母国企业生产效率的提升，这对推动母国产业升级大有裨益。

相对于发达国家较成熟的理论研究，国内的探索更多聚焦于对 OFDI 促进母国产业升级机理或路径的考察上。以下几方面的解读颇具代表性：一是 OFDI 通过调整供求推动母国产业升级，如江小涓等认为，OFDI 在三个方面共同作用下促进母国产业升级：（1）企业内部结构的调整，跨国企业在实施对外直接投资后，借助新生产线对企业进行改造；（2）产业内部结构的调整，跨国企业在实施对外直接投资后，将母国企业转移至其所在行业的上下游部门；（3）产业间结构的转移，跨国企业在实施对外直接投资后，将母国企业转向新产业。很多实证研究显示，发展中国家在进行对外直接投资后，不仅使跨国企业的获利能力得以提升，其垄断优势也得以巩固，如中国香港企业通过 OFDI 将劳动密集型产业输出至内地或东南亚

① Advincula. R. Foreign Investment, Competitivencess and Industrial Upgrading: the case of the Republic of Korea[J]. *MA thesis*, 2000(9): 1 – 49.

② Griffith, Gedding, and Van Reenen. Hsiu – Ling Wu, Chien – Hsun Chen. An Assessment of Outward Foreign Direct Investment from China's Transitional Economy[J]. *Europe – Asia Studies*, 2001, 53(8): 1235 – 1254.

③ Falzoni A. M., Grasseni M. Home country effects of investing aboard: evidence quantile regressions [Z]. NBER Working Paper, 2005(170): 326 – 358.

等地区后，其产业结构得以调整和升级。原企业的生产逐渐从低附加值的劳动密集型产业转向资本或技术密集型的产业。同样，韩国借助 OFDI 将电子产业输出境外后，其国内产业结构得以调整和升级。从中可以看出，后发国家借助 OFDI 构建以母国为中心的生产体系，以产生对母国产业升级的牵引，进而从生产的供求层面推动母国产业结构的调整和升级。二是 OFDI 通过产业转移和提升产业竞争力推动母国产业升级，如冯志坚等强调，OFDI 通过提升母国产业国际竞争力，进而促进母国产业调整和升级。此外，他还指出跨国企业借助 OFDI 提升母国产业竞争力具有两种形式：（1）对外直接投资企业属于某些产业的重要构成部分，可以直接提升这些产业的国际竞争力；（2）跨国企业通过溢出效应、关联效应等渠道将竞争力向母国其他企业和经济组织传播，使这些企业或组织的国际竞争力得以提升。跨国企业借助 OFDI 让竞争力得以巩固和提升，这对母国产业升级发挥了积极作用。此外，部分研究还指出，发展中国家以 OFDI 方式将传统产业转移至海外，能够促进母国产业升级（王琦，2004[①]；赵伟 2010 等[②]）。三是 OFDI 借助要素资源优化推动母国产业升级。宋维佳（2008）分析认为，跨国企业通过对外直接投资获取的国际化资源，有利于母国产业结构的优化和升级[③]；卢平（2009）则指出，跨国企业利用 OFDI 获得经营管理经验、先进技术及溢出效应，将有助于跨国企业比较优势的提升，这对整个产业的发展以及升级都会产生积极影响[④]。杨大楷（2003）认为，伴随技术进步和竞争加剧，以技术和知识为核心的资产对企业发展显得越发重要，高新技术企业（如联想、海尔）通过对以技术或知识密集型国家和地区进行直接投资，不仅有效地利用了当地人力资本，也提升了企业的

---

① 汪琦．对外直接投资对投资国的产业结构调整效应及其传导机制[J]．世界政治与经济论坛，2004(1)：36－41.

② 赵伟，江东．ODI 与母国产业升级：先行大国的经历及其启示——多维视角的考察和分析[J]．浙江社会科学，2010(6)：2－10.

③ 宋维佳．基于产业结构调整视角的我国对外直接投资研究[J]．社会科学编辑，2008(2)：82－86.

④ 卢平．对外直接投资母国效应及对中国的启示[J]．商场现代化，2009(5)：136－137.

技术水平和管理经验，这将促进母国技术进步，进而对母国产业升级产生正向作用①。

2.1.2 OFDI与母国产业空心化

综上分析可知，对外直接投资通过产业转移、自然资源获取、技术以及品牌获取等途径促进母国的产业升级，但伴随投资而至的生产国际化转移，或会导致母国产业空心化②问题，给产业升级带来阻碍。关于产业空心化的含义，目前学术界主要存在广义和狭义两种观点。广义的概念是指，伴随对外直接投资所逐步形成的服务产业经济化，也即伴随对外直接投资进程将出现国内第一产业、第二产业的比重下降，而第三产业比重上升的非加工化现象；狭义的概念是指，随着对外直接投资的发展，母国的生产基地或子公司转移至海外，导致母国制造业产生萎缩与弱化的经济现象。

产业空心化始于对美国对外直接投资经历的观察。部分学者指出，美国产业空心化最早出现在20世纪60年代初。1958年，欧洲共同体（EEC）组建后，采取了对外统一的关税政策。为绕开关税“壁垒”并拓展欧洲市场，美国依托电机、汽车等产品，对欧洲实施大规模的对外直接投资。结果使美国对欧洲国家的电机和汽车等产品出口下降，而欧洲的这两大产业得以快速发展，并开始向美国出口甚至进行投资，对美国本土的电机及汽车等生产企业产生阻碍。鉴于此，不少美国学者断定，美国出现了产业空心化。日本学者关下稔认为“过去美国企业的境外扩张，为全球经济注入了生机和活力，产生了全球经济美国化，但却造成美国经济不振，陷入了空心化境地”③。接踵而至，20世纪80年代的日本，以及近年来的中国台湾和中国香港等地伴随对外投资的增加，也出现了产业空心化

① 杨大楷．我国企业FDI的区位选择分析[J]．世界经济研究，2003(1)：25－28.

② 1982年，B. 布鲁斯和B. 哈里逊在其著作《美国的脱工业化》中最早采用了“产业空心化”的提法，并将产业空心化认定为一国基础生产能力方面表现出广泛的资本撤退。

③ 关下稔．跨国公司经济学：现代资本主义的世界经济模型序论[J]．世界经济译丛，1990(5)：9－16.

问题，这一问题的出现立刻引起了学术界的兴趣。之所以会出现产业空心化（见图2-2），主要在于对外直接投资为“一揽子”生产要素输出，伴随对外直接投资发展，资本、技术以及管理经验等也将转移至海外，由此扶植并壮大了竞争对手，但却削弱了本身的竞争力。投资国资金不断输出，对母国投资产生替代效应，由于竞争对手国际竞争力持续提升，将会出现境外生产取代母国生产的格局，致使母国技术外流、税源减少、生产能力降低以及失业率上升，进而导致母国产业衰退，即形成产业空心化。进一步地，产业空心化又会导致贸易逆差、经济效益下降、就业率下降以及产业竞争力降低等，给母国产业升级带来了阻碍，由于新产业尚未形成或产业发展不足以弥补产业衰退的影响，则母国经济将出现萎缩或衰退①。

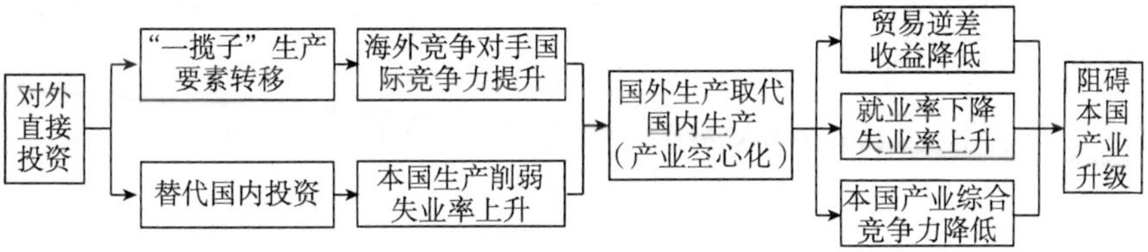

图2-2 产业空心化形成机理

对外直接投资是否会导致产业空心化，学术界存在争议。争议的焦点无外乎是与否。部分学者认为，对外直接投资造成了母国产业空心化，如高野邦彦（1987）研究指出，伴随企业跨境投资和生产基地的海外转移，会导致该地区特定产业的衰退，若新产业不能有效地弥补衰退产业缺口就会带来地区经济发展的萎缩②。对外直接投资还可能造成与母国相关产业投资的联动失调，进而引发产业衰败（Minoru，1990）③。同样地，Cowling & Tomlinson（2000）在研究日本1981—1995年的跨境投资发现，对外投资给跨国公司带来了年均22%的利润增长率，但也因产业空心化抑制了国

① 陈继勇．国际直接投资的新发展与外商对华直接投资研究[M]．北京：人民出版社，2004.

② 高野邦彦．关于产业空洞化[J]．(日本)世界经济，1987.

③ Minoru Ito. Hollowing - out of the Japanese manufacturing industry and regional employment development[D]. Working paper, Japan Institute for Labor Policy and Training, 2006.

内工业的发展，长此以往会导致相关产业的衰败①。樊纲（2003），汪琦（2004）等的研究也支持OFDI会诱发产业衰败的论证。同时，一些研究还细化为具体变量的分析。例如，对外直接投资会导致企业竞争力下降（Kojima，1978）②、贸易赤字（Barrell、Pain，1997）③、失业加剧（Blomstrm，1997）④以及税收流失（汪琦，2004）等。当然，还有部分研究认为OFDI会对母国需求结构及要素分配等产生负向影响。

当然，部分学者对上述观点和看法持否定态度，如Hirono（1996）分析认为，产业空心化或能激发企业生产效率的提升，在促进产品和技术研发等方面存在正向影响。Ramstetter（1999）指出，跨境投资活动首先会影响到母国的出口行业，其次导致出口行业的就业及生产等的相应调整。然而，他在利用日本对外投资数据分析后得出，OFDI并没有产生所谓的“产业空心化”现象⑤。类似地，李东阳（2000）在考察美、日企业的跨境投资与母国出口行业的关系后，也得到了基本相似的结论⑥。

此外，一些研究认为空心化与其内涵界定密切相关，如Lin（2004）对台湾企业转移至大陆是否会引起产业空心化进行研究后指出，若按照制造业占国内生产总值的比重衡量来定义，无疑会造成空心化（制造业产值减少）⑦。然而，伴随制造业的对外输出，却使出口产品的生产和结构转向高技术化，对制造业升级至关重要，不会形成产业空心化，该结论为Yang

① Cowling K. ,Tomlinson P. R. The problem of regional “Hollowing Out” in Japan: Lessons for regional industrial policy[D]. Working paper, University of Warwick,2000.

② Kojima K. , Direct Foreign Investment: A Japanese Model of Multinational Business Operation [M]. Croom Helm,1978.

③ Barrell, R. and Pain, N. An Econometric Analysis of U. S. Foreign Direct Investment[J]. *The Review of Economics and Statistics* ,1996,78(2):200 – 207.

④ Blomstrom M. ,Fors Gunnar,Lipsey Robert E. ,Foreign Direct Investment and Employment : Home country experience in the United States and Sweden[J]. *The Journal of the Royal Economic Society*,1977(11):1787 – 1797.

⑤ Ramstetter, Eric D. Comparison of Foreign Multinationals and Local Firms in Asian Manufacturing over Time[J]. *Asian Economic Journal*,1999,(13):163 – 203.

⑥ 李东阳. 对外直接投资与国内产业空心化[J]. 财经问题研究,2000(1):56 – 59.

⑦ Cheng, K. and P. Lin, Spillover effects of FDI on innovation in China: Evidence from the provincial data[J]. *China Economic Review*,2004,15(1):25 – 44.

（2007）所肯定①。由此可见，在对外投资能否导致产业空心化问题上，学术界尚未达成一致。

2.1.3 对现有文献的简要评述

从以上文献综述不难发现，目前探讨 OFDI 与母国产业升级关系的文献尚未形成系统性的分析框架，其思想也多散见于国际直接投资理论、产业经济学以及管理学中，诸多考察也多是美、日等发达国家和新兴工业化国家的案例。因考察目的、分析方法、模型构建以及测度指标选取等差异，其研究结论也不尽相同。在该领域中还存在许多空白与肤浅之处，存在诸多有待深入挖掘的理论空间。

首先，对外直接投资与产业升级效应理论是针对特定经济水平国家对外投资活动规律和实践经验的总结，其结论均有其科学性和合理性，对指导后发国家或地区进行跨国生产和经营具有有益借鉴作用。但因其存在片面性和不合理之处，故而不能成为指导我国借助对外直接投资推动产业升级的法则。

其次，对外直接投资母国产业升级效应的实证检验并未形成一个被学者普遍接受的结论。例如，对外投资是否会造成母国产业空心化就存在很大的争议，且因考察的国别不同、区域差异以及时间段不同都会形成不同的结论。由于中国对外直接投资还处在起步阶段，目前国内大多数分析和考察还停留在投资动因、区位选择、行业流向以及政策制定等层面，鲜有文献深层次地涉及中国对外直接投资与产业升级效应关系的研究，因此对该领域的探讨还亟待继续深化。

最后，相对于国外的研究，国内学者主要是从产业层面和宏观视角来解读我国对外直接投资的产业升级现象，对企业视角的分析和研究还远远不够。由于企业是对外直接投资的主体，因此不考虑企业层面的结论是不

---

① Yang T. H., Liao Y. P. Product cycle and industrial Hollowing - Out: The case of the electrical and electronics sector of Taiwan[J]. *Research Institute of Economy, Trade and Industry*, 2007.

完善的，对解释中国对外直接投资的产业升级效应缺乏说服力。鉴于此，本章尝试从微观和宏观视角对二者的关系进行探究，通过挖掘企业对外直接投资影响产业升级的机理，以提炼出各投资阶段影响产业升级的关键指标，丰富和完善该领域的研究内容。

在述评现有研究成果的基础上，确定了本研究的方向：

第一，借鉴发达国家经验，并结合本国实际归纳和总结发展中国家，尤其是中国的对外直接投资理论和产业升级理论，以丰富该领域的研究内容。

第二，由于国内外经济形势骤变，利用对外出口贸易和外商直接投资刺激国内经济持续增长和推进产业升级的力量大大减弱。既然先行国家的经验证明，对外直接投资具有促进产业升级的作用，那么中国实施对外直接投资这些年来是否有益于国内产业升级，是具有较高学术价值和现实意义的课题。

第三，目前国内的研究，定性分析的多，但定量研究的少。在指标选取上明显存在浅层化（如用三次产业产值、就业结构等单指标刻画），未触及产业升级的内核，无法揭示产业升级进程中的生产效率提高、技术进步等问题，且缺乏一般性的估计模型，这些问题都亟待深入分析和研究。

2.2 对外直接投资理论

传统的对外直接投资理论是建立在对发达国家跨国公司考察和基础上的产物，海默的垄断优势论无疑开创了跨国企业对外直接投资理论研究的先河。同时发展中国家历来都扮演资本输入国的角色，对外直接投资不过是一种偶然的或个别的现象。但自 20 世纪 80 年代以来，发展中国家和新兴经济体对外直接投资陆续增多，在世界直接投资中的占比也逐年增加，进而衍生出不少解读这些国家对外直接投资的理论。学术界对对外直接投资的动因、影响因素、进入模式以及发展演进等问题多方面地给予解释，形成了许多有影响力的理论。借鉴这些理论研究，对中国的对外直接投资及其相关问题，具有重要的指导意义。

2.2.1 发达国家对外直接投资理论

早期对发达国家进行对外直接投资的解释，主要聚焦跨国公司在从事国际生产经营活动时，为什么会选择 OFDI 而非许可证安排或贸易方式。传统的 OFDI 理论认为，跨国公司所拥有的知识、管理以及营销等资产存在公共产品的特性，许可证安排或贸易方式容易造成外部性，导致企业收益率下降，但这显然无法对跨国企业实施内部化生产等其他现象给出合理解释。为了说明上述问题，早期理论又将市场不完美和交易成本等纳入假设条件，使直接投资理论更加丰富多彩。

（1）垄断优势理论

美国学者 Hymer（1960）在《国内企业的国际化经营：对外直接投资的研究》一文中提出，跨国企业选择 OFDI 方式而非其他开展国际化生产经营，主要原因在于企业借助其品牌、产品异质、销售技能、特有资源以及规模和范围经济等形成的垄断优势或独特优势，可以获取无形资产的最大化收益①。

在海默垄断优势论的基础上，如 Kindleberger 等进行了丰富和完善。之后，学者还就垄断优势的源泉给予补充和拓展，如产品差异论（Caves，1971）②、占有能力论（Johanson，1977）③ 以及寡占反应论（Knickerbocker，1973）④ 等。值得一提的是，寡占反应论借用博弈论分析了寡头企业间的交叉投资问题，并产生了威胁交换论与投资成批性思想。

垄断优势论突破了用国际贸易理论中稀缺资源可移动程度和国际分工

① Hymer, S. International Operations of National Firms: A study of Direct Foreign Investment [M]. *Ph. D. Dissertation*, Cambrige, MA, MIT Press, 1960.

② Cavas R. E. Intemational corporations: The Industrial Economies of Foreign Investment [J]. Economic, 1971 (38): 1 – 27.

③ Johanson, J. and J. E. Vahlne. The international process of the firms – A modle of knowledge development and increasing market commitment [J]. *Journal of International Business Studies*, 1977, 8 (2): 23 – 32.

④ Knickerbocker F. T., Oligpolistic Reaction and the Multinational Enterprise [M]. Harvard Gradnate School of Business Administration, 1973.

解释国公司的局限，且其关于市场不完美的假设更接近现实，解释力更强。但其局限性也很明显。其一，按照该理论，只有那些拥有垄断优势的跨国公司才能进行 OFDI，而缺乏垄断优势的企业则被排除在外。这与 20 世纪 80 年代以来，不具备垄断优势的后发国家企业也在实施 OFDI 相悖。其二，这一理论并没有对产品实施技术转让、贸易还是 OFDI 的适用条件给出具体说明。

垄断优势或特有优势的形成绝非一朝一夕，这需要一个长期、动态的积累过程，中国企业在开展对外直接投资后，也应在国际化生产经营中有意识地、逐步地培养起自身的垄断优势。

（2）内部化理论

由于垄断优势理论在解析 OFDI 行为中存在不足，部分学者开始另辟蹊径尝试从其他视角探索 OFDI 问题。英国的 Buckley 和 Casson（1976）及加拿大的 Rugman（1981）以科斯的交易费用论和市场不完全为基础提出内部化理论。该理论指出，市场不完美会诱发高的交易成本，企业如果将生产所需的原材料、中间品等与上游企业合作，能廉价地获取而不必使用外部市场达成交易时，便可以将上游产业的供应链进行内部化，以降低交易成本，实现企业利润最大化。

内部化理论的实质是科斯企业理论的实践和拓展，该理论不再单纯强调企业经营中的垄断优势，而关注的是企业借助 OFDI 将其优势进行内部化的能力，对战后跨国企业的动态变化也具有较强的解释力。但该理论也存在一些缺陷。例如，对国际经济环境变化的考虑不足；仅对 OFDI 的动因给出部分解释，对跨国企业的区位投向和布局等问题分析不足。

企业规模与交易成本具有负相关性，规模小则内部市场小，进而交易成本高。中国企业借助 OFDI 与政府支持培育出规模经济，以扩大企业内部市场，从而实现交易成本的节约。

（3）产品生命周期理论

Vernon（1966）研究发现，产品生产具有阶段性经济特征，所以任何国家或地区都能够根据自身要素资源进行生产并参与国际化分工。该理论指出可以将产品生产划分成产品创新、成熟与标准化三个阶段，依据产品生产的阶段性特点并结合垄断优势、区位因素等竞争条件，企业做出国际分工的决策，进而形成对外直接投资方式。

产品生命周期理论在解释，如美国等发达国家对外直接投资的动因、时机和区位选择等问题时比较成功，但也存在不足之处：一是对跨国企业在境外的非标准化产品生产现象不能给出合理的解释；二是该理论仅考察了最终产品市场，对资源开采及技术开发型等直接投资活动解释力不足；三是这一理论对发展中国家的 OFDI 行为也无法给出合理的解读。

中国企业在实施跨国直接投资战略时，必须清楚产品在生命周期中的位置，以便采取有针对性的对外直接投资决策。

（4）寡头垄断决定理论

Knickerbocker（1973）基于寡头垄断竞争假设提出该理论，他认为个别企业的 OFDI 行为会诱发对手企业集体的 OFDI 行为，原因在于寡头企业要保持相应的市场份额。在垄断竞争或寡头市场的条件下，任何厂商都必须高度重视对手的 OFDI 等生产经营活动，该观点得到了 Flowers（1975）的论证。同样，Kreinin（1999）在分析日本企业的对外投资后指出，企业采取 OFDI 形式进行境外投资，对手企业为保持市场份额的稳定往往也会采取同样的投资方式。尽管该理论指出了竞争企业采取 OFDI 的动机，但并没有对企业初始的 OFDI 动机给出答案。事实上，寡头企业是否会采取 OFDI 战略不仅要考察竞争企业的策略，同时还要兼顾 OFDI 的影响因素。

（5）比较优势理论

Kojima（1978）在 H－O 要素禀赋理论的基础上，通过考察日本企业的 OFDI 后提出了比较优势投资理论，即边际产业扩张理论或“小岛清假说”。该理论综合了国际贸易和国际直接投资的思想，其核心是：本国将处于或即将处于比较劣势的产业转移至国外，而这些产业应为东道国具有或潜在具有比较优势的产业。投资与贸易形成互补、相得益彰，更有助于推动两国经济贸易的发展。

比较优势理论从宏观和动态的视角成功地解释了 20 世纪六七十年代日

本的OFDI现象，但伴随国际经济环境和产业发展的演变，其理论局限性开始显现：一是该理论仅适用于发达国家对发展中国家以垂直分工为基础的OFDI；二是按照该理论，发展中国家只能被动地接受来自发达国家的比较劣势产业，而无法依据自身比较优势进行产业创新，这显然与发展中国家的现状相悖；三是该理论的出发点是以投资国宏观经济及产业的发展为背景，投资属于国家宏观行为并非企业行为，这有悖于跨国企业的微观行为动机。

通过OFDI将我国的比较劣势产业输出境外，这有助于借助国际化的资源、技术以及市场等优势推动国内产业调整和升级。值得一提的是，在企业OFDI的区位选择上，要充分考虑那些与国内经济条件、技术水平等相接近的国家，以便更大限度地发挥所转移产业的比较优势。

（6）国际生产折中理论

以上理论都是根据某国特定背景提出的，其解释力和研究结论缺乏普适性。为此，邓宁（1977）在综合垄断优势理论、内部化理论及区位理论等基础上提出国际生产折中理论，首次将企业微观和宏观国家的研究进行融合，被称为一般性的投资理论，也称"OIL"模式①。企业要实施OFDI必须具备三种优势，也就是所谓的所有权优势（Ownership）、内部化优势（Internalization）和区位优势（Location）。三种优势的不同组合决定了企业国际化方式的选择：出口、技术转让还是对外直接投资（见表2-2）。邓宁认为，所有权优势与内部化优势是跨国公司开展对外直接投资的基本前提，而区位优势则是充分条件。只有三者同时拥有公司的对外直接投资才能赢得成功，三种优势影响企业OFDI的流向、决策及动机等问题。

① J. H. Dunning. Trade, Location of economic activity and the Multinational enterprise: a search for an Eclectic Approach, in B. Ohlin, ed., The International Allocation of Economic Activity[M]. Holmes and Meisr, 1977: 395-418.

表 2-2　企业国际化生产经营方式的选择

国际化方式	所有权优势（O）	内部化优势（I）	区位优势（L）
出口	有	有	无
技术转让	有	无	无
对外直接投资	有	有	有

资料来源：邓宁（1981）。

折中理论回答了三个层面的问题：一是什么样的企业才能够进行对外直接投资；二是市场交易成本制约了企业知识产权的外在契约式贸易；三是考量了东道国的综合比较优势，指出跨国企业在何地发挥其 OFDI 区位优势。

从总体上讲，折中理论吸收了先前跨国公司理论研究中的“营养”部分，对对外直接投资的动因和决定因素给予了较全面的解读，使其成为被普遍接受的直接投资决策参考准则。此外，该理论还对贸易、技术转让和直接投资三种国际生产经营活动发生以及转化的条件进行了说明，但该理论也存在一些瑕疵，如将三种优势的地位不分逐次地进行等同，且对三者间的关系也没给出解析；无法对发展中国家缺乏三种优势的企业所出现的 OFDI 现象给出合理的解答。

2.2.2 发展中国家对外直接投资理论

自 20 世纪 80 年代以来，伴随发展中国家经济的迅速发展，其对外直接投资活动持续增加，并成为世界对外直接投资的重要组成。发展中国家跨国企业不仅向发达国家进行投资，而且在与发达国家企业竞争中还占据优势。传统的发达国家直接投资理论无法对这些现象给出合理解释，只能从发展中国家自身现有的理论中寻找答案。学者们借鉴前人的研究成果并在归纳和总结发展中国家直接投资实践的基础上，提出了不少有价值和影响力的理论，现将部分典型理论概述如下。

2.2.2.1 折中理论视野下的对外直接投资

传统的发展中国家对外投资理论指出，发展中国家企业对外直接投资的基础也是某种独特的比较优势，这与发达国家企业跨国投资的本质相同，只不过在来源和形式上存在差异。发展中国家企业的优势主要源自，如小规模生产、劳动密集型且灵活性的工艺等独有特点。根据投资地市场和生产条件，学习、模仿和改造国外的设计和技术能力，以及对缺乏透明度的政策法规、不确定的经济发展和柔弱的市场制度环境的适应。

（1）小规模生产理论

1977 年，美国学者维尔斯在《发展中国家企业国际化》中初次提出小规模技术理论，并在 1983 年发行的《第三世界跨国企业》中借鉴生命周期理论和折中理论系统阐述了发展中国家企业直接投资优势的来源。一般来讲，发展中国家的市场规模较小，其生产更多地采取小规模方式和劳动密集型技术，这种市场和技术特点较发达国家企业更具所有权优势。就这种小规模技术产品生产而言，各发展中国家所处的产品周期阶段不同，那么处在早期阶段的那些国家就能够向处于后期阶段的国家进行投资，以保持市场稳定的份额。

小规模生产理论从生产方式和市场特征的视角解释了发展中国家参与国际竞争的优势来源。这些优势不是发达国家所谓的先进技术、精密管理、规模和范围经济等，而是源自小规模和劳动密集型的灵活性生产①。正是这种小规模生产与发展中国家市场特点的匹配，促成了跨国企业的竞争优势，这为那些管理和技术不够先进、生产经营和规模不够大的小企业的国际化提供了理论参考。当然，该理论也存在一定的缺陷，如无法解释发展中国家直接投资的高技术生产，小规模生产技术可能会使企业陷入国际生产边缘化和产品生命周期末端化的境地。

尽管我国中小企业普遍存在生产规模小、技术落后和市场范围窄等问题，但借助其小规模、低成本和易创新等优势是可以开展跨国直接投资的，政府应给予适当的鼓励和帮扶。宓红（2003）采用该理论说明浙江民

---

① 上官学进，胡凤玲．论我国中小企业对外直接投资的可行性［J］．国际贸易问题，2003（8）：22－25.

营企业在国际化进程中的竞争优势，并强调其应该充分发挥这些优势，以占领海外市场[①]。类似地，胡日东等（2006）以该理论解释了福建民营企业跨境直接投资中的竞争优势，尤其是以杂项制品为主导的技术含量较低的劳动密集性产业，如服装纺织业、鞋业、食品以及玩具等产业[②]。

（2）技术地方化理论

拉奥（1983）在《新跨国公司：第三世界企业发展》中论述了技术地方化理论的思想。他认为，发展中国家技术优势的形成不是对发达国家技术的简单模仿或复制，而是经历由学习、消化、吸收到创新发展的过程，这是发展中国家所有权优势的来源。具体来讲，这些竞争优势呈现出，如较少利用专有设备，可使用当地低层次的投入品乃至替代品；子公司专业化程度不高，能降低对当地市场规模经济的要求；采用的设备专业化低且通用性高，产品能够结合当地商业环境与市场的变化做出灵活性调整。

Tolentino（1993）以产品生命周期论和技术地方化论为基础，指出OFDI是发展中国家企业借助技术模仿创新与改造基础上专有优势的选择[③]。这些优势主要有：结合本国生产和市场条件模仿并改造创新技术的能力，在低程度专有技术和低层次研发层面更新发达国家的生产线，采用现代化工艺改进传统技术和落后技术。虽然内化在机器上的技术可编码，但是操控机器设备的方法与通过“边干边学”获取的经验却是不可编码的，技术模仿和创新无关专利和商标，而是隐匿于工人自身的经验和技能中，这为发展中跨国企业借助OFDI内部化学习、模仿和创新技术提供了空间和平台。科玛则强调，发展中国家企业还具有一些特定的所有权优势，如部分企业通过节俭工程等形式获利，从而可以生产各类低成本的产品；一些企业开发的管理技能可在不同文化的子公司间使用等。

---

① 宓红．从小规模技术理论看浙江民营企业对外直接投资的优势[J]．亚太经济，2003(4)：66－67.

② 胡日东，衣长军．基于小规模技术理论的福建省民营企业境外直接投资战略分析[J]．经济地理，2006(3)：280－283.

③ Paz Estrella E. Tolentino. Technological Innovation and Third World Multinationals [M]. London and New York：Routledge，1993.

我国企业在开展对外直接投资过程中对此也应给予高度重视，积极主动地吸收国外先进技术，并根据自身优势进行改造和创新升级，以促成特有优势的形成，提升企业的国际竞争力。

（3）制度适应性理论

除灵活性生产、廉价资源和低劳动力价格外，发展中跨国企业还具有一些与本国经济、政治及社会制度等相关的优势。因发展中国家在各制度层面存在缺陷，如市场机制不健全，特别是资本市场的发展相对滞后；法制不完善、不健全，且现有的法律与制度执行力不足；政策透明度差，部分行业存在严重垄断；经济调控力不足，应对风险的能力较差等。尽管有保险能降低投资者的部分损失，但保险合同并不能涵盖所有风险。在这样的环境下，发展中国家企业练就了适应不确定、不透明与弱市场竞争等条件的本领，这是发达国家跨国企业所不具备的。

此外，种族特有知识也是一种竞争优势。发展中跨国企业初期的直接投资往往在与本国文化背景接近的国家或地区，或与母国存在紧密关联的少数人群及家族间展开。那么利用这层关系，新进投资者就能顺利地在东道国获取商机，这不仅节省了信息搜寻成本和市场进入成本，而且降低了部分投资风险（Riemnes，1989）。同时，种族特有的生产工艺及产品信息还促成了企业的垄断优势，增强了企业竞争力，因为这些产品仅在种族内流通。

2.2.2.2 生产关系与对外直接投资

与发达国家企业相比，发展中国家跨国企业并不具备强大的比较优势，但借助与境外企业合作或合资等，同样也能获得所需的知识与技能。全球生产网络的扩展和延伸，让这些企业与境外企业在相互协作中达到资源共享，以促进生产能力和竞争能力的大幅提升。

（1）内向国际化理论

企业在本国的投资也是本国对外直接投资的一个驱动因素。小泽辉智（1992）指出，发展中国家的 OFDI 活动是比较优势的积累和动态化的结果。世界各国的经济发展水平参差不齐，呈现出阶梯形结构特点，借助发达国家的直接投资，发展中国家不仅获取了知识和技能，提升了竞争优势，同时还逐渐从受资国转变成投资国。发展中国家的比较优势的动态化与直接投资的不同阶段相对应：第一阶段，发展中国家为直接投资输入国，对外直接投资为零；第二阶段，伴随比较优势的提升，开始出现对外直接投资；第三阶段，由劳动密集型 OFDI 向技术密集型 OFDI 转化；第四阶段，本国是资本密集型 OFDI 的输出国，同时也是资本密集型 OFDI 的输入国。

诸多研究指出，境外企业的并购以及与本国企业的合作或合资，不仅有助于规模经济与范围经济的形成，且其输出的知识、技能以及经营管理等优势，更弥补了发展中国家企业的劣势，促进了跨国企业竞争力的提升，进而为开展境外直接投资提供了可能（Korhonen，1994；Matthews，2002 等）。

（2）LLL 理论

与 OIL 范式相似，资源基础论将企业所有权优势界定为参与国际竞争过程中使用的优质企业资源（如管理能力、独特资源）。该理论认为，跨国企业的成功与专有资源的使用，以及高效整合专有知识相关（Madhok，1997）①。后发国家因研发投入不足等造成与发达国家的技术落差，为实现技术追赶，新兴经济体跨国企业借助组织革新而非技术革新实现国际化。

Mathews（2006）在资源基础论上指出，发展中国家企业国际化的动因在于获取技术、资本以及品牌等战略性资源，并将此界定为 LLL 范式，即联系（Linkage）、杠杆（Leverage）和学习（Learning）②。该范式认为，发展中国家企业可以首先通过与发达国家企业进行合资或联盟搭建联系以获取优质资源，其次再对资源进行杠杆化使用，并通过不断试验和学习来

① Madhok, A. Cost, Value and Foreign Market Entry Mode: The Transaction and Firm [J]. *Strategic Management Journal*, 1997(18): 39 - 61.

② Mathews, J. Dragon multinationals: New players in 21st century globalization [J]. *Asia Pacific Journal of Management*, 2006, 23(1): 5 - 27.

完善企业战略，循环积累以促进资源的高效利用。

表2-3对OIL范式与LLL范式作了对比分析。从中可见，LLL范式更倾向于从动态化的视角研究新兴经济体的跨国直接投资。按照该理论，即便资源缺乏和竞争优势不明显，企业也仍可依托全球化的机遇构建外部联系，并利用杠杆化效应反复学习以获取各类型的资源，以此在经营、管理、技术以及国际化知识等方面积累经验，提升企业国际化竞争力。Luo（2007）的跳板论①、维特（2007）的制度主义逃避论等思想均认为，生产和发展驱使新兴经济体跨国企业必须对外部环境做出灵活反应，包括嵌入国外的商业体系和制度环境②。

表2-3　OIL范式与LLL范式比较

标准	OIL范式	LLL范式
拥有资源	自有资源	与外部企业联系而获取并使用资源
地理区位	区位为垂直整合的部分	区位为国际网络的部分
生产或购买	偏向跨境内部化生产	偏向外部联系生产
学习	未涉及	借助不断联系与杠杆效应学习
国际化进程	已国际化	借助联系逐步推进的过程
组织形式	未涉及	全球整合构建后发优势
驱动范式	交易成本经济学	获取后发优势
时间框架	比较静态分析	累积循环过程

资料来源：Mathews（2006）.

这一理论较传统OIL范式更为全面地解释了发展中国家的对外直接投资。相对于先发国家的垄断优势，后发国家的优势主要来源于组织学习。所有权优势不过是一定规模的跨国企业的战略目标或动机，而非对外直接投资的条件。从这个视角来看，新兴经济体开展对外直接投资的目的是寻求资产而非利用资产。

① Ya dong Luo and Rosalie L. Tung. International Expansion of Emerging Market Enterprises: A Springboard Perspective[J]. *Journal of International Business Studies*, 2007, 38(4): 481-498.

② 马克·格兰诺维特. 镶嵌:社会网与经济行动[M]. 北京:社会科学文献出版社,2007.

2.2.2.3 政府扶持与对外直接投资

对外直接投资并不单纯是企业行为，政府的干预也至关重要。东道国的优惠引资政策、互惠贸易安排以及投资促进协议等，拉动了发展中国的直接投资，而母国的优惠贷款、财政补贴、投资保险以及对外经济合作与交流等形式也推动了企业“走出去”。

（1）国家专用优势

尽管国家优势论是研究跨国企业活动的一种视角，但“菱形模型”并没有重视政府的作用。实际上，政府对跨国企业直接投资具有显著的影响。Rugman（2003）认为，国家专有优势与公司专有优势对企业国际化都存在重要作用①。为赢得战略机遇，跨国企业采用了国家专有优势与企业专有优势相结合的战略。

从某种意义上讲，在国际化竞争中跨国企业竞争优势是以国家专有优势为基础的，如最基础的专有优势来自自然资源、劳动力特性以及经济和文化因素或特定情况下某一有吸引力的品牌（Porter，1990）②。Child 和 Rodrigues（2005）指出，国家专有优势还包含借助合资、特许以及 OEM 等形式吸引 FDI 的政府决策，海外并购所需外汇、低成本融资及对外经济交流与合作等，这些专有优势部分降低了跨国企业直接投资的劣势。当然，国家专有优势也包括推进企业自主创新的政策，如激励企业学习与使用更高效的组织形式，强化企业并购海外资产的能力，推动母国技术研发、创新和使用等③。此外，部分国家还出台一系列相关措施，如财政补贴、优惠贷款以及投资担保等鼓励企业“走出去”，这些举措降低了投资成本，分散了企业风险，增加了投资效益。

（2）投资诱发要素组合理论

---

① Rugman, A. M. & Brain, C. Multinational Enterprises are regional not global [J]. *Multinational Business Review*, 2003, 11(1): 3 – 12.

② Porter, M. E. The Competitive Advantage of Nations[M]. New York: Free Press, 1990.

③ John Child and Suzana B. Rodrigues. The Internationalization of Chinese Firms: A Case for Theoretical Extension? [J]. *Management and Organization Review*, 2005: 381 – 410.

上述理论主要阐述了发展中国家企业的直接投资只能流向更低经济发展水平的国家，且分布以资源或劳动密集型产业为主。但实际上，它们却在技术与服务等密集型产业进行直接投资，与发达国家企业竞争并占据重要位置。据此，经济学者们研究认为，母国专有优势对企业直接投资至关重要，因此东道国政府的专有优势其作用不容忽视。对这两种专有优势，学者们更将其细分为 OFDI 的直接诱发要素（如资本、技术、劳动以及信息等基本生产要素）与间接诱发要素（如政府政策、法律法规等）。

该理论的核心思想是：各类形式的直接投资均是两种诱发要素的不同组合。直接诱发要素是企业直接投资的内在推力，通过母国和东道国对外劳动力、技术、资本等要素的利用，达到优势互补；间接诱发要素是企业直接投资的外在拉力，目的是充分利用母国和东道国优惠的政策环境。该理论的创新在于强调间接诱发要素对国际直接投资的重要影响，从新的视角揭示了 OFDI 的条件和动因。

2.2.3 中国对外直接投资理论

国内对直接投资问题的研究，主要集中在两个方面：一是投资现状和趋势分析，如考察投资动因、方式、区位以及行业流向等；二是对中国直接投资阶段与投资发展周期论相对应，以判断具体位置。此外，在对外直接投资理论研究层面，学者们也作了有意义和有价值的探索，个别理论还提出了相应模型。

（1）二阶段理论

吴彬等（1997）在解释不同发展阶段的国家投资问题时提出了二阶段理论①。他认为，企业对外直接投资旨在实现收益（如营销技能、管理经验等）最大化而非利润最大化。一般来讲，跨国企业所经营资源的水平在国际上的地位差异推动了直接投资。倘若母国企业经营资源的水平较之东道国企业的高，或处于比较优势状态，那么，母国企业将以攫取利润为目

① 吴彬，黄韬．二阶段理论：外商直接投资新的分析模型[J]．经济研究，1997(7)：25-31.

标；反之，若母国企业经营资源的水平落后于东道国企业，或处于比较劣势状态，那么母国企业将以学习和积累经验为主。对大多数发展中国家来讲，对外直接投资一般会遵循这样的逻辑：起始对发达国家的直接投资旨在积累经验，即阶段一；当经验积累到一定层次后，再进行以攫取利润为主的直接投资，即阶段二。这有助于回答为何一些企业对外投资出现亏损现象，但还依旧坚持资本追加等问题，这可能企业更多的是出于积累和搜寻竞争优势等的综合考虑。

二阶段论从新的视角拓展了对直接投资的动机，并对跨国企业直接投资进行了动态化，对自 20 世纪 80 年代以来的部分直接投资问题给出了合理解释，该理论不仅适用于发展中国家，同样也适用于一些发达国家。但这一理论仍是比较优势思想的扩展和延伸，并没有形成独立的分析框架，且对经济环境变化等条件重视不足。

（2）技术累积和竞争策略论

冼国明等（1998）在邓宁（1993）的 OIL 框架下，将坎特维尔（1991）的技术累积论及博弈论知识纳入分析框架，提出技术累积及竞争策略理论，并将发展中国家的对外投资划分成两类：学习型直接投资和竞争策略型直接投资。这一理论对发展中国家的逆向投资以及交叉投资做出了合理解读①。该理论指出，发展中国家通过前期学习型直接投资逐步积累起资本、技术以及管理等竞争优势，进一步借助后期竞争策略型直接投资以巩固市场份额和 OIL 优势。两种投资形式相互补充、相得益彰。此外，理论还强调了技术积累对企业直接投资的重要性，并认为直接投资是企业主动适应市场变化并提升国际竞争力的反映。

从某种意义上来看，技术累积及竞争策略论均是二阶段理论的拓展。其解释了企业在不同投资时期应采取差异化的策略，这对指导直接投资实践具有现实意义。但该理论仅考察了两种类型的直接投资，对早期发展中

① 冼国明，杨锐．技术积累、竞争策略与发展中国家对外直接投资[J]．经济研究，1998（11）：52－63.

国家资源导向型的直接投资缺乏解释力。此外，该理论还指出政府扶持政策会提升企业的竞争优势，但实际上却是企业借助国家资源进行寻租，造成资源错配而降低了经济运行效率。

（3）综合优势理论

按照主流投资思想，中国企业因缺乏突出比较优势而无法进行对外直接投资，但现实的情况是本国企业正开展各类型的直接投资。针对这些问题，学者从综合优势的视角给予了解读。孙建中（2000，2002）指出，经济发展和实力积累是直接投资的关键，综合优势仅是直接投资的必备条件。事实上，每个国家不同的发展阶段都具有不同的优势，如中国可能在部分行业缺乏比较优势，但其或存在综合优势，依然具备直接投资潜力和能力①。欧阳峣（2006，2009）则进一步发展了综合优势论，提出了大国综合优势论。他认为中国存在技术多元化、经济多元化以及区域多元化等现象，那么在开展直接投资中会出现主体多元化、动因多元化以及产业多元化等特征，进而促成大国综合优势。那么中国企业在这种多元格局战略之间相互促动、相互影响，从而形成整合性竞争优势，取得综合收益②。

（4）五阶段周期理论

冯雁秋（2000）以五阶段周期论考察企业的直接投资③。她认为，中国企业的对外直接投资活动可划分为五个阶段：第一阶段，跨国投资起步阶段。因我国被锁定在国际分工低端，此时学习型与优势型境外投资较少；第二阶段，经济发展促成比较优势产业建立，优势型跨国投资增加。同时，学习型跨国产业也初步形成，两种投资格局出现；第三阶段，伴随经济发展和产业结构优化调整（如纺织等沦为边际产业），优势型跨国投资快速增长，学习型跨国投资也逐步增强，跨国投资达到鼎盛时期；第四阶段，随着边际产业输出以及升级产业的优势建立，优势型跨境投资下

① 孙建中．资本国际化运营：中国对外直接投资发展研究[M]．北京：经济科学出版社，2000：31－33.

② 欧阳峣．大国综合优势的提出及研究思路[J]．经济学动态，2009(6)：20－22.

③ 冯雁秋．我国境外投资管理的比较、综合与发展——五阶段周期理论[J]．投资研究，2000(2)：46－49.

降，学习型跨国投资持续增强；第五阶段，边际产业输出告终，新优势产业构建，学习型跨国投资骤减，伴随产业输出境外直接投资周期告终，新一轮的跨国直接投资出现，循环往复。两类型投资各具特色，优势型跨国投资是以利用局部优势、边际产业输出和推动母国产业升级为目标对低经济发展水平国家的投资，而学习型跨国投资则旨在获取先发国家技术与经营管理经验，促进母国产业转型升级和创造新的竞争力为动机，对高经济发展层次国家的投资。

（5）跨国投资门槛论

楚建波（2003）提出了跨国投资门槛论①。他将传统直接投资理论中所忽视的，如技术进步、制度创新及全球化等因素纳入分析框架，认为发展中国家企业的直接投资是由投资能力和投资门槛共同决定的。只有跨国企业的条件达到和超越投资的最低门槛时才能开展境外投资，企业通过技术进步、管理提升以及制度创新等努力是可以跨越这些门槛的。

门槛理论依据企业投资动机将对外直接投资划分成三种类型：一是利润寻求型 OFDI，旨在获取高额经济利润，需要企业具备较高的垄断优势及投资能力，对应的投资门槛也较高，如成本导向、效率寻求型 OFDI。二是资源开采型 OFDI，旨在获取自然资源，对企业技术要求不高，且因与国家战略相一致，易得到政府的扶持，这类投资多由国有企业主导，对应的门槛不高。三是优势寻求型 OFDI，旨在通过赢得管理经验、先进技术以及营销技巧等，来提升企业的竞争优势。这类投资关注的是长期竞争优势而非短期利润回报，不需要企业具备特别突出的垄断优势，投资门槛也低得多。

尽管该理论解释了缺乏优势企业对外投资的部分动因，也提出了不同类型投资的最低门槛，但并没有提出具体的投资门槛准则，对其影响因素和变化趋向等问题也有待进一步研究和说明。

---

① 楚建波，胡罡．发展中国家 FDI 理论的新探索——跨国投资门槛轮[J]．中央财经大学学报，2003(7)：77－80.

事实上，任何理论都有其形成的背景。对外直接投资理论亦是如此，它源于世界各国对外直接投资的迅猛发展，为解读不同国家或地区各类型的直接投资而产生，并适用于指导投资实践。早期的跨国直接投资理论主要以发达国家为考察对象，伴随经济发展和企业国际化能力的提升，发展中国家对外直接投资在世界投资中的比重稳步提升，面对这些后发国家的直接投资理论不断出现，这让我们对全球对外直接投资有了更深刻的认识。同时陆续出现的跨国投资新问题、新现象和新特征，也促使我们只有不断地对传统投资理论进行修正、拓展和完善，才能对这些新变化做出清晰和合理的解答。

综上可见，以上理论并非是完美无瑕，其要么适用于某些特定国家，要么针对直接投资的某些方面，都存在这样或那样的不足，如垄断优势论对发达国家间的双向投资无法给出合理答案；内部化理论不能诠释跨境直接投资的区位选择；小规模技术理论忽视了后发国家的模仿、学习和创新，过分地强调了先行国家的先进技术对后发国家的牵引；折中理论也尚存瑕疵，如没有对三种优势（OIL）间的内在关联做出说明与交代。由此可见，在跨国直接投资理论层面上需要深入探讨和系统研究的问题还很多，未来的路还很长。

上述理论无论植根于发达国家或发展中国家的“土壤”，其都是在特定背景下对某一或某些类型对外投资活动规律的总结。这些成果在指导跨国企业进行对外直接投资时都具有科学和合理的成分，以及相当程度的解释力。然而，并没有理论能成为所有国家或地区跨国投资的普遍准则，可见这些理论也存在一定的片面性。因此，后续探索和研究应在借鉴前人成果合理内核的基础上，结合国情提出适用于指导母国企业对外直接投资的科学理论。

2.3 产业升级理论

产业升级为经济学和管理学等交叉研究问题。早在1691年，威廉·配第在研究英国经济问题时就观察到：工业的利润回报高于农业、商业的利润，却又比工业高。由此判断伴随经济的发展，产业重心将逐步由有形产品生产向无形产品生产转移，以获取更高的经济利润。沿着该思想，新的研究理论不断涌现，较典型的理论，如魁奈对社会生产结构的界定、亚当·斯密对产业层次的见解、费希尔关于三次产业的定义、霍夫曼定理、配第—克拉克定律、库兹涅茨对产业结构变化的解析以及钱纳里关于工业化进程中产业结构及其产业发展演变规律的论述等。这些经典均揭示出：产业演变与经济增长之间密切相关①。事实上，世界经济增长的历史进程也印证了产业升级通过促进资源优化配置，推动产业协调发展，进而带动经济可持续增长。鉴于此，促进产业结构调整和加速产业转型升级，成为当前中国经济发展的关键任务之一。

伴随产业发展及其理论研究的深化，对产业升级的认识已从宏观视角转向企业内部的考察。遗憾的是，学术界对产业升级的内涵尚无定论，对其影响机制也缺乏系统性的解释，如李江涛（2008）认为，无论传统产业理论，还是全球价值链升级理论，对产业升级的理解都存在缺陷。本小节重点从微观和宏观视角对既有的研究进行系统梳理，以尝试厘清并明确产业升级的内涵，总结影响产业升级的关键性因素，并归纳出测度产业升级的主要标准，为后续研究提供理论支撑。

2.3.1 产业升级的基本内涵

2.3.1.1 微观视角再认识

产业升级为经济学和管理学等交叉议题。本书主要从经济学与管理学的视角对产业升级内涵进行微观界定。

（1）经济学视野的产业升级

从经济学视野来看产业升级微观内涵，主要是从生产要素转移效应来探索产业升级，指出技术密集型和资本密集型产业发展驱动了产业升级。

① 韩红丽，刘晓君．产业升级再解构：由三个角度观照[J]．改革，2011(1)：47－51.

例如，波特（1990）观测发现，产业升级是依托产业内各企业间要素的不断输出和转移，让资本以及技术密集型产业获得充裕的资源，进而凭借资源优势提升综合竞争优势和利润空间的过程。Poon（1999；2004）在对制造业分析后认为，产业升级实质上是制造业厂商经济角色的演变过程，企业从劳动密集型与低附加值产品生产向以资本或技术密集型与高附加值产品生产的过渡①。事实上，这一过程也包含了资源在产业间的流动，以及在产业内效率不同企业间的转移。有学者指出，由产业内的技术创新所诱发的对新产品的社会需求，将驱使生产要素快速流向该产业，进而推动产业发展和转型升级，即由创新驱动要素流动，带来生产规模的压缩与扩张，进而推动产业升级（丁焕峰，2006）②。

该视野下促进产业升级的关键要素有，如技术提升、技术创新以及配置资源能力提高等指标。技术进步带来企业生产效率的提升是推动产业升级的核心动力（坎特威尔，1990）。同样，技术创新通过降低企业生产成本，推动企业生产率提高，从而以促进产业升级。此外，企业还通过科学化配置资源，来促进资源协同使用增加企业生产效率，使产业发展趋向合理化。丁焕峰认为创新驱动要素在产业间的流动，会带来企业生产规模的压缩与扩张，进而推动产业升级。孔曙光等（2008）则更精辟地指出，产业升级在微观层面有三种表现：一是技术进步推动生产工艺、设备以及流程等的更替，这是产业升级的基础；二是技术进步提高劳动者素质，加速了新经济形态的演变；三是技术进步推动产品升级，新产业逐步形成③。

（2）管理学视野的产业升级

从管理学视野来看产业升级微观内涵，主要是源于对价值链的思考，结合企业的生产能力和综合竞争力来分析产业升级问题。价值链理论最早由波特（1985）提出，他认为企业的生产大致可以划分为基础活动和辅助

---

① Poon, T. S. C. Beyond the global production networks: a case of further upgrading of Taiwan's information technology industry[J]. *Technology and Globalization*, 2004(1): 130－145.

② 丁焕峰．技术扩散与产业结构优化的理论关系分析[J]．工业技术经济，2006(5): 95－98.

③ 孔曙光，陈玉川．广义技术创新与区域产业结构升级的机制探索[J]．工业技术经济，2008(9): 67－70.

活动，但这两类活动所对应的价值环节不同，而竞争优势正是来源于企业内价值链的优化①。之后，很多学者基于价值链思想解读企业竞争优势，认为产业升级是企业生产由低附加值（劳动密集型）向高附加值（资本和技术密集型）转变的过程。此外，对该过程中企业产品网络与贸易地位的变化也有说明。

自20世纪90年代以来，部分学者对价值链理论进行了丰富和拓展，提出了全球商品链理论，如Gereffi（1999）借助全球商品链考察产业升级的动因，他认为产业升级是指一个国家或地区企业和产业整体价值链或不同价值链间的跨越，这不仅表现为产业结构的演变，关键是要实现价值增值，以及企业附加价值的提升（如产品特性提升、自有品牌创造以及精细化生产等）②。具体来讲，产业升级可细化为四个层次：一是产品层次，产品生产从简单到复杂、从便宜到昂贵以及规模由小变大的过程；二是网络层次，产品批量生产从标准化转向差异化的过程；三是产业层次，产品生产朝营销和服务方向演变，如从OEM（贴牌生产）→OBM（自主品牌生产）→ODM（自主设计生产）的过程；四是产业间层次，企业生产从劳动密集低附加价值型转向资本和技术密集高附加价值型的过程。在此基础上，Humphrey和Sehmitz（2002）从价值链视角给出产业升级四种模式（见表2-4）③。表2-4显示了产业升级由低到高的变化，目前该分类法得到学术界的普遍认可。当然，产业升级也需要强有力的支撑，如企业需具备良好的声誉、较高的生产效率、稳定的发展潜力以及专业化的生产能力和个性化的服务等。

---

① Porter M. Competitive Advantage: Creating and Sustaining Superior Performance[M]. New York: The Free Press, 1985.

② Gereffi G. International Trade and Industrial Upgrading in the Apparel Commodity Chains [J]. *Journal of International Economics*, 1999.

③ HumphreyJ., Sehmitz H., Chain governance and upgrading[A]. In Schmitz Local enterprises in the global economy: issues of governance and upgrading[C]. Cheltenhan Elgar, 2004: 349-381.

表 2-4 产业升级的四种模式及其表现特征

升级类型	流程升级→	产品升级→	功能升级→	价值链升级→
实践形式	再造生产系统或引入先进技术，提升加工流程的附加值	引进新产品或改善既有产品较竞争对手更有效率，转向更先进的生产线	重组企业内部各种经营活动，获取新的功能，提高经营活动的技术附加值	附加值链，转向新的产业
表现特征	成本减少，质量提升，市场反应敏捷，利润率增加	新产品、新品牌销售量增加，单位产品的相对价格提高，但市场份额不变	利润显著增加，技能水平提升	利润较高，新产品的销售份额增加

综上可见，从微观层次来看产业升级，经济学视野重视技术进步与创新、资产高效利用等的作用，通过企业生产效率的提升，增加其竞争优势；管理学视野突出企业内部的流程再造（价值链重组）和价值增值（附加价值创造）的作用，促使企业向更高的价值链攀升。

2.3.1.2 宏观视角再判断

当下，产业结构的调整和优化是国民经济发展中的一项重大任务。从宏观视角分析产业升级，是基于对社会整体产业结构变化的认识。该层次的探索和研究成果丰硕，相关分析多以产品特征或要素密集度对产业进行划分，进一步通过观测产业比重变动情况来判断产业升级与否。

（1）经济学视野的产业升级

1931 年，霍夫曼在其《工业化阶段和类型》中剖析工业结构演化的规律时提出了霍夫曼定理。他认为，各国工业化无论初始条件如何，在发展过程中都存在趋同性，即伴随工业化进展，消费品部门和资本品部门净产值之比将趋于下降。不久，费歇尔（1935）在《安全与进步的冲突》中首创三次产业分类法。所谓三次产业分类法，就是将全部经济活动分成第一产业、第二产业以及第三产业。第一产业的属性是其生产物源于自然；第二产业是加工自然的生产物；第三产业是为繁衍于有形物质财富生产之上的无形财富的生产部门。但费歇尔并没有在此基础上归纳总结三次产业变化与经济发展之间的关系。借助三次产业分类的思想，克拉克（1957）在《经济进步的条件》将产业分为三大类，即农业、加工生产自然产物的产业以及创造无形财物的产业。同时，克拉克通过大量实证检验，总结出三次产业结构变动规律及其对经济发展的影响，被誉为现代产业结构论的研究先驱。库兹涅茨（1971）则继承了配第—克拉克的思想，提出三类产业划分法，即农业、工业和服务业，并进一步指出伴随人均收入变化，三次产业总产值和劳动力分布都将随之变动。依据三次产业分类思想，联合国（1971）颁布了《全部经济活动的国际标准产业分类索引》（ISIC），之后又经历四次修改，将全部经济活动划分为十个大项，可重组为三大类，即农业、工业及服务业。自 1984 年我国开始制定国民经济行业分类标准以来，经过反复调整，于 2003 年在《三次产业划分规定》中，新修订了三次产业范围：第一产业是指农、林、牧、渔业；第二产业是指煤矿业，制造业，电力、热力、燃气以及水的生产与供应业，建筑业；第三产业为服务业，是指剔除第一产业、第二产业之外的其余行业。

生产要素密集度法，最早由亚当·斯密（1776）在《国富论》一书中提及，根据不同产业在生产过程中的依赖度，可将产业大致划分为四类，即资源密集型产业、劳动密集型产业、资本密集型产业以及技术密集型产业或知识密集型产业[①]。这种产业分类的特点是，强调各产业生产过程中投入要素组合的差异，以及不同投入要素的强度，以便对产业进行比较，是一种相对分类。之后，有学者尝试依据要素比例、技术条件、个性化服务等特点提出可将工业分成三类的方法。部分学者还借助量化指标测算产业要素密集度，如利用资本与劳动力或资本与产出的比重等测度劳动密集度等。从生产要素密集度视角来看产业升级，可视为各要素密集度的逐次转移，即劳动密集型产业占比下降，而资本、技术或知识密集型产业占比上升的梯度式演进过程，国内学者，如刘志彪（2003）等也持相似的

① ［英］亚当·斯密．国民财富的性质和原因研究［M］．郭大力，王亚南，译．北京：商务印书馆，1972.

观点。

在宏观面对产业升级实现机制的解析，主要聚焦在供给和需求因素的影响。从供给层面来看，学术界强调技术创新以及技术扩散因子的作用，如波特（1990）认为产业升级是指要素从劳动密集型产业转向资本或技术密集型产业，使资本或技术密集型产业获取更丰裕的资源，取得比较优势而发展的过程。坎特维尔等（1990）亦指出，发展中国家技术能力不断积累和提升的过程，也是产业升级的过程。周振华（2003）强调，推动产业升级的主要因素有需求结构状况、企业的创新能力以及协调资源有效配置的能力①。从需求层面来看，克拉克指出，就业结构的变动与人均收入紧密相关，主要包括效率水平和需求因素；库兹涅茨在研究影响社会产业结构变动因素后认为，产业间比较劳动率的差异对产业结构调整作用更显著，大致包括技术能力、国内需求层次以及对外贸易结构等因子。部分学者还综合供给和需求等因素，以考察其对产业结构变动的作用，如芮明杰（2005）不仅综合了供给因素和需求因素，还把环境因素纳入分析框架中来探索对产业结构变动的作用②。此外，他将需求划分成个人消费需求、中间产品需求、最终产品需求以及消费和积累的比例；供给分为自然资源初始禀赋、人力资本状况、资本和技术供给状况；环境细分成产业政策、对外投资以及国际贸易等。此外，部分学者还从贸易或投资的视角研究产业升级问题，如 Gereffi（1999）将贸易因素引入以解析产业升级问题，他认为产业升级是企业或者经济体向盈利能力更高的资本与技术密集度经济区域转移的过程。同样，弗农的生命周期论以及小岛清的边际产业转移论等都涉及投资和贸易对产业升级的作用机制。

（2）管理学视角的产业升级

从管理学的角度分析产业升级，主要聚焦于价值链理论的发展和演化。20 世纪 90 年代，格里芬等提出“全球商品链”概念，用于分析各价

---

① 周振华．产业融合:产业发展及经济增长的新动力[J]．中国工业经济,2003(4):46－52.

② 芮明杰,巫景飞,何大军．MP3 技术与美国音乐产业演化[J]．中国工业经济,2005(2):110－117.

值增值环节商品链的结构关系。后来，又不断建立及完善全球价值链理论和研究框架，以拓宽全球商品链的适用范围，指出价值链条上各环节实现价值创造与价值获得的重大意义。从全球价值链理论探索产业升级现象，是指单个企业或经济体在全球价值链上顺价值阶梯逐渐攀升的过程，并呈现出产业集群式的特征。

学术界对价值链治理模式和价值链升级关系也作了探讨，这一探索主要围绕产业价值链的网络型、准层级型与市场型治理模式展开。Gereffi 指出，部分制造业厂商一旦跨入全球价值链的准层级，就能够推进产品升级和流程升级，甚至能够带动产品功能升级，其主要原因归结于组织演替①和边干边学②。后来，Kaplinsky（2000）归纳了价值链升级的四大模式，即流程升级、产品升级、功能升级以及链条升级③。综合上述研究，Humphrey 等（2004）对价值链治理模式和价值链升级关联作了详述，他认为在科层制价值链上可以促进工艺与产品升级，但不利于功能升级；嵌入市场价值链，会造成工艺和产品升级速度缓慢，却能不断提升功能升级的空间；而网络型价值链的升级条件为最佳，对企业竞争力水平的要求也比较高，发展中国家的制造企业很难嵌入该价值链。

上述分析主要从微观和宏观层面对产业升级现象作了阐释，大体上对产业升级存在以下认识：一是企业内部通过采取技术创新、技术提升以及生产重组等举措，逐步提高企业生产效率，进而创造出更大的价值；二是企业通过努力向资本和技术密集型产业转型，实施差异化产品生产战略。借助资源集约化、生产高效化以及产品高附加值化，逐渐凝聚出企业竞争优势；三是社会产业结构依托资本和技术、供需调整、投资以及贸易等因素推动，逐步实现从第一产业向第二产业、第三产业过渡的升级态势。

通过梳理不难发现，当前国内关于产业升级的理论研究主要存在“结

---

① 组织演替是指厂商从生产低端市场购买产品向高端市场购买产品转变的过程。

② 边干边学是指厂商通过与采购商的交往互动，其知识和生产能力得到大幅提升。

③ Kaplinsky R. Spreading the Gains from Globalization: What Can Be Learned from Value Chain Analysis? [R]. Institute of Development Studies, IDS Working Paper, 2000.

构升级”和“价值链升级”两大思路。相比较而言，两种思路各有优势：一是价值链更国际化，而结构思路在国内的应用时间长且范围广。其主要原因在于：①当前国内在这一领域的学术研究还没有完全同国际接轨；②国内经济发展的客观条件所决定。从计划经济演变过来的政府干预特征，采用与日本相似的赶超产业政策，以便加快产业结构转型升级；③便于政府宏观管理，结构思路更加直观且容易操作；二是价值链思路更全面，结构思路更宏观；三是价值链思路的内核是“内生性”的，而结构思路是“外生性”的，所以比较直观且更容易测度；四是基于价值链的产业升级难度较大。对于国内企业来讲，要彻底改变过去粗放式的发展模式难度很大。但通过政策鼓励、空白多、起点低以及劳动力成本优势等因素推进产业结构升级相对容易。价值链理论为创新国内产业升级路径提供了思路。

从实际需要来看，产业升级是中国经济发展要解决的核心课题，但当前的理论研究还难以满足现实需求。对产业结构变动等问题，尽管国内很多教科书都给出了部分解释，但多是对西方理论的引用借鉴，对中国产业升级实际的研究不多，主要还停留在现状分析、趋势判断等层面，如产业结构从“一二三”到“三二一”的转变，没有深入到实际问题中去。在具体研究过程中还存在很多不足，如相关概念混淆；忽略产业组织升级等问题。正如江小涓所描述的，国内学术界对产业经济理论的探究“从整体上看，还处在低层次的‘重复引进’及‘重复生产’阶段。针对国情、能容纳客观事实、合乎逻辑且经得起实践考验的产业升级理论还不多见”。此外，在理论研究层面淡化甚至严重忽视了马克思的劳动价值理论。同时，还需要注意的是，西方产业升级演进理论是在工业化阶段论基础上发展形成的，而工业化理论所提供的基本经验有其特殊性，如英国工业化的理论，主要源自英格兰及威尔士的经验。如果将这种理论当作真理引述并用来解决中国现实问题，出现问题是在所难免的。综观目前国内在产业升级理论层面的现有研究和探索，还远远无法满足现实需求，甚至部分引述和运用等还存在严重的问题。因此，要真正推动并实现国内产业升级，提高我国经济国际竞争力，还需要学者们在深入调查研究的基础上，结合国情提出适合中国实际的产业理论和产业政策。

2.3.2 产业升级的影响因素

产业升级是诸多因素共同促成的结果，但一般都是借助需求和供给发生作用的，如资源是典型的供给要素，其丰裕度直接关系到经济增长与产业结构变动。但归纳起来，不外乎是需求和供给条件、国际市场条件以及经济政策等变化，共同决定并影响产业升级的路径。

在封闭的经济环境下，影响产业升级的核心因素有需求、供给、制度以及产业政策等。生产最终是为了满足人们的多层次需求，有效需求是促进经济可持续增长的关键引擎。影响产业升级的需求因素很多，但主要是需求总量、需求结构和收入结构。一是需求总量。需求总量是促进产业发展的前提。一般地，总量越大所要求提供的产品与服务就越多，进而产业规模也就越大。此外，需求总量扩大还能有效地降低企业生产成本，并产生规模经济效应，这为产业升级带来了动力。二是需求结构。需求结构决定了产业结构的变动趋向。首先，是消费与积累结构。消费决定生产，消费结构的变化不断引导产业结构的调整，从而与这种变化相适应。消费结构变化受制于经济水平、收入状况、人口结构、消费偏好以及国际消费趋势等因素的影响。积累是服务生产性的投资量，消费是家庭对最终产品的需求。当投资比例增大时，相关的资本资料产业就将赢得快速的发展，产业升级也将出现。其次，是投资结构，表示资金在不同产业投入中所产生投资配置量的比例，即全部经济总投资在各个产业间的比例及分配关系。投资可以多层面地影响产业变化，如在各产业间的分部和比例关系，会影响产业发展的速度，进而推动产业结构变动；投资作为资产增量能够引起产业资产存量的增加，造成产业间规模比例的变化。再次，是个人消费结构，即个体用于衣、食、住、行等层面的消费支出比重。该比重将直接影响消费资料产业部门的发展，对给消费资料工业提供生产原料的部门也有间接影响，进而促进产业转型升级。复次，是中间需求与最终需求。中间需求是对中间产品（原材料、零部件等）的需求，而最终需求是对最终产品的需求。中间产品需求结构决定了生产中间产品产业的内部结构。最终产品需求结构决定了生产最终产品的产业内部结构。三是收入结构。人的需求是多样性和无止境的，有效需求必须与一定的收入水平相适应，而收入水平的变化则与产业升级紧密相关。

供给方面的因素，一般是指作为生产要素的劳动力、技术、资本、自然资源以及相应供给价格间的构成等。它们的供给程度与相应收益如何，都关系到该产业的发展。以下从自然资源、人力资源、资金供给以及生产技术变动来考察对产业升级的影响。自然资源通常分成待开发资源和已开发、正在利用的资源两类。前者将是今后产业形成以及发展的前提，后者的供给则直接决定和影响产业结构；人力资源是指具有生产劳动技能的劳动者的供给量。一般来讲，低质量劳动力，势必会约束产业结构向高级阶段发展；相反，具有先进技术及文化素养的高质量劳动力，将有助于产业结构向高级化演进。资金供给表示可供投资的资金量及使用成本的状况，并受收入水平及储蓄率等的限制。不考虑外资引进情况，一般地，可供投资的资金不充足，就会限制产业发展，特别是资本密集型产业的发展；相反，资金丰裕，其使用成本下降更有助于资金流向技术和资本密集型产业，进而推动产业结构的演化升级。科学技术是推动产业升级的关键力量。从技术进步的角度来看，产业升级体现为一国和地区的生产技术结构。生产技术结构的进步和演变会引起产业结构的调整。技术进步促进新生产工具、新材料、新产品、新市场以及新产业的形成和发展。在市场经济中相对低成本的产业，将会凝聚更强大的竞争优势，从而推进产业结构的调整和升级。

事实上，制度和产业等政策对产业升级也发挥显著作用。制度经济学家若恩指出，制度层面的变革为产业变革扫平了道路，即市场规模的扩大促进了专业化与劳动分工，进而增加了交易费用。交易成本提升导致经济的运行效率下降，特别是产业经济系统的运行效率下降，这表明现存的经济组织和制度出现了不适应。通过迫使经济组织发生变革，调低技术变革成本，进而加速产业发展和经济增长，如日本产业政策成功发展就得益于制度变迁。产业政策是国家干预经济的主要手段之一，根据政府中长期发展规划，在市场调控的基础上，利用经济手段，如货币政策、财政以及税收等政策，通过调节供给和需求，投资和贸易结构等影响产业升级的速度和轨迹。此外，伴随产业经济学朝纵深方向发展，产业集群以及市场竞争等因素对产业结构升级的作用日益凸显。值得说明的是，产业集群通过产业凝聚以及技术外溢等效应，促进企业间信息共享，强化了集群内厂商的战略合作。而公平、有序和有效的市场竞争，对促进生产要素自由流动，进而对带动产业升级也至关重要。

在开放经济环境下，除以上影响因素外，贸易和投资的变化也会促进产业结构升级。建立在比较优势基础上的对外贸易对产业升级的影响主要体现在两个方面：一是进出口贸易结构变化。这是来自外部需求和供给的影响。一般地，伴随经济发展和企业竞争力的提升，各国生产的相对优势会发生变动，进而带来各国进出口商品结构的变化，对产业升级发挥推动作用。按照生命周期论，新产品在创新国研制，首先在国内销售，其次当市场饱和后开始向后发国家输出，先发国家逐渐沦为进口国，此时原产品的生产资源开始流向其他新产品的研发和生产，先发国家的产业得以调整和升级。后发国家一般先借助“进口替代”战略，通过进口开拓国内市场，进而促进产业成长。此外，借助国际技术转移，即生产技术、技术诀窍以及生产流水线等的转让和引进，不仅让进口国相关产业的技术水平得以提升，且可促进其幼稚产业的成长，从而带来产业结构的变迁。国际直接投资对产业升级的影响可能存在两个方向：一是外商直接投资对国内产业升级的作用；二是本国对外直接投资对母国产业升级的作用。前者所携带的“一揽子”综合优势（如资本供给、现代技术、先进管理以及信息等），不仅改变了东道国的产品数量及结构，也对其中间产品生产结构和最后产品销售结构产生了影响，进而对东道国的产业结构调整及升级产生影响。后者为本书所重点探讨的问题，已在相应的章节做出详细论述，此处将不再赘述。

2.3.3 产业升级的测度标准

配第定律提出后，学者们逐渐意识到产业演进升级是有规律可循的，其实质是由低级向高级的转变过程，是经济发展和逻辑顺序演进的过程。产业演进和升级的过程称为产业高级化，如何判别其程度高低是研究中的关键性环节。遵循对产业升级的研究思路，主要从微观和宏观两个层面，对产业升级的量化指标和测评方法进行归纳和总结，为定量分析提供理论依据。

从微观层面来看，主要聚焦于企业或者行业方向的研究。主要通过考察劳动生产效率水平、要素丰裕度以及产业附加价值等指标的变化，来检测和判断产业升级的程度，如采用劳动生产率指标测评产业升级，主要是考察单位劳动生产力在一定时期内能创造多少价值，测量的公式为：劳动生产率 = 实际国内生产总值/就业人数，该指标值越大，表明产业升级的速度越快。当然，也可以利用劳动生产率的变化率进行衡量。Kaplinsky 等（2005）建议采用产品升级指数来检验产业升级，该指标实质是单位产品价格的变化①和市场份额变化的加权值，各变量的权重均取 0.5，仅当两指标都增加时才存在产业升级，反之则不存在升级。

国内学者在定量检验产业升级时，也构思出不少参考指标。马涛和李鹏雁等（2004）在其产业升级测度指标设计体系中，提出了很多极具参考价值的分项指标②，如为解释由原材料生产向加工装配演变，而构建出工业加工程度指标。主要有两个表达式：（1）$g = j_g/y_g \times 100\%$，其中，g 代表工业化加工程度，j_g 代表加工工业增加值，y_g 代表原材料工业增加值；（2）$j = j_g/j_c \times 100\%$，这里 j 代表加工程度化指标，j_g 代表加工工业增加值，j_c 代表基础工业增加值。两个指标值越大，则表明产业升级趋向越显

① 单位产品价格变化是指某部门在一定时期内某产品价格的变化率和平均价格变化率的偏离程度。

② 马涛，李鹏雁，马文东. 新型工业化的区域产业结构优化升级测度指标体系研究［J］. 燕山大学学报，2004（3）：273－278.

著。同时，他还提出反映生产由劳动密集型向资本和技术密集型演进的指标，被称为技术密集型集约化指标。其测度公式为：$z = Z/GDP \times 100\%$ 。其中，z 代表技术密集产业的增加值，Z 代表技术密集型产业的产值比，GDP 代表产业的国内生产总值。邬义均（2006）在系统研究现有产业升级测评方法后提出以下指标，在考量产业升级进度上具有较高的参考价值：（1）附加价值溢出量，即工业（尤其是制造业）的附加价值在国内生产总值中的比重，该数值持续上升则表明产业处在升级通道中。所谓附加价值溢出量是指产业升级后所产生的产品及服务的附加值同升级前的对比，可以直接刻画出产业升级效益。（2）高加工化系数，能够有效测度制造业的内部结构变动，尤其是深加工、资本和技术密集型产业在制造业中的比重变化，具体的核算公式为：$D = P_m \times G_m/(P_m \times G_m + P_p \times G_p)$ 。其中，D 代表高加工化系数；P_m代表制造业的生产附加值；G_m代表制造业增速；P_p和G_p代表初级产品比重与增速。值得强调的是，高加工化系数越大，则说明技术越先进，产业升级的趋向越明显。（3）结构效益指数，这一体现产业变化的综合性指标则借鉴了方甲（1997）构建该指数的思想。（4）结构效应链是指产业结构变动、升级形成的效益会通过效应链显现出来，如产业结构应满足资源结构、投入结构以及能源结构等之间的协调标准①。

从宏观视角来看，如果能建立一个“标准结构”就容易进行对比分析。这里主要围绕“标准结构”法展开梳理和总结。“标准结构”目前被大多数国家采用，主要是借助统计分析对样本国家产业结构的变动特征进行统计归纳，并据此提炼出能刻画某一高级化的若干指标，作为产业结构演进到此阶段的代表。库兹涅茨、钱纳里和赛尔奎因等在该领域做出了卓越贡献，他们总结的标准成为后人研究的标尺。钱纳里和赛尔奎因在《发展的型式：1950—1970》中对标准结构原理及其构建过程作了详述②。他们设计了一个国民总产值的市场占有率模型，用于估计经济结构的变动，

---

① 邬义均．我国产业结构优化升级的目标和效益评价方法[J]．中南财经政法大学学报，2006(6)：73－77.

② 钱纳里，赛尔奎因．工业化和经济增长的比较研究[M]．上海：上海三联书店，1989.

具体的表达公式为：$Z = \beta_0 + \beta_1 \ln Y + \beta_2 (\ln Y)^2 + \beta_3 \ln N$。其中，$Z$ 反映经济结构的变动，如产业结构变化等；Y 为人均 GNP；N 为样本国家或地区的人口量。在该模型中，钱纳里和赛尔奎因以人均 GNP 和人口数量作外生变量，用回归法对样本国家或地区的数据进行测算，得到表 2－5 的结果。表中数据就是“标准结构”的参考值。当然，该设计也适应于从多层面对产业结构进行衡量和测度，如产业附加值、相对劳动力生产率水平等。沿着标准结构的思路，国内学者尝试用相似性系数判断我国的产业升级状况，如龚仰军（2002）以日本产业为参照，考量国内产业结构变动①。测度公式为

$$SAB = \sum_{i=1}^{n} X_{Ai}X_{Bi} / \sqrt{\sum_{i=1}^{n} X_{Ai} \sum_{i=1}^{n} X_{Bi}}$$

其中，A 为待研究产业结构，B 为参考标准，X_{Ai} 与 X_{Bi} 分别为 i 产业在 A 与 B 中占的比例。测算结果显示，20 世纪 90 年代中期我国的产业结构与日本 40 年代的水平相当，二者相似系数为 0.97；劳动力结构与日本 20 年代水平最接近，二者相似系数达 0.99。此外，刘志彪和石奇（2003）②、邓茂和龙志和（2005）等③也借鉴相似性系数法对省域层面的产业结构变动情况进行研究和评价。

表 2－5　1975 年钱纳里和赛尔奎因的标准模式（%）

	人均国民生产总值的基准水平（1964 年美元价格）								
	10 以下	100	200	300	400	500	800	1000	1000 以上
第一产业市场占有率	52.2	45.2	32.7	26.6	22.8	20.2	15.6	13.8	12.7
制造业市场占有率	12.5	14.6	21.5	25.1	27.6	29.4	33.1	34.7	37.9
公共服务市场占有率	5.3	6.1	7.2	7.9	8.5	8.9	9.8	10.2	10.9
一般服务业市场占有率	30.0	33.8	38.5	40.3	41.1	41.5	41.6	41.3	38.6

资料来源：钱纳里，赛尔奎因．工业化和经济增长的比较研究［M］．上海：上海三联书店，1989.

① 龚仰军．产业结构研究[M]．上海：上海财经大学出版社，2002.

② 刘志彪，石奇．产业经济学的研究方法和流派[J]．产业经济研究，2003(3)：72－77.

③ 邓茂，龙志和．广东省工业产业结构优化程度测度[J]．南方经济，2005(9)：65－67.

与标准结构判别产业结构的变动不同，以经济发展阶段来衡量产业结构变动，首先将经济发展的过程分成几个阶段，其次根据判别国经济发展的阶段性特征，衡量其产业变动情况，这一开创性研究应推德国经济学家霍夫曼。1931 年他在《工业化的阶段和类型》中，凭借近 20 个国家经济发展的数据，对工业化进程中的产业结构演变规律给予总结，提出霍夫曼定律，即在工业化发展的进程中，霍夫曼比例（消费资料工业净产值与资本资料工业净产值之比）是不断下降的。依据该比例，可将工业化划分为四个阶段，见表 2-6。

表 2-6　霍夫曼的工业化阶段指数

工业化不同阶段	霍夫曼系数范围
工业化第一阶段	4~6
工业化第二阶段	1.5~3.5
工业化第三阶段	0.5~1.5
工业化第四阶段	1 以下

霍夫曼认为，第一阶段：消费品工业生产在制造业中占突出地位，但资本品工业的生产不太发达；第二阶段：资本品工业增长高于消费品工业，但后者的生产规模依然比前者高出很多；第三阶段：资本品工业增长较快，大致与消费品工业的规模相当；第四阶段：资本品工业生产占核心地位，其规模超越消费品工业，初步达到工业化。当然，霍夫曼理论也遭到不少经济学家的诘难，如梅泽尔斯指出，霍夫曼系数在应用上存在两大缺陷：一是仅从工业内部的比例关系考察工业化进程不太全面；二是忽视国家生产率的差异。库兹涅茨在核算美国资本资料的增长情况后得出：资本资料工业优先增长缺乏依据。盐野谷裕一则利用产业关联理论对霍夫曼定律作了局部修正。

当然，国内在衡量方法研究上也有独到的见解，如杨建文（2004）提出结构效益指数，以考察产业组成比例变动产生的效益变化，进而检测产业结构合理与否。表达式为：

$$S = \sum_{i=1}^{n}\left(Y_i / \sum_{i=1}^{n} Y_i - \frac{Y_i^{\ 2}}{K_i L_i}\right) - \frac{Y_0^{\ 2}}{K_0 L_0}$$

其中，S 表示结构效益指数；Y 为产值；K 为资本存量；L 为劳动力；n 为产业数量。等式右侧的第Ⅰ项为产业升级后总收益，第Ⅱ项为升级前总收益，如果 S 值上升，则表明产业升级带来了结构收益的提升，即产业结构更趋向合理化。王聪等（2005）则设计出产业结构变动度指标以精确量化产业结构的调整程度，测算公式为：$D_t = \sqrt{\sum_{i=1}^{3}(S_{it} - S_{it-1})^2/3}$。其中，$S_{it}$ 表示第 t 期第 i 产业增加值占全部 GDP 比重，该指标越大说明产业结构的调整幅度就越大①。靖学青（2005）则指出，产业升级是一个动态化过程，即伴随着经济不断增长，产业结构显现出相应规律性地变动过程，可以采取产业结构层次系数进行描述和衡量②。该系数的构建过程如下：假设某地区存在 n 个产业，然后将产业按由高到低的顺序排列，计算出的比值记作 Q_i，据此构建该区域产业结构层次系数公式

$$W = \sum_{i=1}^{n}\sum_{j=1}^{i} Q(j)$$

显然，如果 W 越大（结构层次系数越大），那么产业结构的水平越高。该指标的价值不是单纯为衡量某一区域某一年份产业结构的绝对变化，主要是为考察不同区域间和时间段内产业结构的变动情况。上述方法并没有将时间因素纳入研究框架，属于静态分析范畴。此外，部分学者还构建了产业升级的动态测度方法，如约翰·摩尔（1987）提出可以利用 More 值动态测定产业升级状况③。More 值测度法借助空间向量技术，以空间向量的夹角作基础，将产业划分成 N 部门，组成 n 维向量，再将组向量在两时期之间的夹角，当作反映产业结构变动的指标，该指标值就是 More 值。推导公式为

$$Mt^{+} = \cos(\alpha) = \sum_{i=1}^{n}(w_{i,t} \times w_{i,t+1}) / \left(\sum_{i=1}^{n} {w_{i,t+1}}^{2} \times \sum_{i=1}^{n} {w_{i,t+1}}^{2}\right)^{1/2}$$

---

① 王聪，谭政勋．泛珠江三角洲经济结构差异、成因及合作策略研究[J]．中国工业经济，2005(7)：65－72.

② 靖学青．产业结构高级化与经济增长[J]．南通大学学报（社会科学版），2005(3)：45－49.

③ 约翰·H．摩尔．产业结构变化的测量[J]．收入和财富评论，1987(3).

其中，M^{+}为 More 结构变化值（两向量夹角 α 的余弦值）；$w_{i,t}$为第 t 期第 i 产业的比重，$w_{i,t+1}$为第 $t+1$ 期 i 产业的比重。进一步地，刘志彪，王国生等（2001）通过构建产业结构年均变化值指标，用于揭示某一时期内产业结构年均变化的绝对值①。具体的衡量公式为：

$$k = \left(\sum_{i=1}^{m} (\mid q_{it} - q_{i0} \mid) \right) \Big/ n$$

其中，k 表示产业结构年均变化值；q_{i0}表示基期产业 i 的组成比例，q_{it}表示回报期产业 i 的组成比例；m 表示产业分类数量，n 表示基期与回报期之间的年份长度。

综上可见，各测度方法和指标仅停留在表面上解释，没有触及产业升级的内核，也很少涉及，如产业升级进程中的技术集约化、重工业化等内容。为此，很多学者尝试构建指标体系以全面评价产业升级，这些方法中还融入了霍夫曼系数、智力密集产业的产值比例以及生态发展定位等因素，使得评测体系更加丰满和完善，如马涛，李鹏雁等（2004）试图构建一个指标群以全面评测产业升级，该指标群主要包括产业结构高度化、环境可持续发展产业以及产业的空间区位状况等 7 个子指标群；伦蕊（2005）曾尝试设计一个有分类指标层、基本指标层及权重层构成的综合测评体系，以弥补传统单一指标考察产业升级问题时产生的部分缺陷②；申俊喜等（2006）考虑到产业结构优化和升级进程中产业集中化、经济服务化、产业国际化、重化工业化、知识密集化以及高加工化等取向，构建了产业企业集中度、三次产业增加值、外贸依存度以及工业增加率等指标测评体系，以解释产业结构优化升级的水平③。这些尝试对补充和完善产业升级测评方法都至关重要。但需要强调的是，当前我国正处在产业调整和优化升级的关键期，准确测定产业升级程度对把握产业升级进程，以及合理规划产业发展路径推进产业结构转型升级等，都将产生积极作用。作

① 刘志彪，王国生，安国良．现代产业经济分析［M］．南京：南京大学出版社，2001.

② 伦蕊．工业产业结构高度化水平的基本测评［J］．江苏社会科学，2005（2）：69－74.

③ 申俊喜，蒋伏心．工业化中后期产业结构优化升级的路径选择［J］．江苏社会科学，2006（3）：220－226.

为一般性的分析和研究框架，上述方法对描述和刻画我国产业升级问题也极具借鉴意义，但在试用中也不能忽视企业的差异性、区域经济政策以及制度等因素对产业升级的影响。

2.4 本章小结

对外直接投资与产业升级的关系是有较高研究价值的课题，但当前国内学界对此并未给予足够的重视。本章在梳理国内外相关文献的过程中，对 OFDI 母国产业效应的核心观点，如产业升级论和产业空心化作了述评，为本研究提供了切入点。同时，对对外直接投资和产业升级的核心理论进行了归纳和评述，明确了对外直接投资影响产业升级的路径，为深入研究我国对外直接投资能否促进国内产业升级奠定了理论基础。

第三章　发达国家 OFDI 的母国产业升级实践

3.1 发达国家的经历

工业化国家的经济发展及其演进史，对后发国家实现经济赶超具有重要的参考价值。同样，先行国家借助对外直接活动推动经济增长和产业升级的经验，也值得后发国家认真思考、模仿学习和借鉴。通过研究先发国家企业直接投资与母国产业升级的内在关联，探索出直接投资影响母国产业升级的规律或特征，无疑为指导发展中国家如中国企业的跨境投资提供了有利参考。按照这种逻辑，本章将对美、日等国的直接投资促进母国产业升级的机制进行分析、总结和提炼，以期为解释中国对外直接投资能否带动产业升级提供研究方向。

研究美、日等国对外直接投资的历史可以观测到，其投资的产业选择大致遵循从资源开采产业—加工制造业—服务业的演进规律。但发人深思的是，这一过程恰恰与先发国家的产业结构调整和升级相对应，这不得不让人怀疑两者之间可能蕴含某种关联。事实上，通过深入挖掘并刻画直接投资和产业升级的演进轨迹不难找出答案，这涉及直接投资促进产业升级的机制问题。从先发国家直接投资的历史进程来看，不同类型的直接投资对产业升级的作用和效应存在很大的差异。本章内容将在概述直接投资动因的基础上，对不同动机类型的直接投资促进产业升级的机制进行提炼和描述。在此基础上，结合中国对外投资的实践，以选择更符合国情的对外投资路径和战略。

3.1.1 企业 OFDI 的动因分析

对外直接投资活动归根结底是企业行为。在探索直接投资与产业升级的内在关联问题上，应深入企业投资动机抉择的考察上，而非仅仅停留在对投资活动的浅层化分析。企业生存和发展的目的是实现利润最大化，不同企业在争夺“利益蛋糕”的过程中，出现了以直接投资进行逐利的经济活动。在特定的产业下，诸多企业都集中从事类似投资，进而推进了该产业的结构调整和转型升级。从这个视角来看，分析梳理和归纳总结企业对外直接投资的动因，并以此为基础追踪投资对产业发展和演进的影响，是进一步厘清 OFDI 产业效应的前期准备。

事实上，在第二章对外直接投资基础理论阐述部分，已涉及对外直接投资选择的不同动因，这里将仅就上述动机按投资理论演进的脉络给予概述。从海默垄断优势论的规模经济驱动、巴克利的内部化成本节约推动、弗农生命周期论的演进带动、托兰惕若的技术创新产业升级的溢出效应拉动以及小岛清的际产业扩张的刺激等因素，驱使企业以对外直接投资的方式将生产和制造等经济活动转移至境外，以获取更加廉价的要素和资源，并利用当地优越的政策和市场等便利条件，整合生产流程和工艺，以节约生产经营成本，实现利润最大化。在综合既有研究成果的基础上，邓宁（1998）从投资动因出发，将企业的对外直接投资分解为四种主要类型，即资源导向型 OFDI、市场导向型 OFDI、效率导向型 OFDI 以及战略资产导向型 OFDI，此分法得到了学术界的普遍赞同。沿着该思路并结合先发国家的实践，探索对外直接投资对母国产业升级的影响。

（1）资源导向型对外直接投资

资源导向型 OFDI 始于 19 世纪末，先发国家企业为获取廉价的生产要素和资源，在资源丰裕度较高的国家或地区设立子公司或生产基地，以充分利用当地优越的资源条件。这与先发国家的经济发展阶段相对应，如英、美等发达国家在工业化早期以及重工业化阶段，由于自然资源贫乏不足以支撑工业化发展，进而借助 OFDI 方式在全球范围内获取国际化资源。

对资源导向型 OFDI 的演进史，可以概述为四个阶段[①]：其一，形成期（1914 年之前）。英国是这阶段资源导向型 OFDI 的主导。1870 年，英国在拉美国家投资 8500 万英镑，拥有 23 家石油公司；1885 年，在缅甸建立缅甸石油公司，1899 年又成立阿萨姆石油公司，至此缅甸的石油全部掌控在英国手中；英国在印度资源投资倾向煤炭、石油和锰矿，截至 1910 年，英国在印度累计投资 4.5 亿英镑（矿山和石油占 1.8%）[②]；1913—1914 年，英国掌控了巴士拉省和伊朗南部的石油开发权，并与德国合资共同开采摩苏尔和巴格达的石油，英国占有公司 75% 的股权；1911 年，英荷皇家壳牌公司收购土耳其石油公司 25% 的股份；1912 年，在美国建立洛克萨那石油公司。这些国家或地区资源禀赋较好，但缺少经济发展所需的资本，进而为垄断资本控制和掠夺资源提供了机会。其二，扩张期（1914—1945）。英、美是该阶段的主体。1937 年，发达国家在亚洲掌控了近 20 种矿产的开发权，英、美、法和荷兰控制的石油产量为 2501 万吨（98.6%）、天然气为 9.64 亿立方米（94.8%）[③]。在拉美和非洲，1929—1937 年，英孚石油公司的石油开采量从 26.7 万吨攀升至 65.4 万吨，几乎垄断了埃及全部的石油开采。1937 年，美、英、荷兰三国公司则分别垄断了拉美石油开采的 54.4%、19.6% 与 20.3%，以及天然气开采的 47.1%、17% 和 24.6%。标准石油公司分别在 1920 年、1924 年，取得秘鲁和哥伦比亚的石油控股权；1921 年，在委内瑞拉成立分公司并于 1928 年收购力奥尔石油公司。此阶段投资主体和区域都在不断扩大，行业选择也从石油、煤炭延伸至天然气行业。其三，调整期（1946—1980）。美、英、荷兰是投资主体。20 世纪 50 年代，英国的年均投资为 1.8 亿英镑。20 世纪 60 年代初至 1974 年，英国对发展中国家的直接投资中，制造业比重从 40% 提升至 70%，采掘业比重则从 25% 降至 19%。1974 年，原联邦德国对发展中国家的投资

① 刘宏杰，马如静．资源获取型对外直接投资的历史阶段研究[J]．经济纵横，2008(4)：62－65.

② 宋则行，樊亢．世界经济史（上）[M]．北京：经济科学出版社，1993.

③ 宋则行，樊亢．世界经济史（中）[M]．北京：经济科学出版社，1995.

中，制造业占比60%，采掘业仅为10%。1950年，美国的直接投资中，矿业和石油业占比38.3%，到了1960年，两项占比降至32%。日本在发展中国家或地区的采掘业直接投资在1970年之后也呈下降走势①。马文秀（2007）认为，1972—1974年，日本在东亚以及东南亚等地的直接投资，其目的旨在获取自然资源，以化解国内资源匮乏的危机②。之后，发展中国家开始为守护资源采取了诸多的限制性措施。其四，适应期（1981年至今）。跨国公司崭露头角，成为对外投资的主体。这一时期，因直接投资管制和行业限制放宽，通过跨国并购、强强联合、纵向一体化以及战略驱动等手段掌控了世界石油生产的绝大部分③。如2002年，埃克森美孚石油公司的油气上游产业遍布全球29个国家及地区，其旗下70%的石油储备和77%的天然气储备均来自境外④。

综上可见，资源导向型OFDI的历史演绎表明：工业化初期和重工业化期，在资源稀缺的条件下，发达国家为支撑和推进本国工业化，所实施对外直接投资的主要动机在于获取稀缺资源，也即资源导向型OFDI占据主导。当前，中国正处于重工业化关键期，经济发展对资源的需求节节攀升。因此，以中石油、中石化和中海油等为代表的石油企业可借鉴发达国家经验，通过资源导向型OFDI方式"走出去"，以获取国际化的廉价优质资源，为经济发展提供能源支持和保障。

（2）市场导向型对外直接投资

跨国企业为开拓、巩固、抢占或有效地利用东道国市场，往往会将生产和加工制造等环节或车间转移至境外。一方面，可以绕开贸易壁垒、节约运输成本以及生产经营成本等；另一方面，也能及时密切与国际市场的联系，观察竞争对手的市场化战略变动等，以开拓新产品、新业务以及新

---

① 肖卫国．跨国公司海外直接投资研究：兼论加入WTO新形势下我国利用外商直接投资的战略调整[M]．武汉：武汉大学出版社，2002.

② 马文秀．日本对外直接投资缓解日美贸易摩擦的效果及其启示[J]．日本问题研究，2007(4)：6－11.

③ 胡涛．国外石油跨国公司并购的动因及提示[J]．经济纵横，2001(1)：45－48.

④ 温青山．国际石油公司发展战略与财务管理[M]．北京：石油工业出版社，2004.

工艺等，根据市场变化进行灵活性生产。因此，规避贸易壁垒和开拓新市场是这类投资的典型特征。

观察战后日本对外直接的历史演进，可清晰地发现：规避贸易壁垒是其对外直接投资的关键所在。20 世纪 50 年代，日、美在纺织品领域贸易摩擦频发，日本就将 OFDI 作为缓解摩擦的手段，但受资本数量限制，对外投资量很少。20 世纪 70 年代之后，日、美贸易摩擦愈演愈烈，日本通过大规模对外直接投资措施来化解贸易摩擦压力，并掀起三次对外投资高潮[①]。具体来说，结合彩电业和汽车业案例来考察日本对外直接投资的动机。日、美彩电贸易摩擦在 1976 年达到高峰，此时恰逢美国建国 200 周年和总统大选，居民对彩电的需求暴涨，日本彩电出口达 296 万台，较 1975 年增加了 2 倍多。美国对此做出剧烈反应，并依据 1974 年通商法 201 条款（紧急进口限制条款）对日本彩电提出申诉。1977 年，裁定日本“急风暴雨式”的出口打击了美国彩电行业，双方签署“日美彩电协定”。从 1977 年 7 月起 3 年内，日本对美国的年出口控制在 175 万台（制成品 156 万台，半制成品 19 万台）。鉴于此，为规避贸易摩擦并争取美国市场份额，日本彩电企业纷纷在美国本土进行直接投资。1978—1979 年，日本在美国的彩电产量超越国内的出口量，表明彩电协定未到试用期即失效，双边摩擦走向终结。日美汽车行业摩擦也是如此。20 世纪 70 年代后期，日本对美国汽车出口逐年攀升，1978 年 152 万辆，到了 1980 年增至 192 万辆，占美国市场的 20%。但此时，恰遇美国汽车业萧条期，1977 年始产量逐年下滑，失业率急剧攀升（25 万人失业），日美汽车及零部件贸易摩擦爆发。为绕开贸易壁垒，1982 年日本开始实施 OFDI 战略，如丰田、本田和日产等企业相继在美国建厂。产量从 1983 年的 6 万台逐年递增，到 1990 年已达 149 万台。在美国本土生产的剧增，使 1987 年后日本对美国的汽车出口量骤

① ［日］大藏省．财政金融统计月报(第 452 号)．

减，OFDI的贸易替代效应凸显①。日本通过直接投资将彩电、汽车等成品及零部件生产输出境外，不仅有效规避了贸易纠纷和摩擦，也带动了母国产业结构的调整和升级②。

市场开拓型直接投资源于美国。20 世纪 50 年代，为扩大海外市场，美国以制造业为主导进军加拿大和欧洲市场。如在欧洲市场，截至 1963 年，美国企业占据法国缝纫机市场的 70%，电子产品的 43%，电冰箱的 25%；占英国小轿车市场的 50% 以上，电脑的 40% 以上；截至 1967 年，美国企业控制了加拿大汽车工业的 90%，橡胶工业的 83%，天然气和石油工业的 82% 以及化学工业的 59%③。德国市场导向型投资现于 20 世纪 70 年代，由于 60 年代德国钢铁工业的国内生产和需求接近饱和，为延缓钢铁产品生命周期，德国借助直接投资将钢铁业输出至非洲以及拉美国家，就地生产以稳定并扩大海外市场。韩国市场导向型 OFDI 则集中体现在两方面：（1）市场开拓。韩国市场狭小，经济发展外部依赖度高。开辟境外市场是韩国直接投资的主要动机。据统计，在华韩企利用原材料的 60% 来自本国进口，这为韩国原料输出提供了新市场④。（2）市场转移。伴随经济不断发展，韩国产业结构步入调整和转型升级阶段⑤。国内市场的限制促使韩国把国内比较劣势产业转移至境外，以重拾发展优势并获取利润，如韩国在中国以及东南亚等国建立了多家鞋厂。资料显示，韩国在朝鲜的鞋厂其生产成本初期仅为国内的 25%，之后的成本更减少到 52% 以上⑥。

（3）效率导向型对外直接投资

---

① 1986 年，日本对美国汽车出口金额为 25889 百万美元。此后的出口金额，1987 年为 25223 百万美元，1988 年为 24026 百万美元，1989 年降至 23116 百万美元，分别较上年度下降 2.6%、4.7% 与 3.8%；同期，日本对美国四轮车出口数量分别为 308 万辆、270 万辆和 243 万辆，分别较上年度下降了 10.2%、12.3% 与 10%。成品车金额和出口数量的减少缓解了双边贸易压力，但伴随着日本汽车零部件对美国出口的增加，又引发了双边零部件贸易摩擦。

② ［日］原正行．海外直接投资论［M］．封小云，译．广州：暨南大学出版社，1995.

③ 陈继勇．美国对外直接投资研究［M］．武汉：武汉大学出版社，1993.

④ 李锴．韩国企业在华投资的发展与现状［J］．国际经贸，1999（5）：19.

⑤ 姜虹，范纯增．韩国对外直接投资的区域特征及成因［J］．东北亚论坛，2002（5）：31－34.

⑥ 张慧智．韩国海外能源资源开发战略研究［J］．当代经济研究，2009（12）：50－54.

效率导向型 OFDI 是指跨国企业以提升生产效率为目的的境外直接投资。依靠全球化的资源和专业分工，在世界范围内重组生产及销售以实现规模经济、范围经济或协同效应[①]。这得益于东道国廉价的要素资源、较低的投融资成本等便利带来的成本节约，进而有利于企业生产效率的提升。

20 世纪 60 年代，美国为应对国内劳动力价格不断攀升的巨大压力[②]，陆续将劳动密集型劣势产业转移至发展中国家或地区。如半导体工业，自 1961 年费尔柴尔德公司在中国香港建立首家半导体子公司后，诸多企业竞相模仿，分别在中国台湾地区、韩国、墨西哥以及印度尼西亚等国家和地区设立分厂。截至 20 世纪 70 年代末期，美国半导体工业品中 50% 以上来自海外分厂制造。此外，美国纺织和服装业资料显示，1996 年美国人均劳动力成本为 11.89 美元/小时，中国 0.48 美元/小时，印度 0.58 美元/小时，中国香港 4.40 美元/小时，墨西哥 3.40 美元/小时等，这些国家和地区自然成为美国纺织和服装业转移的选择对象[③]。

日本也是较早推行效率导向型 OFDI 的国家之一。1950 年以来，伴随日本经济迅猛增长和产业高级化，适应产业发展和企业竞争力的 OFDI 也产生了相应的变化，突出反映在 OFDI 动机的变动上。二战后，日本经济大致经历了四个发展阶段：（1）恢复阶段（1945—1955）。致力于经济复苏需要，国内对资金的需求大且存在管制，对外直接投资数量极少。（2）高增长阶段（1956—1972）。日本“大工业生产模式”对能源和资源的需求剧增，但国内的生产成本日益抬升，低成本生产在日本步履维艰，边际产业（成熟化产业）形成，致使中小企业和部分劳动密集型产业（如纤维业）输出至亚洲等发展中国家或地区。从 1960 年开始，又陆续将纺织、

---

① 协同效应分为外部协同效应和内部协同效应。前者是指集群内的厂商因相互协作、共享资源或业务，实现比企业单独运作更高的获利能力；后者是指因厂商生产和经营管理的不同环节、阶段以及层面共享同样资源而形成的整体效应。简单比喻，即“1 + 1 > 2”的效应。

② 当时，美国国内劳动力的平均成本为 8.76 美元/小时，而发展中国家与地区仅为 1.74 美元/小时。

③ 资料来源：Textile World Vol. 147 No. 1997：79 – 81.

玩具、服装以及家电等产业转向中国台湾地区、韩国及中国香港等地[①]。第一次石油危机后，“大工业生产模式”面临资源和能源挑战，高经济增长就此宣告结束。1970 年之前形成的以原材料为主导的制造业，如钢铁、石油化工以及造船业等产业逐渐沦为边际产业，为追求低成本和高效率，日本将这些产业转移至海外[②]。(3) 泡沫阶段 (1986—1990)。日本经济经历新的扩张后，外部需求旺盛和对经济前景的过分乐观，导致经济走向泡沫化。但伴随日元升值，高地价、高工资以及高基础设施费用，导致国内生产经营成本大幅提升，故将制造业、造船业以及家电业等行业转向亚洲其他地区[③]。(4) 衰退阶段 (1991 年以来)。进入 20 世纪 90 年代后，日本经济步入 10 年衰退期。此外，国内还遭遇产业空心化、生育率下降和老龄化以及失业率上升等问题，而产业结构也发生重大调整（特别是制造业），大部分传统产业渐失比较优势，但朝阳产业（如生物技术、电子信息）尚不具备竞争优势，这迫使日本不得不加大国际化步伐。同时，为节省整体成本并顺应全球化要求，构建国际化生产和营销网络成为投资的主要动机[④]。同样，德国在 20 世纪 60 年代末，为提升生产效率也将劳动密集型和低附加值产业输出至亚洲等地。

采取效率导向型 OFDI，美、日等发达国家逐渐把失去或即将失去比较优势的传统产业转移至海外，开始发展资本和技术密集型产业，使母国产业结构得以调整优化和转型升级。

(4) 战略资产导向型对外直接投资

传统型 OFDI 是跨国公司为获取国际化的廉价优质要素和资源、占据更大市场或提高生产效率而实施的境外投资行为；与之不同，战略资产导

---

① ［日］铃木惠一. アジアへの企业展开と日本の地域产业政策[J]. 地域开发,1995(4):38－44.

② 郭思琪. 日本产业结构转换与对外直接投资动机变化的初步研究[J]. 现代日本经济,2000(1):27－31.

③ 李国平,田边裕. 日本的对外直接投资动机极其变化研究[J]. 北京大学学报(哲学社会科学版),2003(2):121－128.

④ 将序怀. 1990 年代以来日本对外直接投资动因与结构变化[J]. 探求,2005(1):54－57.

向型 OFDI 是跨国公司为获取技术、管理以及营销等存在价值增值功能的战略性资产①，以构建或提高企业新的独特优势，因此是创造资源与能力类型的境外投资行为（UNCTAD，2006；Duning 和 Lundan，2008）。在战略性资产中，技术特别是核心技术最关键，获取战略性资产控制权促成该类型的直接投资。

这种类型的投资多以大型跨国企业为主导，形式则集中体现为跨国兼并、收购以及海外研究和开发。如韩国 20 世纪 90 年代以来，现代、三星和 LG 等企业为模仿学习并获取先进技术和专利，在美国花费数十亿美元开展并购和研发活动，进而获得在通信、计算机、半导体以及高清晰电视等领域的高技术水平。如韩国三星电子公司于 1995 年 3 月对外宣布，收购世界个人电脑排名第六的美国 AST 研究公司 40.75% 的股份（3.78 亿美元），不仅获得了该公司所拥有的 190 项专利的使用权，还让该公司稳坐全球第五大个人电脑制造商的位置②。联合国会议（UNCTAD）1997 年的数据显示，1985—1995 年，55% ~60% 的直接投资均是以并购方式实现的。这些并购多集中在日本、欧洲和美国，且集中偏向信息和知识密集型部门或行业。Kogut 和 Chang（1991）在考察日本企业对美国直接投资的过程中发现，日本企业更偏好于美国企业合资以获取美国的先进技术③。此外，Chang（1995）还观察到，日本的电子制造企业是按既定步骤进军美国市场的，其主要目的是获得能力的发展和提升④。Almeida（1996）在分析美国半导体行业的专利引用时指出，流入美国半导体行业的海外企业较

① 战略性资产不同于自然资产，它是指内化于人、所有权、物质能力以及制度中的技巧、知识、学习与经验积累以及组织能力，即基于知识的资产。这些资产往往存在高转移成本，且多数具有隐性、因果关系模糊以及不可编码等特征，难以通过市场交易获取。

② 丁详生，张岩贵．发展中国家（地区）跨国公司对外直接投资的动因[J]．珞珈管理评论，2007(1):209－216.

③ Kogut, Brule&Sea－Jin Chang. Technological capabilities and Japanese Foreign Direct Investment in the heisted Stands [J]. *Review of Economics and Statistics*, 1991:73.

④ Chang, sea－Jin International Expansion Strategy of Japanese Firms Capability Building through sequential Entry [J]. *Academy of Management Journal*, 1995:38.

国内更偏好引用当地的专利，这表明外企 OFDI 的动机是获取当地技术资源①。同样，Shan 和 Song（1997）在研究外资企业在美国生物技术行业的直接投资动机后也得出相似的观点②。此外，数据显示，跨国企业在后发国家的 R&D 投资主要集聚在各国或地区知识高地。以亚洲为例，1999 年对国内外 587 家 R&D 机构调查表明，跨国企业 R&D 机构主要集聚在：韩国仁川；中国台湾地区、香港、上海、北京、广州和深圳；新加坡、吉隆坡以及马尼拉等少数地区，旨在为获取当地生产知识和市场知识，分享技术创新外溢效应等，以提升企业的国际竞争优势③。当然，还有诸多相关案例，如在 1999 年，沃达丰空中通讯公司（英国）耗资 1480 亿美元并购曼内斯曼公司（德国）；2000 年，阿尔卡特公司（法国）收购 Digimarc 公司（美国）等。跨国企业在全球范围内的兼并和重组，促进了资源优化配置和产业结构调整升级，使其国际化研发和生产力大幅提升，竞争优势更加凸显。

通过深入剖析和探究以上四类投资模式及其动因，我们可以归纳和总结出以下结论：一是跨越经济学与管理学范畴，从组织行为学的视角来看，特别是利用和探索的“两栖性”理论，能更深刻地理解传统型 OFDI④和战略资产导向型 OFDI 的行为差异。对传统型 OFDI 来讲，无论是为获取资源、市场还是效率，都是基于企业在母国的既定独特优势，因此这些投资是利用企业既有能力和资源的“范式复制”类投资。但战略资产导向型 OFDI 则是企业为获取海外互补性战略资产，以建立新的独特优势或提升既有独特优势，因此是创造能力和资源的投资。二是从投资动机视角观察这四类 OFDI 的演进轨迹，可以大致推断出先发国家进行境外直接投资的基

---

① Almeida, P. Knowledge Sourcing by Foreign Multinationals: Patent Citation Analysis in the U. S. Semiconductor Industry [J]. Strategic Management Journal, 1996, 17: 155 – 165.

② Shan, W. & Song, J. Foreign Direct Investment and the Sourcing of Technological Advantage: Evidence from the Biotechnology Industry[J]. Journal of International Business Studies, 1997, 28.

③ 楚天娇，宋韬．跨国公司在发展中国家 R&D 投资的空间格局研究[J]．世界地理研究，2005(4)：9 – 14.

④ 《2006 年世界投资报告》中对四种类型的直接投资作了区分，传统型直接投资是指资源导向型、市场导向型以及效率导向型直接投资，而战略资产导向型直接投资则被列为 OFDI 的第四种动机。

本路径：在工业化初期阶段，资源导向型直接投资占据主导；伴随经济快速发展和企业国际竞争力提升，再加上国内需求、跟随对手以及抢占海外市场等因素影响，市场导向型直接投资逐渐占上风；之后，在经济全球化和一体化的推动下，工业化国家出于转变经济发展方式和推动产业结构调整等考虑，开始效率导向型和战略资产导向型直接投资，在全球范围内整合资源，以优化资源配置、提高生产效率，并利用当地的技术、管理和营销等网络，提高企业竞争优势。

3.1.2 OFDI 动因演变：美国、日本例证

综上可见，主导企业对外直接投资的动因变化有规律可循，但这并不表明在不同经济发展阶段其 OFDI 动因是单一的，或是多动机相互交织的，因此对一国经济和产业的影响也是复杂的，主导动因不同决定了各国 OFDI 的路径选择。本章重点以美国与日本为例，来刻画其在 OFDI 实践的动因嬗变规律。

（1）美国 OFDI 的特征及其动因演变

美国是较早开展对外直接投资的国家之一。迄今为止，其历史约 140 年。其间，美国 OFDI 的发展和演进大致经历了三个阶段。

第一阶段：战前及两次世界大战阶段。《美国历史统计》资料显示，截至 1897 年末，美国累计对外直接投资额约 6 亿美元，到 1908 年快速增长至 16 亿美元①。一战之前，累计完成对外直接投资 26.32 亿美元，占主要工业化国家 OFDI 的 50% 以上②。从区域视角来看，这一阶段美国OFDI 的区域分布具有地缘性特征，主要流向墨西哥、加拿大以及拉丁美洲地区。1914 年，这些地区占 OFDI 总量的 72.2%；欧洲次之，约为 21.8%；流向亚洲、大洋洲以及非洲的仅为 5.7%。从产业偏好来看，主要集中在初级产品及其相关服务部门（50%），流向服务业和制造业（25%）的较

① ［美］美国历史统计——从殖民地时期到 1970 年［M］. 纽约出版公司，1976：868－869.

② ［美］刘易斯. 美国在国际投资中的股本［M］. 威斯康星，1983：575－606.

少，投向基础设施的约为 14%。但在两次世界大战期间，这些特点发生了显著的变化。从地区分布来看，与一战前相比，对加拿大的投资逐渐上升，由 1914 年的 23.5% 增至 1929 年的 26.7%。在欧洲和拉美的OFDI比重下降，从 21.8% 降为 18%。而在亚非和大洋洲的投资比重则有所提升，从 1914 年的 5.7% 升至 1929 年的 8.6%。从产业偏好来看，美国对制造业的投资力度逐步加大，由 1914 年的 18.2% 增至 1929 年的 24.1%，投资金额增加 2.79 倍，年均增长率为 9.3%；在公共工程及交通通信行业占比由 14.7% 增至 21.4%，居制造业之后，投资金额增加 3.15 倍，年均增长率为 9.9%；在采掘业的投资相对迟缓，占比由 27.4% 降至 15.7%，位居第三；对石油业的投资无显著变化①。

第二阶段：二战后至 20 世纪 80 年代末。战争期间的巨额资本积累，以及第三次科技革命的推动，加速了美国对外直接投资的步伐。从存量来看，1949 年美国对外直接投资突破 100 亿美元，之后基本处在逐年递增的状态。截至 1989 年底，累计完成投资额 3734.36 亿美元。(见图 3－1)

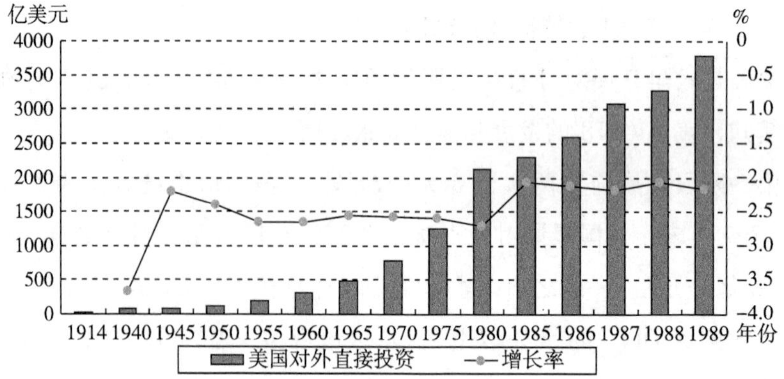

图 3－1　1914—1989 年美国 OFDI 累计余额

与战前相比，该时期的特征迥然不同。从投资区域来看，逐渐向发达国家转移。比重由 1950 年的 48.4% 增至 1960 年的 60.6%，之后攀升至 1989 年

① 陈继勇．美国对外直接投资研究[M]．武汉：武汉大学出版社，1993.

的 74.8%。相反，在发展中国家及地区的比重整体为下降趋势，由 1955 年的 41.4% 到 1965 年的 30.7%、1975 年为 21.2%。从产业偏好来看，矿产和石油业的比重除 1950—1960 年有所增加外，其余年份都处在下滑通道。而制造业却表现出平稳上升走势，从 1950 年的 32.5% 增至 1970 年的 41.3%，之后基本维持在 41% ~41.7% 的水平。值得关注的是，服务业的增长较为迅速。战前不足 10%，而 1989 年其比重却迅速增至 38.4%。(见表 3 -1)

表 3 -1　1914—1989 年美国 OFDI 行业分布概况（%）

年份	石油和矿业	制造业	服务业	其他
1914	40.0	18.2	6.5	28.3
1929	30.6	24.1	4.9	40.4
1940	29.4	27.5	7.5	35.6
1950	38.3	32.5	18.6	10.6
1960	43.3	34.7	14.3	7.7
1970	35.7	41.3	12.0	11.0
1980	25.0	41.7	28.3	5.6
1985	25.1	41.1	28.3	5.6
1989	15.5	41.7	38.4	4.4

资料来源：根据美国商务部《现代商业概览》各期整理。

第三阶段：20 世纪 90 年代至今。伴随美国经济强劲增长，20 世纪 90 年代后，美国对外直接投资维持了平稳增长态势，新变化、新特点涌现。90 年代以前，美国对发达国家的投资持续攀升，但 1991 年后出现下滑走势。由 1992 年的 75.5% 降至 2003 年的 71.2%（1997 年为 67.8%）。对发展中国家的投资走强，2003 年累计金额为 368.55 亿美元，为 1990 年的 3 倍①。但在区域分布上有较大变动，如在发展中国家，对拉美的投资由 20 世纪 80 年代的 37.1% 上调至 44.7%；在发达国家，对日本的投资由 20 世纪 80 年代的 6.2% 降至 1990—2004 年的 2.4%，加拿大的投资却由 20 世纪 80 年代的 7.2% 上调至 1990—2004 年的 9.5%，欧盟的投资始终维持在

① 黄梅波. 世界经济——国别经济[M]. 厦门:厦门大学出版社,2005.

70%左右并占据主导地位。从产业流向来看，服务业是其主导投资行业。在金融、保险以及房地产部门的投资地位突出，90年代中期超越制造业，由1992年的27.71%快速增至2000年的41.95%。相反，制造业由37.41%大幅降至27.33%①。从投资方式来看，跨国并购成为主导方式。进入20世纪90年代后，跨国兼并浪潮迅猛高涨。此外，利润再投资成为直接投资的主流。

由上述分析可知，美国OFDI区域与行业分布具有以下显著特征：

其一，投资区位选择相对集中，主要在欧洲，其次为拉美、加拿大以及亚太地区，在非洲与中东地区很少。如图3-2所示，1950年美国在发达国家与发展中国家的投资比重相差不多，分别是48.4%、48.7%。但此后美国在两大区域的投资比重逐步拉大，在发达国家其比重从1960年的60.6%，1970年的68.7%，到2012年则达到80.9%；与之形成鲜明对比的是，流入发展中国家和地区的投资比重不断降低，从1960年的34.9%，1970年的25.4%，到2010年则降至19.1%。由此可见，美国对外直接投资在区位选择上偏好于发达国家和地区。

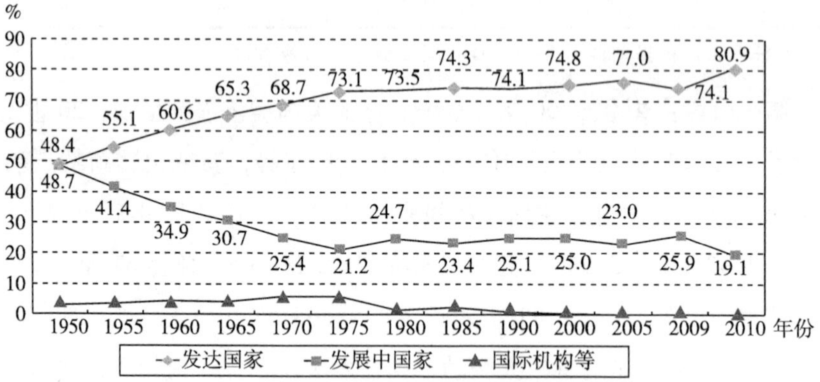

图3-2　1950—2010年美国对外直接投资区域分布

① 王清平.20世纪90年代以来美国对外直接投资的新特点[J].天津市经理学院学报,2005(2):71-72.

进一步地，通过图 3－3 能初步判断这种区域分布的动机。1985—2010 年，在欧洲的投资比重绝大多数年份都在 50% 以上，这与欧洲具有先进技术和管理经验等优势密切相关，有助于美国企业借此提升本国企业生产和运营能力。此外，欧洲同美国经济发展水平较为接近，在收入水平、消费结构以及需求结构等方面非常相似，有助于美国企业巩固和扩张市场规模，这是市场导向型与效率导向型直接投资的突出特征。在加拿大和拉美的投资也很密集，受经济战略、地缘关系、历史渊源等因素的影响，特别是战略资源获取动机的驱使，共同促成了其投资区域选择，这是资源导向和战略资产导向型直接投资的典型表现。而在亚太地区的投资则不高，主要分布在日本、澳大利亚等地。但 20 世纪 90 年代中期以后，美国在高区域的投资大部分都流向了中国（包括港台地区）。中国经济环境稳定、市场规模大等对美国投资颇具吸引力，有利于市场导向型直接投资。

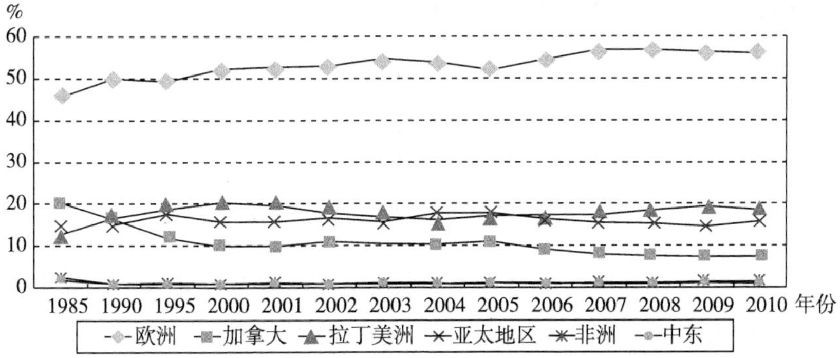

图 3－3　1950—2010 年美国对外直接投资细分区域分布

其二，从投资行业分布来看，主要集聚在制造业与服务业。20 世纪 70 年代以来，伴随世界和美国经济的快速发展，其对外直接投资的产业分布也出现新变化（见图 3－4）。美国 OFDI 产业结构日渐走向轻型化和高级化，并遵循了从资源开采业→制造业→服务业的演变规律。1970 年，在制造业的投资占比为 41.3%，但从 20 世纪 90 年代开始，该比重保持了持续下降的走势，到 2010 年降至 15%。与此同时，对服务业（如金融、保险、房地产）的投资力度不断加大，从 1970 年的 12%，1990 年的 40.9%，到

2010年快速增至74.6%，产业高级化趋势日益凸显。值得一提的是，美国对石油业的投资波动。自20世纪70年代初石油危机后，美国加大了对石油业的投资（26.03%）；到了80年代，因国际油价趋降，美国压缩了石油投资（3.37%）；海湾危机后，因国际油价回调，美国又增加了石油投资，90年代其投资占全部直接投资的6.54%，这说明石油资源在美国投资中具有战略性地位。美国服务行业投资的快速崛起，源于企业跨国经验和资金的积累，国际竞争力日益增强，效率和战略导向型直接投资逐渐占据上风。

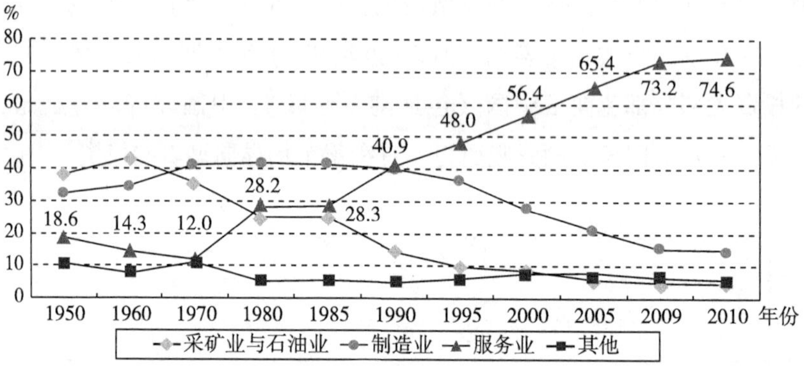

图3-4　1950—2010年美国对外直接投资行业分布

通过上述分析可知，美国OFDI区位选择和行业分布的特征变化显示，两者间是彼此关联、相互制约的，地域区位优势与行业专有优势的结合，使美国在不同的经济发展时期，借助不同的投资形式，以保障企业在海外获取廉价资源、扩展市场规模、提高生产效率和谋取战略资产等方面的便利，实现最大化投资收益。

（2）日本OFDI的特征及其动因演变

二战后日本经济获得了快速发展，除了得益于外部有利条件，如中国放弃了日方赔款权等因素外，主要是日本政府将重心转移到了经济发展轨道上来，并推出了许多振兴经济发展的新举措。对外直接投资就是重要措施之一，但日本对外直接投资发展并非稳步增长，而是在不同经济发展时期呈现阶段性特征。

伴随日本经济发展的阶段性差异，其投资动机也呈现多变的特点。从区域分布上来看，1951—2006 年，日本对外投资主要集中在欧美与亚洲。(见表 3 - 2)

表 3 - 2　1951—2006 年日本 OFDI 金额区域概况①　　单位：亿美元

年份	1951—1970	1971—1980	1981—1989	1990—1999	2000—2004	2005 *	2006 *
北美	9. 12	88. 86	1004. 73	1973. 73	429. 97	131. 68	101. 88
拉美	5. 67	56. 02	278. 62	472. 22	303. 75	64. 02	171. 67
亚洲	7. 51	90. 81	307. 9	859. 43	340. 96	161. 88	171. 67
中近东	3. 34	19. 25	9. 27	24. 47	0. 99	5. 42	2. 42
欧洲	6. 39	38. 31	416. 05	1123. 29	760. 95	82. 30	217. 01
非洲	0. 93	13. 52	36. 13	45. 46	6. 88	0. 25	8. 99
大洋洲	2. 81	22. 46	119. 08	222. 01	54. 67	9. 43	7. 32

资料来源：财务省历年《日本对外和对内直接投资情况》数据整理。

从产业分布格局来看，1951—2005 年，日本对外直接投资达 9610 亿美元。其中，制造业占 3389. 02 亿美元（35. 3%）、非制造业占 6220. 98 亿美元（64. 7%），后者大约为前者的 2 倍。从产业内部结构来看，大致经历了从低附加值劳动密集型行业向高附加值资本和技术密集型行业过渡。(见表 3 - 3)

表 3 - 3　1951—2005 年日本 OFDI 行业分布　　单位：百万美元

行业类别	1951—1970	1971—1980	1981—1989	1990—1999	2000—2005	1951—2005
制造业	929	11643	53550	175992	96778	338902
其中：食品	51	535	2679	22441	4505	30211
纺织	189	1448	1565	6217	988	10409
造纸、木材	212	546	1896	3676	1271	7601
化学	50	2576	6022	21471	16991	47110
有色金属、钢铁	138	2481	6642	12697	5832	27790
机械	68	826	5584	13023	8698	28119
电器机器	73	1506	13096	53565	22262	90502

① 2005 年以后，日本对外直接投资改为国际收支统计法，与 2004 年之前的申报数据没有可比性，故将 2005 年和 2006 年数据单独列出。

续表

行业类别	1951—1970	1971—1980	1981—1989	1990—1999	2000—2005	1951—2005
运输机器	87	892	8029	23207	27624	59839
其他	61	833	8037	19695	8617	37243
非制造业	2648	21276	163842	295835	138497	622098
其中：农、林业	56	553	595	1262	266	2732
渔水、水产业	26	274	378	799	243	1720
矿业	804	6267	8139	12156	6877	34243
建筑业	36	360	1694	3546	963	6599
商业	381	5028	19751	47265	20854	93279
金融、保险业	318	2108	54845	82000	60485	199756
服务业	49	1344	21981	61784	10597	95755
运输业	—	—	15269	22445	29860	67574
不动产业	—	—	34742	59066	4383	98191
其他	578	3838	3099	96	1767	9378
支店	356	953	3349	5416	1879	11953
不动产	44	551	—	—	323	918
总计	3577	32919	217392	471827	235285	961000

资料来源：根据日本贸易振兴会《贸易投资白皮书》、财务省《日本对外和对内直接投资情况》以及通商产业省《海外投资统计总览》数据整理。

然而近年来，日本企业对外直接投资呈现新的阶段性特征，集中表现在以下三方面：

(1) 对外直接投资额不断增加，对非制造业领域的投资超越制造业。事实上，21 世纪以来，日本对外直接投资额基本上呈稳定增长态势。2008 年达到 1308 亿美元，比 2007 年增长了 78%。受国际金融危机的影响，2009 年出现急速下降，但 2010 年又恢复了快速增长趋势，2011 年比上年增长了 90%，达到 1088 亿美元①。促使日本直接投资迅速增长的关键原因，主要是企业跨国并购及国内生产基地的大规模跨境转移。

从投资区位来看，以 2011 年为例，日本对欧洲的投资位居榜首

① 资料来源：日本貿易振興機構『日本の業種別対外直接投資(国際收支ベ－ス、ネット、フロ－)』.

(398.41 亿美元)，亚洲次之（394.92 亿美元），北美地区排名第三(151.66 亿美元)。从行业流向来看，日本对非制造业的投资增长较快，2008 年超过制造业，2012 年 1—9 月，对非制造业的投资额达 530.36 亿美元，而制造业为 353.96 亿美元。其中，对金融保险业的投资比重最大，但增长速度比较快的是矿业、服务业等。

（2）企业跨国并购剧增。近年来受日元升值等因素的影响，日本企业海外并购活动迅猛增长。2011 年 12 月，日本国际协力银行颁布的《日本制造业企业海外业务发展调查报告》显示，因日元升值等因素，表明未来 3 年要加强跨国并购的企业占比达 87.2%，相对 2010 年上升了 4.4 个百分点，比 2009 年高出 21.4 个百分点，为近年来之最①。

2011 年，日本企业跨境并购案件达 474 件，比上年度增加了 20%，并购金额为 7.3264 万亿日元，比上年增加了 20%，达到历史新高②。本年度最大的海外并购案为武田药品公司耗资 1.1 万亿日元并购瑞士奈科明制药公司，从而获得了其在新兴国家的大部分市场份额。到了 2012 年，海外并购热情持续高涨，全年实现并购 515 件，金额达 7.3389 万亿日元。其中，在北美地区的并购交易金额达 4.1654 万亿日元；在亚洲地区，因中日关系等因素的影响，在中国的收购案件仅为 46 起，印度尼西亚为 20 起③。2012 年度最大的并购案为软银公司斥资 200 亿美元并购美国排名第三的手机运营商斯普林特—奈科斯通公司。

（3）国内生产基地加速转移至海外。自 2009 年以来，日本生产基地海外转移速度显著加快，2012 年在海外生产的企业占全部企业的比重为 68%，预计到 2016 年将达到 69.8%④。此外，有统计数据显示，2011 年日

① 资料来源：日本国際協力銀行『特集ァンケートから読み解く海外事業展開動向—2011 年度『ぉが製造業企業の海外事業展開に関する調査報告—』』、『JBIC TODAY JANUARY』2012 年 1 号.

② 从 1985 年实施该项调查以来，1990 年并购案件最多，达 463 起；2008 年并购金额最高，达 7.2128 万亿日元。

③ 资料来源：Sankeibiz『2012 年の日本企業の海外 M&Aが過去最高に超円高激增』.

④ 资料来源：内閣府『企業行動に関するァンケート調査』，2012 年 2 月 28 日.

本制造业企业进行海外生产的比率为18.4%，同比增长0.5个百分点①。

从细分行业来看，一般机械、通信设备等企业在海外生产的比例增加，但电力机械、运输设备等的比率出现小幅下调。在区位选择上，汽车行业绝大多数转移至印度等地，目的在于利用其优越的港口便利出口产品②；电子通信行业多选在新兴国家，如松下将手机终端业务输出至马来西亚、中国等地③；部分已经在境外生产的企业不断扩大投资规模，以提高产能，如日本钢铁工程公司计划斥资1万亿日元以扩张境外生产基地④。

具体来讲，对日本OFDI的状况可通过以下四个阶段描述：

第一阶段：缓慢恢复期（1951—1967）。二战导致日本对外投资全部丧失，从1951年底开始，日本再启对外直接投资。例如，1959年松下公司在美国建立首家子公司之后，又相继在中国台湾地区、泰国、秘鲁和澳大利亚等地建立了15家子公司；1960年，索尼公司在美国设立子公司；1962年、1963年和1967年三菱公司分别在印度、巴西和美国设立子公司；1958年，丰田在巴西成立丰台公司等。该时期的投资特点是：（1）总量与规模偏小。1951—1967年，对外直接投资为14.51亿美元，年均投资0.85亿美元。1960年，投资占世界的0.75%，同期的美国为42.4%，英国为16.3%，德国为1.21%。1967年增至1.31%，但与美国的52.5%、英国的15.3%以及德国的2.63%相比，规模和总量显著偏小。（2）区域分布以发展中国家和地区为主，特别是中东地区。因资源匮乏且对石油、天然气等的需求较大，日本将投资放在中东石油富集区。此外，因美日特殊关系且美国市场较大，日企陆续在美建立分公司。（3）偏好资源开采和商务服务业投资。伴随经济复苏，到了20世纪60年代，经济建设全面启动，对资源的需求（尤其重化工业）迅速膨胀，政策鼓励和激励企业到海外寻

---

① 资料来源：経済産業省『通商白書』，2012年.

② 资料来源：『ィンド、車生産も輸出も：世界大手、拠点化の動き』、『朝日新聞』，2012年4月5日.

③ 资料来源：『携带生産全面海外へ—、パナソニック、今夏にも—』、『朝日新聞』，2012年4月2日.

④ 资料来源：『JFE、海外拠点を拡充』、『朝日新聞』，2012年4月21日.

求资源。同时，为带动出口并拓展世界市场，日本还在很多国家从事商业服务业投资，以构建全球产品营销网络。

第二阶段：高速增长期（1968—1979）。经济快速增长所积累的巨额资本和庞大生产能力，加速了日本经济的对外扩张。从 1968 年开始，日本对外直接投资的增速惊人。仅 1968—1972 年，累计投资 21.48 亿美元。之后持续增长，到 1975 年底投资额达 159.4 亿美元，成为世界第 4 大投资国。这一时期 OFDI 有以下特点：（1）以消费品制造业投资为主。受拉美和亚洲出口导向和进口替代政策的影响，促使日本将重心从出口转为当地化生产。其产业选择大体遵循由资源密集型产业（如矿业）→劳动密集型产业（如轻纺业）→重化工业的演进规律。秉承小岛清的“边际产业扩张理论”，日本有意识地将 OFDI 和产业转移相结合，以推进母国产业结构调整和转型升级，如将高污染的重化工业输出海外，而从事机械、微电子以及信息技术等技术密集型产业或服务业。（2）20 世纪 70 年代，受经常项目持续顺差和基于《史密斯协议》的日元升值影响，产品出口出现大幅萎缩，从而诱发了境外投资的扩张。以大企业为例，1970 年 3 月，松下在泰国建立专门的销售公司。截至 1979 年 1 月，松下在 17 个国家及地区建立了 30 家子公司；三菱重工在整个 20 世纪 70 年代，也纷纷建立了 13 家子公司；丰田从 1971 年至 1979 年 6 月，在国外共建立了 21 家子公司。（3）20 世纪70 年代后，日本对发达经济体的投资迅猛增加。在这一时期，日本对发达国家存在持续贸易顺差，而日本不愿意限制国外的进口，导致美日贸易摩擦及欧洲对其的进口限制。为绕开贸易壁垒，日本加大了对发达国家的直接投资（特别是制造业）。如松下在 20 世纪 70 年代后，将其境外子公司逐步转移至欧、美等国；三菱将其境外的 13 家子公司布局在美国和巴西等。与此同时，日本还通过 OFDI 扩大海外金融业市场。如 1972 年设立的东京国际金融市场慢慢站住脚跟，以公开募集日元发行债券。

第三阶段：急剧膨胀期（1980—1991）。20 世纪 80 年代后，日本企业 OFDI 急剧扩张。投资额由 1979 年的 318 亿美元跃升至 1985 年的 714 亿美元，排名世界第三。该时期的投资也颇具特点：（1）在区域分布上聚焦三层次：一是对欧美国家的技术密集型投资。欧美国家的科技水平和生产效率均较高，有助于日本企业获取专利、研发以及商品筹划等知识；二是对“四小龙”的资本密集型投资。为实现成本节约，日本将缺乏比较优势的劳动密集型产业（如轻纺）转移至周边低成本发展中国家或地区（如韩国、新加坡、中国台湾和中国香港），国内则优先发展重化工业；三是对东盟和中国的劳动密集型投资。伴随中国香港、新加坡等地劳动力成本的上调，日本又开始将劳动密集型产业转向低成本的中国和东盟。（2）投资重心转向欧美国家，对亚洲的投资逐步放缓。1980 年在北美的投资额累计达 97.9 亿美元，占 26.82%。之后逐年攀升，到 1991 年这一比例为 44%。对欧洲的投资在 1980 年为 44.7 亿美元，占 12%。截至 1991 年末，该比例上调至 19.5%。在拉美地区，1980 年投资额为 61.68 亿美元，占 16.9%。截至 1991 年末，投资额为 453 亿美元，占比下降至 12.8%。1980 年，在亚洲的投资比重为 26.94%，1986 年降至 20.56%，截至 1991 年末，这一比重更是降至 15.2%。（3）在产业分布上，钢铁、化工、机械以及电子等行业占比上升，食品、纺织以及材料等轻工业下降。矿产等一产的投资持续下滑，而金融保险、商业以及房地产等三产则快速增长。

第四阶段：波动调整期（1992 年至今）。20 世纪 90 年代后，日本因“平成萧条”，对外直接投资全面下降。1991—1997 年，年均投资由 320 亿美元减至 220 亿美元，与 20 世纪 80 年代初的水平相当。投资呈现新的特点：（1）从寻求资源和贸易促进型转向市场获取型。为应对欧美挑战和区域经济集团化，日本同其在全球范围内抢夺市场，如对欧美的投资增加，以挤占其内部市场；扩大亚洲市场份额，以构建其经济霸主地位。（2）投资重心向东亚地区倾斜。1994 年，对亚洲的投资为 96.9 亿美元，超过欧洲的 62.3 亿美元。1997 年金融危机后，日本将眼光聚焦于中国大陆。同时，在亚洲的投资内容也发生了变化，如加大对化工、汽车和纺织等制造业的投资，1994 年的金额达 51.8 亿美元；在产业布局上，也从劳动密集型行业转向资本或技术密集型行业。（3）投资结构不断优化。20 世纪 90 年代后，日本 OFDI 转向电子、化学化工、商业贸易、金融保险和交通服务等高附加值行业，而轻纺和初级产品等劳动密集型产业的比重骤降，如原材料由 1985 年的 15.5% 降至 1997 年的 6.2%，而同期的服务业则由 51.8% 上升至 62.2%。

从日本 OFDI 的演进史不难观测到：一是在不同经济发展阶段，其对外直接投资活动都紧密围绕产业结构的调整和优化展开；二是对外直接投资大致遵循了从资源导向型 OFDI→效率和市场导向型 OFDI→战略资产导向型 OFDI 的演变规律；三是日本借助 OFDI 将比较劣势产业输出至海外，或争夺国际化的要素和资源，以提升跨国企业的国际竞争优势，进而带动母国产业升级。

事实上，研究先发国家的对外直接投资史和产业结构调整史，从中不难看出，无论是美国和日本，还是英国、德国以及后发工业化国家或地区（如韩国）等，其对外直接投资的动因大致都遵循从资源导向→市场导向→效率导向→战略资产导向的演进规律。当然，中间也存在多种动机的交叉。通过 OFDI 活动，将母国处于或即将处于比较劣势的产业顺次转移至海外，从而推动了国内产业结构的调整和优化升级，低附加值劳动密集型产业逐步被高附加值的资本、技术或知识密集型产业所取代。此外，我们还可以更细致地刻画和描述先发国家 OFDI 与产业结构调整和优化升级的演进轨迹。

一般来讲，在工业化发展初期阶段，发达国家对石油、天然气以及矿产等自然资源的需求很大。为满足工业发展的要素和资源渴望，其资源导向型 OFDI 往往占据主导地位。伴随工业化进程和国内经济的发展，企业的生产能力及其效率水平得以大幅提升，但受国内市场规模和容量的限制，内需将很快达到饱和。在权衡国内外的比较优势后，企业除增加产品出口外，还通过 OFDI 将生产转移至海外，以延长产品生命周期并扩张境外市场，市场导向型 OFDI 在该时期发挥关键性作用。在经济发展和产业演进过程中，企业往往会遭遇国内要素价格抬升的尴尬，难以保持先前在母国构建的比较优势。在经济全球化和一体化的推动下，企业会在世界范围内重新整合要素和资源，如将劳动密集型行业或高成本的生产环节输出至国外，以谋求生产效率的改善和提升，效率导向型 OFDI 无疑是其最优选择。全球化的纵向推进，出于对投入和产出效率的考虑，以及生产经营成本的节约，谋求技术、管理和知识等能力，以保持并扩大国际竞争优势，企业通常会更加倚重研发等科技活动，战略资产导向型 OFDI 成为先发国家涉外经济的主流。

3.1.3 OFDI 的产业升级效应检验

先发国家的经验显示，企业不同动机的对外直接投资与母国产业演进间存在高度相关性。由于不同时期的对外投资对母国产业发展的影响不同，为准确刻画该变化过程，本章选取指标对各时期内 OFDI 的产业升级效应进行描述，指标选取参考产业升级测度内容。鉴于从企业投资动因视角来探讨对产业升级的影响，因此指标的选取应以不同类型的投资为准则进行界定。

（1）测度指标选取简述。资源型 OFDI 始于先发国的重工业化进程，旨在获取生产经营所稀缺的自然资源，对资源禀赋较高的国家投资以寻求石油、天然气和铁矿石等原料，为工业化早期本国重工业发展提供资源保障。由于该阶段的投资与母国重工业发展休戚相关，可用霍夫曼系数给予测度，以反映对外直接直接投资对产业的影响；市场型 OFDI 主要为规避贸易壁垒、节约交易成本并扩张海外市场，将过剩产能或多余生产能力转移至境外，形成较强的出口替代效应。与此同时，产业转移所释放的生产要素将会流向高技术和高附加值产业，依此推动以原材料为核心的结构转变为以装配制造为重心的结构，进而实现制造业高加工度化；效率型 OFDI 通过在全球范围内实行资源优化配置，进而达到提升本国生产要素投入产出高效率的目的，因此可以采用三次产业的单位劳动产出指标来衡量其效率水平；战略资产型 OFDI 以获取海外无形资产或核心要素为主导，相对而言，企业更关注技术、专利等战略资产。这一进程对提升母国产业的技术水平大有裨益，因此，选取高技术化指标用于衡量直接投资的产业效应是适宜的。

根据案例分析并结合上述界定，从企业视角按照不同的投资动机对选取的各项指标进行概述，如表 3 -4 所示。

表 3－4 对外直接投资动因与产业升级的衡量指标

投资类型	资源导向型	市场导向型	效率导向型	战略资产导向型
对外直接投资动因（企业视野）	获取自然资源	规避贸易壁垒 扩张海外市场	降低生产成本 实现生产效率提升	获取先进技术、研发专利等战略资产
产业转移的特征	重工业化早期阶段	低成本优势扩张 重化工业转移	劳动密集型产业或环节转移	企业战略并购
母国产业升级表现	重工业占比上升	加工业迅速发展	劳动生产效率提升	技术或知识密集型产业占比上升
衡量指标选取	霍夫曼系数	高加工化系数	劳动力单位产出	高技术化系数

资料来源：江东．对外直接投资与母国产业升级：机理分析与实证研究［D］．浙江大学，2010.

（2）产业升级测度指标的描述

根据上述选取产业升级指标的说明，下面将对美国和日本在不同阶段对外直接投资对母国产业的影响进行测度。由于数据获取困难等原因，文章结合现有的资料仅选取部分时段的数据进行验证，从一个层面揭示不同投资动因条件下四大指标的变动趋势，以印证不同阶段 OFDI 对国内产业升级的影响度。

①美国 OFDI 与国内产业升级的测度

美国在对外直接投资过程中，其国内产业结构也发生相应变动。从三次产业产值占比来看，早期美国第一产业的就业占比为 5% 左右，到了 2010 年下降至不足 1%；第二产业占比从 35.95% 降至 2010 年的 13% 左右；第三产业在拉动就业中的地位快速上升，从不足 60% 到 2010 年的 86% 以上。从三次产业产值比重来看，第一产业从 8.61% 快速降至 2010 年的 1.2%；第二产业从 34.38% 减至 2010 年的 20%，降幅达到 15 个百分点；而第三产业则从 57.02% 增至 2010 年的 78.8%，增幅达 20 个百分点。（见图 3－5）

根据前文美国对外直接投资的历史进程，资源导向型对外直接投资主要发生在 19 世纪 40—50 年代，市场导向型对外直接投资占据了 50—60 年代时段，在 70—80 年代间以效率导向型对外投资为主，而战略资产导向型

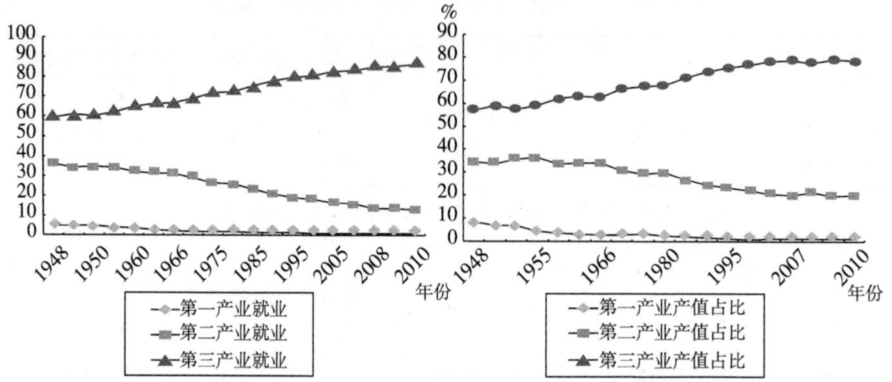

图 3－5　美国 1948—2010 年三次产业就业人数与产值占比变化趋势

对外直接投资则形成于 90 年代之后。由此通过选取并测度相应的产业升级指标，进而描述不同投资动因驱动下产业升级的演变趋势。（见图 3－6）

从霍夫曼系数的变动趋势来看，20 世纪 50 年代之前，因美国基本完成了重工业化，因此该系数从 1946 年的 1.4 快速降至 0.7 附近，以后在 0.6～0.8的范围波动，该时期与美国开展资源导向型直接投资的时间相吻合。由此判断美国重工业化与资源导向型对外直接投资间关系密切，但这种关系还需借助实证研究进行证明；从高加工度化指标来看，20 世纪 50—60 年代增长得最快，由 1946 年的 1.4 至 1960 年的 1.8，之后该指标呈剧烈震荡走势，但始终没有突破 2.6，这段时间正逢美国市场导向型对外直接投资高潮期，故两者间蕴含正向关联；从三次产业的单位劳动产出来看，都出现了快速增长势头，似乎难以判断这种变化是效率导向型对外直接的主导。但从时间轨迹能够看出，20 世纪 70—80 年代，三次产业的产出增长速度显著快于五六十年代，而这与美国在此期间进行效率导向型直接投资的时间段刚好吻合，进而可认为效率导向型投资提升了美国企业的劳动生产率；最后，观察制造业高技术化指标。进入 20 世纪 90 年代后，美国实施了战略资产导向型对外直接投资战略，在全球范围内谋取先进技术、研发专利等资产，使美国跨国企业的技术水平大幅提升，从 1990 年的 48.2% 上升至 2007 年的 52.23%，但这一指标在此之前基本在 48% 上下徘

徊。由此可见，战略资产导向型对外直接投资对美国制造业的高技术化存在正向效应。（见图 3－6）

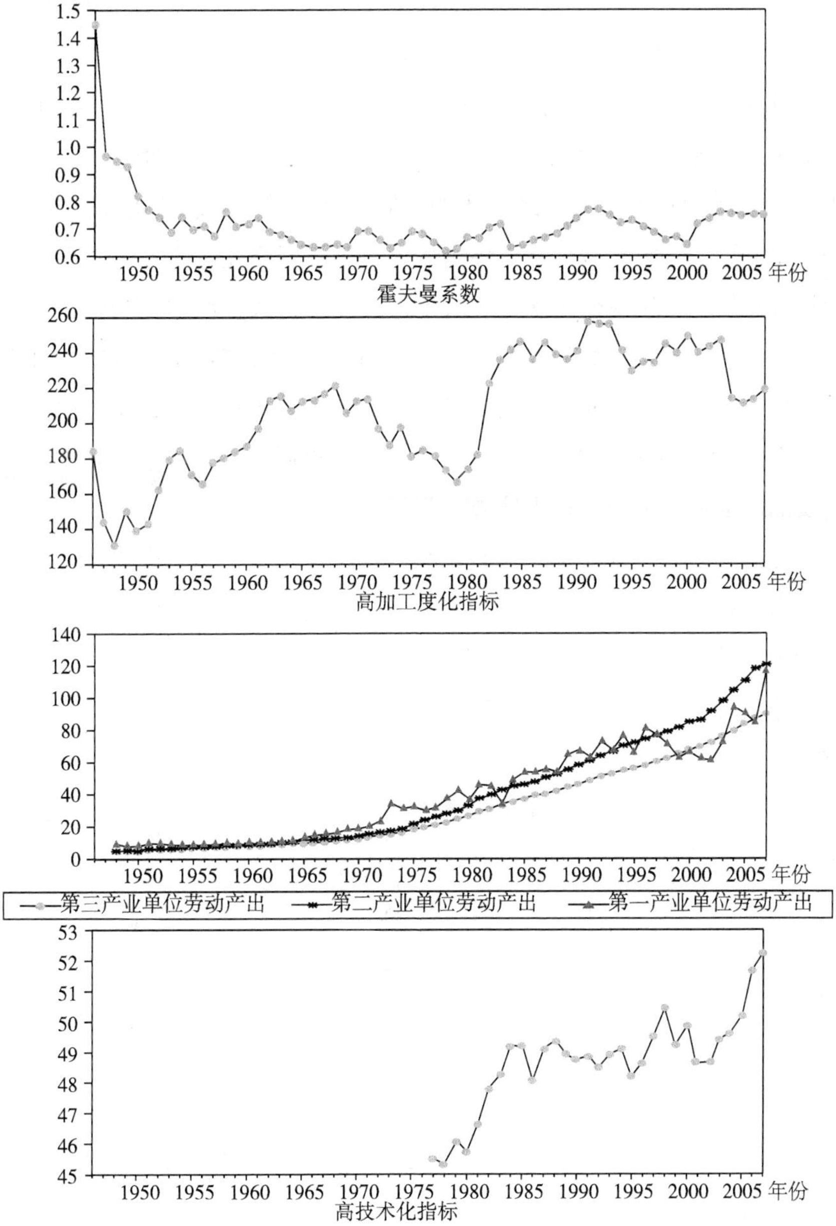

图 3－6　美国 OFDI 各时期国内产业升级指标变化趋势

综上可知，各指标变动规律与对外投资的阶段性特点高度吻合，这说明不同时期的 OFDI 对推动美国产业升级具有积极作用。采取同样的办法，为验证这种内在规律是否适用于其他国家，现将以日本为例进行再检验和再判断。

②日本 OFDI 与国内产业升级的测度

日本对外直接投资以推动国内产业升级为目的，在此过程中其国内产业结构也出现了相应变动。二战后，日本以纺织业驱动国内制造业发展，1946 年纺织业在工业中的比重是 23.8%，劳动密集型产业是其优势产业。进入 20 世纪 50 年代后，日本将经济重心转移至重化学工业上，而通过直接投资将纺织服装业输出国外。由于煤炭资源约束使经济增长受挫，日本使用石油替代煤炭以刺激重化学工业发展。20 世纪 70 年代以前，日本对外直接投资以资源导向型为主，优先发展劳动密集型产业，其产值占制造业总值的 75% 左右。20 世纪 70 年代石油危机后，受资源限制日本开始将传统的劳动密集型产业输出境外。到了 20 世纪 80 年代，日本以重化工业为主导进行对外直接投资，致使资本、技术和知识密集型产业在国民经济中的占比持续上升，相关产品出口比重 1980 年为 61.3% 和 71.6%，到了 1990 年分别上升至 84.4%、87.3%。由此，日本制造业实现了从劳动密集型产业向资本、技术和知识密集型产业的转变。（见图 3－7）

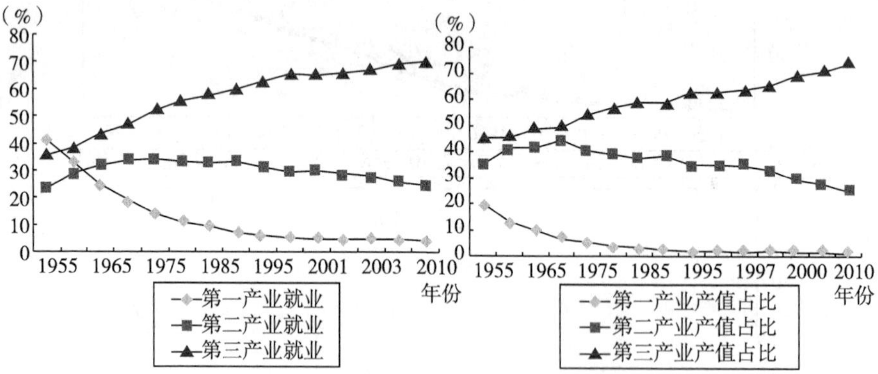

图 3－7　日本 1955—2010 年三次产业就业人数与产值占比变化趋势

从日本对外投资的进程来看，资源导向型直接投资始于 19 世纪50—60 年代，市场导向型直接投资出现在 70—80 年代，效率导向型直接投资的主导时间为 80—90 年代，而战略资产导向型直接投资则产生于 2000 年以后。由此通过选取并测度相应的产业升级指标，进而描述不同投资动因驱动下产业升级的演变趋势。（见图 3－8）

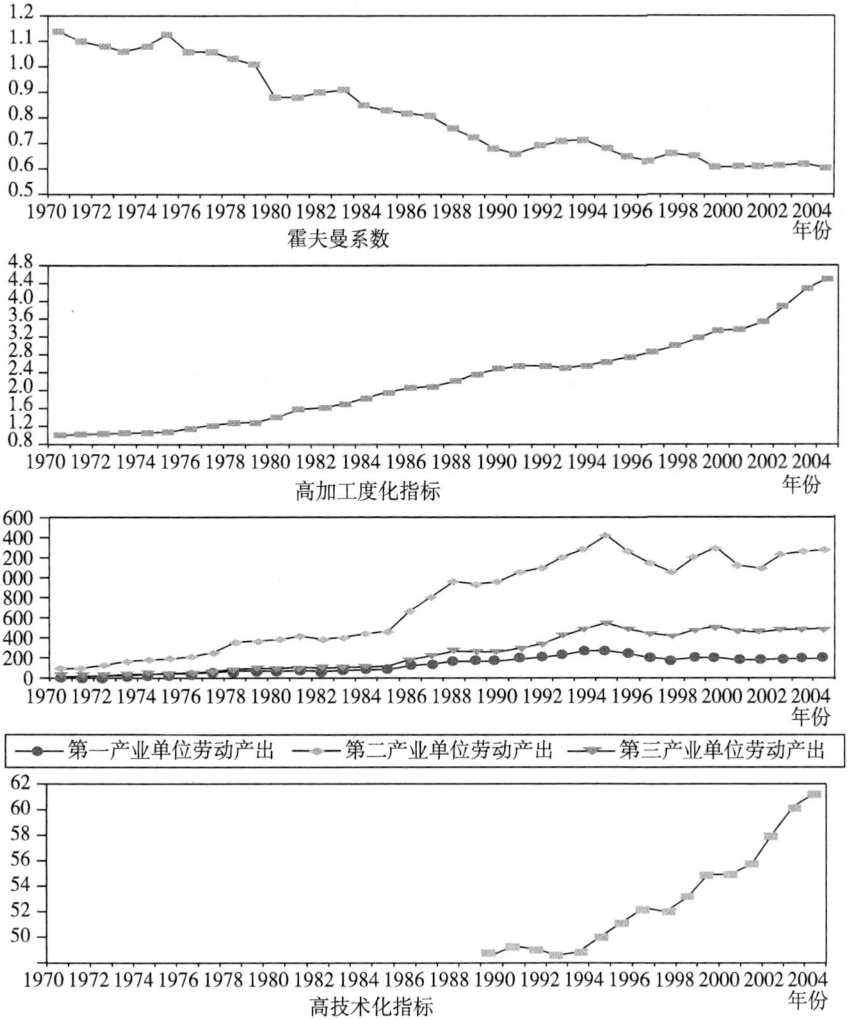

图 3－8 日本 OFDI 各时期国内产业升级指标变化趋势

从图 3－8 中各指标的变动规律来看，日本霍夫曼系数在 20 世纪 70 年代以后递减很快，之后基本在 0.6 上下波动，下降趋势变得相对平缓。这得益于日本 20 世纪 70 年代前重工业化优先发展的战略举措，该时段正好与资源导向型对外投资时间相吻合，可见资源导向型对外投资对日本产业升级具有积极影响；高加工化系数伴随日本产业发展变化整体上处在增长通道，而七八十年代始终呈稳步上升态势，之后继续表现出较强的提升势头，从1970年的1增至2005年的4.5。其中七八十年代的增长与市场导向型直接投资的演进轨迹相一致，二者之间存在正相关；观察日本劳动生产率的变化能够发现，八九十年代三次产业单位劳动产出较以前年份的增长速度明显提高，而此时正是日本效率导向型对外投资的黄金期。由此可以判断，效率导向型投资对其国内产业发展具有积极意义；日本制造业的高技术化系数变动的趋势十分显著，进入20世纪90年代以来呈迅猛增长态势，这与日本实施战略资产导向型对外直接投资紧密相关。日本企业为提升自身技术水平，则借助对外直接投资方式以获取发达国家先进技术、研发专利等资产，进而使其制造业高技术化水平不断提升。

在不同的对外投资动机背景下，通过测算并描述美国和日本各产业升级指标变化趋势，从中不难得出如下规律：在不同时期内，不同动因的对外直接投资在促进其母国产业升级层面都存在正向效应。事实上，部分研究还发现这一规律在其他国家和地区也具有同样的适用性。然而，规律性结论的总结并不能替代实证研究的严谨，为此本书将通过实证来进一步验证不同时段的对外直接投资与母国产业升级的关联度。由于指标选取、检验步骤和操作方法完全一致，因此，本书将重点以美国为例进行实证检验，以期为前文的规律性结论提供定量支撑。

3.2 美国OFDI的产业升级效应：VAR模型分析

通过上述分析可知，伴随美国对外直接投资规模和数量的扩张，其国内产业结构也在不断升级。进一步地，为考察对外直接投资对产业升级的影响度，文章将单独选取产业升级指标（R）、对外直接投资指标（OFDI）作为衡量对象，对两者之间的内在关系进行实证检验，以更准确地考量其内在关联度。

3.2.1 模型选取及说明

由于样本数据为时间数据序列，且对外直接投资对各指标的影响具有滞后性特点，因此，可以采取向量自回归（Vector Auto - Regression，VAR）模型来描述和判断变量之间的关系。VAR 检验通过把系统中的各内生变量看作系统内所有内生变量的滞后值的函数来构建模型，进而来描述多变量之间的动态影响。该模型的基本数学形式为：$yt = A_1 y_{t-1} + \cdots + Apy_{t-p} + B_1 x_t + \cdots + Brx_{t-r} + \varepsilon_t$。其中，$y_t$ 代表 m 维内生变量向量；x_t 代表 d 维外生变量向量；$A_1 \cdots A_p$ 和 $B_1 \cdots B_r$ 代表待估计参数矩阵，内生变量与外生变量分别存在 p 和 r 阶滞后期；ε_t 代表随机扰动项，同期之间可相关，但不能自相关以及与模型右边的变量相关。此外，因 VAR 方法对模型的形式无详细要求，故能较好地克服联立性偏差等问题。在该模型下对 *OFDI* 的产业升级问题进行 Johansen 协整检验以判断其是否存在长期均衡关系，进一步地通过格兰杰因果关系检验，以识别各变量间的因果关联。

3.2.2 变量选取与数据来源

对于产业升级指标，本书借鉴徐德云（2008）的设计，具体的测度公式为

$$R = y_1 \times 1 + y_2 \times 2 + y_3 \times 3 \ (1 \leqslant R \leqslant 3)$$

其中，y_i 为第 i 产业收入的比重；R 取值范围在 1 ~3，用于测度产业升级程度的大小。若 $R = 1$ 或接近于 1，说明第一产业在经济社会中占据主导地位，经济发展水平不高，产业结构层次比较低；若 $R = 3$ 或接近于 3，则说明经济发展层次较高，产业结构层次比较高；若 $R = 2$ 或接近于 2，则表明第二产业的占比较高，经济发展层次相对较高，其产业结构层次当处于前两种情形之间。就对外直接投资指标而言，文章将以存量数据来反映美国对外直接投资的概况。样本区间为 1960—2010 年，产业升级数据由美国商务部网站数据整理；对外直接投资数据由美国商务部和 UNCTAD 数据库整理。

3.2.3 估计过程与分析

（1）平稳性检验

为了避免出现“伪回归”现象，在进行协整检验前应判断数据的平稳性。首先对数据进行对数化处理以得到稳定数据，再采取惯用的 ADF 方法考察各个变量的平稳性。对 ln*R* 和 ln*OFDI* 做检验，其结果输出如表 3－5 所示。

由表 3－5 可知，在 10% 的显著性水平下，各原始数据序列均未通过单位根检验，由此认为 ln*R*、ln*OFDI* 都是非平稳的时间序列。但经过一阶差分后都拒绝存在单位根的假设，说明差分变量是平稳的，且均为 1% 的显著性水平。说明以上变量都是一阶单整的，记为 I（1）。

表 3－5　各变量单位根检验结果

变量	I（C, T, D）	ADF 值	临界值			P 值	结果
			1%	5%	10%		
ln*OFDI*	（C, T, 0）	－1.995869	－4.180911	－3.515523	－3.188259	0.5873	不稳定
ln*R*	（C, T, 0）	－2.486909	－4.180911	－3.515523	－3.188259	0.3328	不稳定
Δln*OFDI*	（C, T, 0）	－6.631164	－4.186481	－3.518090	－3.189732	0.0000	稳定
Δln*R*	（C, T, 0）	－7.751610	－4.186481	－3.518090	－3.189732	0.0000	稳定

注：C 为有常数项，T 为有时间趋势，D 为有滞后项；Δ 表示一阶差分；滞后阶数由 AIC 和 SC 准则综合确定。

（2）VAR 模型建立和 Johansen 协整检验

建立 VAR 模型前，先判断模型滞后阶数。依据 AIC 和 SC 准则确定，对 5 个评价统计量 LR、FPE、AIC、SC 以及 HQ 的测算结果，如表 3－6 所示。综合检验结果可以看到，当滞后阶数为 1 时，变量 *R* 和 *OFDI* 的通过率最高，由此我们认为适宜建立 VAR（1）模型。

表 3－6　VAR 模型滞后阶数选取检验结果

Lag	LogL	LR	FPE	AIC	SC	HQ
0	－69.62448	NA	1.835339	3.445097	3.486891	3.460316
1	20.26456	171.0084 *	0.024023 *	－0.890954 *	－0.807365 *	－0.860516 *

续表

Lag	LogL	LR	FPE	AIC	SC	HQ
2	20. 30257	0. 070457	0. 025182	-0. 844028	-0. 718645	-0. 798370
3	20. 43852	0. 245381	0. 026275	-0. 801879	-0. 634701	-0. 741002
4	20. 69461	0. 449711	0. 027262	-0. 765591	-0. 556619	-0. 689495

注：* Indicates lag order selected by the criterion（表示由信息选择的滞后期）

LR：sequential modified LR test statistic（each test at 5% level）［顺序修正的似然比检验统计（5%水平）］

FPE：Final prediction error（最终预测误差）

AIC：Akaike information criterion（赤池信息准则）

SC：Schwarz information criterion（施瓦茨信息准则）

HQ：Hannan - Quinn information criterion（汉南—奎因信息准则）

综上分析，所确定的对外直接投资产业升级效应的 VAR 模型表达式为

$$\ln R = 0.72422\ln R(-1) + 0.00397\ln OFDI(-1) + 0.24151$$

以此为基础，进一步地考察所建立的 VAR 模型是否平稳。根据图3 -9 可知，全部单位根均落在单位圆之内，这表明所构建的模型是稳定的。

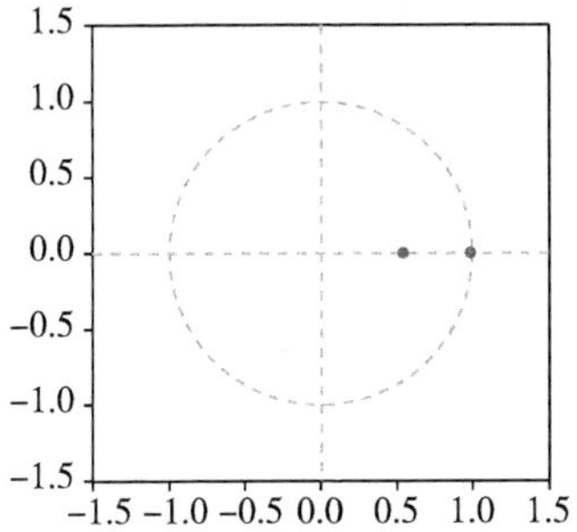

图 3 -9　VAR 模型平稳性检验结果

由于模型是平稳的，因此能够对 VAR 模型做 Johansen 协整检验。滞后阶数由 AIC 和 SC 准则综合确定为 1，采用 Eviews 6. 0 检测的结果如下：

表 3 -7　协整关系检测表

原假设（方程个数）	特征根	迹统计量（P 值）	最大特征值统计量（P 值）	结论
None *	0. 282946	15. 59962（0. 0482）	14. 30199（0. 0493）	拒绝
At most1	0. 029727	1. 297627（0. 2546）	1. 297627（0. 2546）	接受

由表 3 – 7 可知，迹检验与最大特征根检验均显示，在 5% 的显著性水平下，拒绝不存在协整关系的假设，并接受存在一个协整关系的原假设，这说明变量 ln*R* 与 ln*OFDI* 之间存在长期均衡关系。

（3）格兰杰因果关系检验

协整检验说明两者具有长期均衡关系，但变量间是否存在因果关系尚需通过格兰杰因果关系检验给予判断。表 3 – 8 显示，在 10% 的显著性水平下，ln*OFDI* 与 ln*R* 之间不存在双向格兰杰原因，lnOFDI 仅是 lnR 的单向格兰杰原因。

表 3 – 8　lnOFDI 与 lnR 的格兰杰检验结果

变量	原假设	F 统计量	P 值
ln*OFDI*	ln*OFDI* 不是 ln*R* 的格兰杰原因	2.81627	0.0533
ln*R*	ln*R* 不是 ln*OFDI* 的格兰杰原因	2.16562	0.1096

在对美国对外直接投资进程与产业升级演进路径回顾的基础上，观测到伴随美国对外直接投资快速推进，其国内产业结构也呈现不断升级的趋势。由此通过建立 VAR 模型来进一步验证经验分析的结果。实证检验证明：对外直接投资是促进美国产业升级的关键变量，且两者间具有长期均衡关系。

（4）基于灰色关联理论的深入分析

在整体分析了企业对外直接投资推动美国产业升级后，本书将尝试从投资的产业部门流向着手，利用灰色关联理论来探究对外直接投资部门流向同产业升级的关联度，以考察对外直接投资流向哪些行业对产业升级的影响度更显著，进而与前文投资行业的选择相印证。但需要说明的是，2001 年前后美国在对外直接投资的部门划分上有所差异，以下将着重以 1990—2001 年直接投资部门与产业升级之间的关联度为考察对象，进行分析和论证。

美国商务部统计数据显示，以下六大行业：制造业、石油业、仓储和邮政业、批发零售业、金融保险业以及服务业（主要包含信息传输、软件业与计算机服务以及技术服务和科学研究业）中的对外直接投资量占美国全部投资的比重高达90%以上，故选取以上行业作为样本极具代表性，并将六大部门当作对比序列，而产业升级指标为参考序列。其中，参考序列：产业升级指标以 X_0 表示；比较序列：制造业（X_1）、石油业（X_2）、仓储和邮政业（X_3）、批发零售业（X_4）、金融保险业（X_5）以及服务业（X_6），各序列数据如表 3－9 所示。

表 3－9　美国 1990—2001 年产业升级数据与六部门投资量

单位：百万美元

年份＼产业	产业升级	石油业	制造业	批发零售业	仓储邮政业	金融保险业	服务业
1990	2.7177	52826	170164	43681	20670	109657	13446
1991	2.7304	57742	179230	49927	21283	120552	15781
1992	2.7348	58537	186285	56294	24653	137186	17208
1993	2.7406	64175	192244	57534	27074	174684	19489
1994	2.7370	67592	200996	59030	27444	195879	26993
1995	2.7423	68639	243954	68102	29181	218313	29721
1996	2.7421	75232	270288	67125	36807	254739	37850
1997	2.7474	84116	278447	64929	37932	297828	46533
1998	2.7547	91248	290070	68742	40020	375368	59148
1999	2.7608	97864	312072	80254	38382	443263	70398
2000	2.7632	105486	343992	88090	37155	497267	79857
2001	2.7737	102074	376259	92836	49319	572545	86491

数据来源：根据美国商务部网站整理。

在灰色关联分析之前，先对数据进行无量纲化处理。结上分析，采用灰色系理论软件 V2.1 进行处理，测算结果见图 3－10。根据表中数据可以看出，该时期美国对外直接投资与国内产业升级部门间的联系程度具有一定的差异，按照由高到低的次序进行排列：制造业（X_1）> 石油业（X_2）> 批发零售业（X_4）> 仓储和邮政业（X_3）> 金融保险业（X_5）> 服务业（X_6）。由此可见，对外直接投资对促进美国各行业部门产业升级都大有裨益，其中效果最为显著的四个行业依次为制造业、石油业、批发零售业以及仓储和邮政业，然而对金融保险业和服务业的影响度并不十分突出。

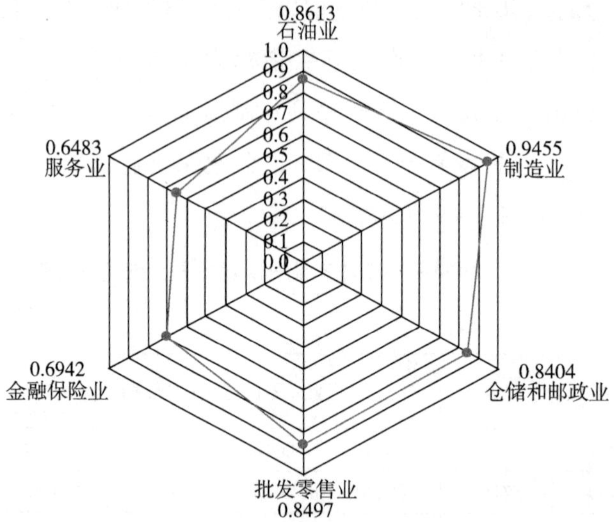

图 3－10　灰色关联度测算结果

3.2.4 模型结论及分析

通过以上分析和实证考察，能够得出以下结论和判断：

其一，资源导向型直接投资通过谋取生产资源以突破产业升级约束，推动母国产业升级。如图 3－10 所示，石油业对美国产业升级的影响度排名第二。虽然美国对石油以及采矿业的投资额在不断攀升，而比重却呈下降趋势，1990 年为 12.66%，到 2001 年降至 7.39%，但对产业升级的拉动作用并未削弱。跨国企业不断通过海外并购等手段将石油、天然气以及铁矿石等关键资源运送至国内，缓解了经济发展的资源约束，并通过资源优化配置提高关联产业资源利用效率，从而带动母国产业升级。

其二，市场导向型直接 OFDI 通过输出过剩产能并改善产品出口结构，以促进产业升级。制造业、批发零售业、仓储邮政业以及金融保险业均为市场谋取型对外直接投资。图 3－10 说明，在与产业升级关联度的排名中，分别居第 1、3、4、6 位。美国制造业在此期间的对外直接投资比重尽管不断降低，但对产业升级的贡献度最大，原因在于通过将比较劣势制造业输出海外，不仅延缓了产品生命周期，而且释放了部分生产要素，为高技术和高附加价值产业发展提供了支持，进而带动国内产业升级。批发零售业、仓储邮政业以及金融保险业均为第三产业，虽然这些部门也能够推动产业升级，但影响程度不同，批发零售业的作用相对显著，主要原因为借助直接投资能够跨越贸易壁垒，增加批发零售业产品出口量，以及改善产品出口结构，进而促进母国产业升级。而仓储邮政业与金融保险业直接投资的产业升级效应较弱，原因在于两部门的直接投资都是为其他部门服务，因此对产业升级的作用相对不高。

其三，技术导向型直接投资通过谋取东道国研发机构、智力资源等核心要素来促进产业升级。图 3 - 10 显示，服务业对美国产业升级的排名相对靠后。但对服务行业的直接投资比重却呈小幅增长走势，1990 年为 3.07%，到了 2001 年增至 6.26%。美国服务所包含的信息传输、软件业与计算机服务，以及技术服务和科学研究业均为高科技产业。相较而言，美国技术导向型对外直接投资较低，原因在于美国企业在技术研发、产品创新等方面始终处于世界前列，并不需要过多地借助对外投资来谋取技术提升。当然，技术导向型投资对产业升级的推动作用也不容忽视。企业主动对海外高技术国家或行业投资，将获取的先进技术传递至母国，这对企业技术与创新能力提升，以及母国产业竞争力的增强都大有裨益，进而带动国内产业升级。

灰色关联分析考证，不同动机类型的对外直接投资对母国产业升级均存在正向效应。由此判断，前文的案例分析、规律总结与上述实证研究实现了相互呼应、相互支撑，这也证实了先行国对外直接投资母国产业升级效应的存在。

3.3 发达国家的经验与启示

事实上，追索美国、日本等典型国家的 OFDI 演进路径，依稀可观测到其投资的产业选择大致都沿着：从工业化初期的资源开采型产业向加工制造业以及第三产业的转变规律。同时，将各时期 OFDI 与其国内产业结构的演进轨迹进行比较分析能够发现，两者间存在高度趋同性。此外，值得深思和探索的是，对外直接投资动因演进路径：大致从资源导向到战略资产导向的渐进变化，恰恰与投资国的产业结构优化升级路径相一致。

其一，企业在进行海外直接投资的过程中，四种动因的变化基本上是逐次演进的。首先从获取国际化资源开始，顺次向拓展市场，提高生产效率以及谋取战略资产过渡。与此同时，投资国的产业升级轨迹也大致沿着：从初期的资源和劳动密集型产业，逐次转向资本密集型产业以及技术或知识密集型产业的路径，这两种经济活动的时间轨迹存在高度的趋同性，国内产业结构伴随着对外直接投资的动因变化趋向优化调整和转型升级。

其二，以对外直接投资驱动母国产业升级，是先发国家革新国内产业发展和转型升级的新路径。因各国在不同经济阶段所实施直接投资动机的差异，其带动母国产业升级的方式及其效果也不尽相同。如赵伟等（2010）在具体测算并刻画美国和日本的产业升级轨迹后指出，一般的资源导向型 OFDI 与母国的重工业化相生相伴；市场导向型 OFDI 往往会提升母国制造业的高加工化程度；效率导向型 OFDI 与母国企业的生产效率提升紧密相关；而战略资产导向型 OFDI 则有助于母国制造业高技术化的升级[①]。这一规律与诸多先发国家实施 OFDI 后，母国产业结构也出现优化调整和转型升级的客观现实相对应。

其三，从时间坐标来看，可以说美国开创了 OFDI 模式驱动国内产业结构调整和升级的新路径，其产业促进效应是创新型的。日本等后发国家借助 OFDI 推进国内产业升级的举措相对滞后，学习和模仿的色彩浓厚，可以看作追随型的。但从整体上来讲，其追随的结果是令人满意的。实际上，借助 OFDI 推进母国产业升级的实践表明，谋取新方法创新产业升级新路径是科学有效之举。

---

① 赵伟，江东．ODI 与母国产业升级：先行大国的经历及其启示——多维视角的考察和分析[J]．浙江社会科学，2010(6)：2－10.

先发国家的投资实践和经验让人受益匪浅，从中可以获取不少启发。结合当前我国对外直接投资的实际，我们有以下深刻体会和感悟：一是鉴于我国是人口大国且人均资源量较少，而劳动密集型产业在国内占据主导地位。这与早期日本开展对外直接投资的产业结构相类同，根据小岛清的边际产业思想和日本对外直接投资的经验，可以考虑将存在或即将存在比较劣势的产业输出至境外，为国内新产业的形成和发展以及具备潜在比较优势的产业腾出资源。如把纺织、家电以及服装等劳动密集型产业转移至非洲、拉美以及东南亚等地，在降低企业生产经营成本和提高生产效率的同时，带动国内产业结构调整和升级；二是当下我国跨国企业普遍存在经营管理能力不高、技术水平不先进以及生产效率低下等问题，在国际市场上与发达国家企业相比竞争能力严重不足。为此，为实现有效追赶和向发达国家企业看齐，我们可以学习和模仿美国 OFDI 经验，强化技术和效率导向型直接投资。通过在发达国家建立子公司或并购等路径分享其专利、技术以及知识等先进科技成果，并结合国情进行学习、吸收、转化以及利用，逐步缩小与发达国家跨国企业的差距。引导和鼓励技术和效率导向型对外直接投资，并以此作为带动母国产业结构调整和升级的有效途径。

当然，目前我们也应注意到，中国对外直接投资的主体以国有企业为主，政府政策导向对企业的影响十分显著。这不难理解，国有企业具有资本雄厚、国际化经验丰富以及人力资本丰裕等综合优势，对政府来讲若能参考先发国家经验对其进行政策扶持和合理引导，必能成为推进我国产业升级的主导力量。同时，我们也应该看到，国有企业身份的国际敏感性问题。部分国家往往以此为借口，对其跨境并购和行业进入等设定高门槛，以干扰或抑制国有企业的正常投资活动。此外，对待国内非国有企业，也应逐渐释放其束缚，为它们提供公平的竞争机会和宽松的发展环境，如优惠税收减免、境外投资指引以及投融资担保等。以此点燃企业走出国门的激情和热情，在参与国际竞争中练就强硬本领。企业自生能力和国际竞争水平的提升，对促进国内产业升级将大有裨益。如此更进一步来讲，对外直接投资将通过何种机理推进我国产业结构调整和转型升级，以及先发国家的产业升级促进效应是否会在中国得以体现，本书将在后续章节对其影响机理的描述和刻画，以及实证检验部分对此疑问给予解答。

3.4 本章小结

先行经验对后起国借助对外直接投资推动母国产业升级具有较高的参考价值。基于美国、日本等企业动因的 OFDI 分析发现，对外直接投资对不同时期的产业升级存在以下规律：资源导向型 OFDI 加速了重工业化进程；市场导向型 OFDI 提高了制造业高加工度化程度；效率导向型 OFDI 增加了三次劳动生产率；战略资产导向型 OFDI 提升了制造业高技术化。通过 VAR 模型考察对外投资与各产业升级衡量指标间的关系，证实了上述规律。产业升级衡量指标优选、产业升级规律提炼和实证结论高度吻合，为本书后续研究提供了现实依据。

第四章 OFDI促进母国产业升级的机理分析

在深入探讨OFDI母国产业效应之前，首先应清楚两大关键变量发生联系的内在机理或途径。本章节在梳理和总结与OFDI动机相对应案例的基础上，对其产业升级的机理进行归纳、提炼和图示，以明确其发挥作用的关键流程。为此，本章着重从微观动因、产业联动以及宏观变量传导三大视角对其影响机理进行系统的刻画和描述。

4.1 微观动机视角的解析

UNCTAD（2006）认为，对外直接投资是由东道国拉力和投资国推力共同驱动的结果①。主流理论从投资动机视角将其概述为资源导向、市场导向、效率导向和战略资产导向四种类型。实践中，各国进行直接投资并非由某一因素单独促成，而是由多动机相互交织作用的结果。Franco和Rentocchini（2010）对上述动机做了较为详细的描述，资源导向型OFDI旨在获取母国稀缺的原材料、自然资源和廉价劳动力；市场导向型OFDI为靠近消费者和供应商以对产品生产做出灵活性改变，并降低运输成本；效率导向型OFDI则为充分利用消费者嗜好差异、市场规模差异以及要素资源差异；战略资产导向型OFDI是企业为获取先进技术、管理和知识等能力，而非仅仅使用现有资产②。

① UNCTAD. FDI from Developing and Transition Economics: Implications for Development [R]. World Investment Report, 2006:155.

② Franco & Rentocchini & Marzetti. Why do firms invest abroad ? An Analysis of The Motives Underlying Foreign Direct Investment [J]. *IUP Journal of International Business Law*,2010(1):42 –65.

同样，国内学者也提出了不少独到的观点。如孙建中（2000）指出，由于中国经济发展存在非均衡性，兼具发达及发展中国家的特点，这决定了其对外直接投资动机的多重性，即兼具资源导向动机、技术导向动机和效率导向动机，也具有外资利用动机以及产业转移动机等①。后来，孙建中（2002）又提出大国综合优势论，从国家利益出发解读中国对外投资的动因②。之后，邢建国（2003）提出有效资本假说理论，以证明政府对涉外投资动机的干预效应③。赵伟（2004）在考察跨国并购现象时指出，并购是当代 OFDI 的主流并总结了四大动机。同时，他还强调中国企业在进行跨国并购的过程中，这些动机都得到了清晰反映。尹作敬等（2005）认为，中国 OFDI 动机存在显著的区位差异。在发达国家倾向绕开贸易壁垒和寻求先进技术；在港澳和东南亚地区则旨在积累经验、获取专利、收集信息以及带动出口；在发展中国家或地区则为获取稀缺要素和资源，以及凭借自身竞争优势巩固并拓展市场范围④。

从微观企业视角入手，以中国企业 OFDI 的动因嬗变为考察重点，解读各动机背景下企业如何通过 OFDI 推进国内产业升级的机理。下文将以企业开展对外投资的动机为主线并对应国内外案例，对其作用机理给予勾勒和刻画。

4.1.1 资源导向型 OFDI 的影响机理

资源导向型 OFDI 始于 19 世纪末，先发国家为保障国内的资源需求，便采取直接投资方式在资源富集区设立工厂或子公司，以整合和利用当地廉价的矿产、石油以及劳动力等资源。英、美等国在工业化早期及重工业化阶段，因资源匮乏不足以支撑工业发展，便借助 OFDI 在世界范围内获

① 孙建中．资本国际化运营：中国对外直接投资发展研究［M］．北京：经济科学出版社，2000.

② 孙建中，马淑琴，周新生．中国对外直接投资的产业选择［M］．北京：中国财政经济出版社，2000.

③ 邢建国．中国企业 FDI 研究：理论模型与政策思路［D］．上海：复旦大学，2003.

④ 尹作敬，刘缉川．我国企业对外直接投资的不同动机探析［J］．经济体制改革，2005（4）：105－108.

取廉价资源。如英国在 1870 年耗资 8500 万英镑在海外设立了 23 家石油公司，在印度大力投资煤矿、石油以及锰矿等行业。1937 年，英、美、法和荷兰控制亚洲 20 多种矿产的采掘权，其中，石油为 2501 万吨，天然气达 9.64 亿立方米。同时，美、英和荷兰几乎垄断了拉美石油开采量的 54.4%、19.6% 和 20.3%，以及天然气的 47.1%、17% 和 24.6%。20 世纪 70 年代中期，联邦德国则掌握了发展中国家采掘业的 10%。同期，日本加大了对发展中国家或地区采掘业的控制，旨在通过获取资源以化解国内资源危机。资源作为经济起飞的基础，被各国 OFDI 战略所重点关注。

UNCTAD（2006）特别强调，获取资源是中国 OFDI 的关键动机之一，这可以从对非洲及拉美的投资战略中清晰看出。中国人均资源占有量较低，但经济发展对资源的需求较大，故要在国际市场上寻求石油、天然气以及铁矿石等资源。以石油为例，1993 年中国成为石油净进口国，之后对石油的进口依存度逐年攀升。1994 年仅为 1.94%，到了 2006 年达 47%。伴随经济快速发展，2020 年中国的石油依存度将达到 70% 左右（亚太能源研究中心估算）。中石油公司和中国国际信托公司的 OFDI 战略对应了该事实。近年来，由于获取资源面临严峻挑战和不安全感增强，中国加大了对西非、沙特阿拉伯、俄罗斯以及伊朗等地的投资力度。如 2002 年，中海油在印度尼西亚并购 BP 油田 12.5% 股份及斥资 5.85 亿美元收购雷普索公司 5 大油田部分股份。2003 年，在采矿业耗资 13.8 亿美元，占当年投资流量的 48.4%。2004 年增加至 18 亿美元，2005 年有所下降，为 16.8 亿美元。中石油、中海油、宝钢以及五矿等利用战略联盟或并购的方式获取境外自然资源的控制权，如非洲和苏丹的油田，伊朗的天然气以及澳大利亚和巴西的铁矿石等。梁瑞（2014）认为，伴随经济发展国内资源供求矛盾日益突出，“走出去”开发海外资源是大趋势，也是化解资源约束“瓶颈”的有效途径①。通过 OFDI 在全球筑建稳定的资源供应地，可以减少交易成本，并有效防范资源价格波动风险。据矿业联合会调查数据，截至 2011 年

① 梁瑞．中国境外直接投资：安全与对策——以矿业为例[J]．河南社会科学，2014(5)：13－18.

6月，我国企业跨境直接投资排名前三的是铜矿、铁矿以及金矿，占投资项目的20%。其次是铝矿、镍矿和铅锌矿，占项目数的5%左右。但主要以铁矿投资为主（200亿美元），铜矿次之①。

结合相关文献和上述案例，大体能推断出资源导向型OFDI促进母国产业升级的机理（见图4-1）。这类投资多发生在工业化初期和重工业化阶段，该时期经济和产业发展对自然资源的需求量较大，往往会遭遇关键性资源约束。为突破资源匮乏"瓶颈"，采取OFDI在全球范围内筑建稳定的资源供给源，为国内工业发展提供资源支持和保障，使战略性产业得以发展，其竞争力也获得提升。并由此形成良性循环，产业竞争力及其附加值增加，对资源的依赖度降低。同时还会通过资源配置功能、产业竞争效应及关联效应等途径带动其他产业发展，进而带动母国产业结构优化升级。

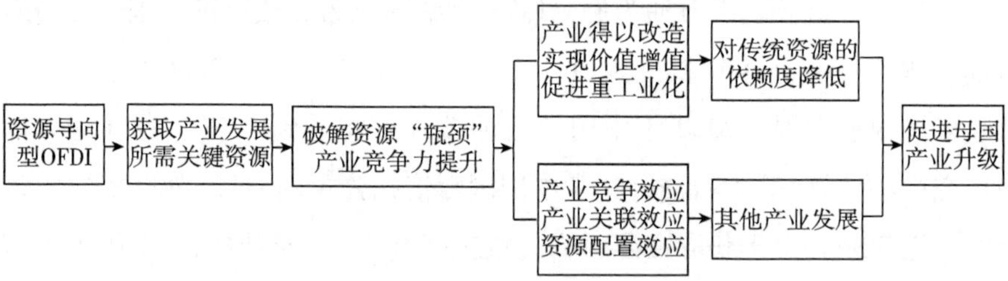

图4-1 资源导向型OFDI的影响机理

4.1.2 市场导向型OFDI的影响机理

企业为稳定或抢占东道国市场份额，会通过OFDI方式在海外设立分厂，或将生产和加工制造等劳动密集型环节输出境外。一方面，可以规避贸易壁垒、节约运输和生产经营成本。同时，还能够密切与国际市场间的关系，及时追踪竞争对手战略调试等情况，以研究开发出新产品、新业务以及新工艺，能动地应对市场变化而灵活生产。因此，巩固和开拓海外市场是其突出特征。

① 钟红艳，朱云鹏．后危机时代中国矿业企业"走出去"成长模式研究[J]．中国石油大学学报（社会科学版），2003(1)：12-16.

20 世纪 50 年代，美国为稳定并拓展海外市场，以制造业为先锋进军加拿大以及欧洲市场，如截至 1963 年，美国企业占法国缝纫机市场的 70%，电子产品的 43%，冰箱的 25%；占英国小轿车市场的 50% 以上，电脑的 40% 以上；截至 1967 年，控制加拿大汽车工业的 90%，橡胶工业的 83%，天然气和石油工业的 82% 以及化学工业的 59%。20 世纪 70 年代，德国为延长钢铁产品生命周期，将钢铁业迁移至非洲和拉美国家，就地生产以稳定并扩大海外市场。韩国国内市场狭小，开辟国际市场是其投资的关键动机。据统计，在华韩企利用原材料的 60% 来自韩国，这为原料输出提供了新市场。此外，韩国还通过边际产业转移举措，以提升发展优势并获利。如在中国及东南亚等地建立多家鞋厂，前期生产成本仅为国内的 25%，之后更减少至 52% 以上。当然，规避贸易壁垒也是该投资的动机之一。如 20 世纪 70 年代，日美彩电业摩擦迫使日本自动采取出口配额限制，为绕开贸易壁垒并争夺美国市场，日本彩电企业纷纷在美国本土设厂投产，这不仅化解了双边贸易摩擦，还带动了彩电及汽车等零部件进入美国，进而促进了母国产业升级。

中国市场导向型 OFDI 的主要动力为输出过剩产能和规避贸易壁垒。2005 年底，国家发展改革委对钢铁等 11 个行业的调查数据显示，电解铝和钢铁存在严重产能过剩，焦炭、汽车、电石、铁合金以及铜冶炼行业产能过剩较严重，电力、煤炭、纺织以及水泥行业存在产能过剩风险，这些产品的市场供给远超出需求。国内生产和需求已经达到饱和状态，为消化产能而增加出口，减少进口，贸易摩擦便接踵而至①。为此，中国通过 OFDI 活动以输出过剩产能和绕开贸易壁垒。如中国纺织业陆续“走出去”在越南、柬埔寨以及泰国等地设厂生产，以迂回战略销售至目标市场。2002 年下半年，TCL 并购德国的施耐德公司。针对不断来自欧盟的反倾销调查，

① 据商务部统计，2005 年国外对中国发起贸易救济调查 91 起。其中，反倾销调查 51 起，纺织品特保措施 35 起，保障措施调查 5 起。从涉案产品来看，纺织品、化学工业和轻工业位居前三，占全部涉案产品的 83%。2006 年，有 25 个国家和地区对中国发起反倾销、反补贴、特保调查以及保障措施共计 86 起，涉案金额高达 20.5 亿美元。

TCL通过并购手段直接在欧盟本土设厂生产并销售产品，不仅获得了该公司的营销渠道和强大技术，更拓展了欧洲和海外市场，并将双边贸易摩擦化解于无形。赵伟等（2004）在分析上海服装集团公司、海尔、创维以及TCL等企业的经营战略时指出，坚定不移地走国际化道路，以直接投资的形式进入贸易保护主义高发的国家或地区，并采取本土化生产和经营模式，能够有效规避贸易壁垒且降低企业的经济损失①。

以上案例表明，市场导向型OFDI推进母国产业升级具有两条关键路径（见图4-2）：一是将国内的边际产业或存在产能过剩的行业输出至海外，为国内其他产业和新产业发展腾出资源，这些资源将转向高技术和高附加值行业，带来国内产业结构调整和优化，并推动工业结构从原材料型转变成资本和技术密集型，工业高加工度化效应显著。二是由于来自美国和欧盟等发达国家的反倾销、反补贴以及TBT等案件不断，贸易摩擦层出不穷，使国内企业蒙受了巨额的经济损失。借助对外投资进入其本土生产和销售，不仅能规避种种贸易壁垒，还有利于形成出口结构与规模效应，并带动相关产品、服务的输出，进而推动母国产业结构的调整和优化升级。

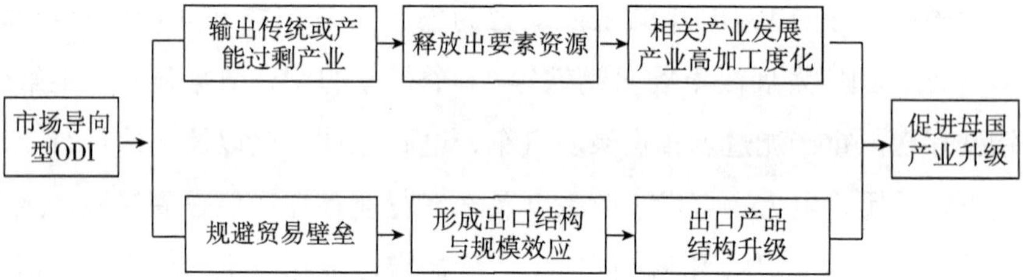

图4-2 市场导向型OFDI的影响机理

4.1.3 效率导向型OFDI的影响机理

效率导向型OFDI是指企业为改善或提高生产效率所进行的投资。这种投资一般是连续性的，企业通过海外子公司进行跨境纵向或横向一体

① 赵伟，管汉晖．中国彩电企业遭受美国反倾销诉讼的原因和对策分析[J]．国际贸易问题，2004(8):78-81.

化，依托国际化的资源和分工，在全球重组生产、销售以及服务等环节，以实现规模经济、范围经济以及协同效应的效益。这与东道国廉价资源、低投融资成本以及优惠政策等条件相关，从而带动企业生产效率的提升。

20 世纪 60 年代，美国为应对国内劳动力价格持续攀升的压力，纷纷将劳动密集型产业转移到发展中国家或地区。例如，半导体工业，1961 年费尔柴尔德公司在中国香港建立子公司后，其他企业争相效仿，在中国台湾地区、韩国以及墨西哥等地开设分公司。20 世纪 70 年代末，美国半导体工业品 50% 以上由海外分厂制造。此外，纺织和服装业数据表明，1996 年美国人均工资 11.89 美元/小时。同期，中国内地人均工资 0.48 美元/小时，印度人均工资 0.58 美元/小时，中国香港人均工资 4.40 美元/小时，墨西哥人均工资 3.40 美元/小时等，廉价劳动力驱使纺织和服装业落户这些国家。日本在 1956—1972 年，经济发展也面临劳动力成本上升的压力，为此将劳动密集型产业（如纤维业）输出至亚洲等地。1960 年后，又纷纷将纺织、玩具、服装和家电等产业转向中国台湾地区、韩国和中国香港等地。20 世纪 70 年代石油危机后，日本又将钢铁、石油化工和造船业等产业转移至海外，以追求低成本和高效率。类似地，20 世纪 60 年代末，德国为追求高效率生产，也采取将劳动或资源密集型产业输出境外的办法。这些国家通过效率导向型 OFDI 将比较劣势产业输出海外，而专注于技术或知识密集型产业，使母国生产要素投入产出效率得以大幅提升。

效率导向型 OFDI 是中国对美投资的动机之一，尤其是在高附加值和低运输成本的制造业，其关键因素为贸易壁垒和人力资本（Noorbakhsh, 2001）[①]。国内企业选择投资美国，一是美国有相对开放的金融和贸易环境，资金流动较自由，能在财务及法律结构上优化跨国运营。二是国企借助在美投资赚取到外资身份，然后通过返程投资便可享受到国内的种种政策福利。此外，作为中国最大的出口市场，频繁的反补贴、反倾销等导致

---

① Noorbakhsh, F. and A. Paloni. Structural Adjustment Programs and Growth in sub - Saharan Africa: The Importance of Complying with conditionality[J]. *Economic Development and Cultural Change*, 2001(49):479 - 509.

国内出口难度增加。因此，在美国开展直接投资可以突破贸易壁垒以提高跨国生产经营效率。

从上述案例可以看出，全球化进程中大批具有国际视野的企业，依托自身比较优势在世界范围内重新整合要素资源，以追求更高的竞争力和生产效率。当然，这存在外部环境的拉力，也有内部环境的压力。其中，企业所在地要素成本提升和产业结构优化调整是关键动因。因此，企业为提高投入产出效率，便借助跨境投资将高成本且低附加值的生产或组装等环节输出海外，以提升其效率水平。效率导向型直接投资的作用机理，如图4－3模拟如下。

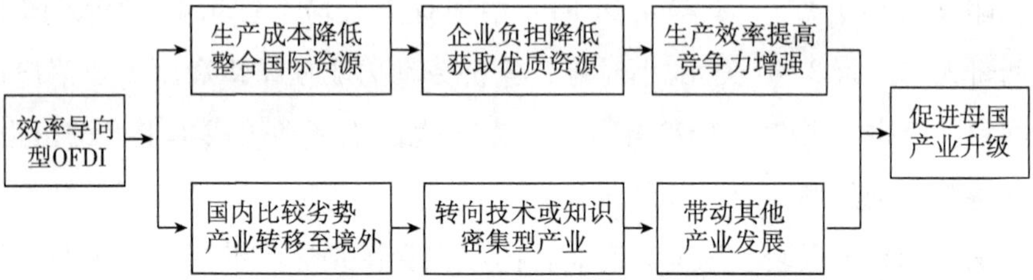

图4－3 效率导向型OFDI的影响机理

4.1.4 战略资产导向型OFDI的影响机理

在变幻莫测的国际市场上，企业还需通过获取战略资产重构并维持自身持久竞争优势。一般来讲，战略资产具有专用性高、稀缺以及难以模仿或替代等特点，在外部市场上难以获取，但能够给企业带来竞争优势，如先进技术、经营诀窍、销售网络、品牌信誉以及研发能力等。这些资产因难以模仿且专用性高等特征，往往是企业核心竞争力形成的源泉。

与以上动机不同，战略资产导向型OFDI是为获取技术、管理以及营销等存在价值增值资产的投资，有助于企业构建新竞争优势，属于创造资源与能力类的投资行为（UNCTAD，2006；Duning和Lundan，2008）。在诸多战略性资产当中，技术特别是核心技术最关键。这类投资多由大型企业践行，形式灵活多变，如跨国兼并、收购以及海外研发。20世纪90年代以来，韩国的现代、三星以及 LG 等企业为模仿学习并获取技术和专利，耗资数十亿美元在美国从事并购和研发活动，并获得了在通信、计算机、半导体以及高清晰电视等领域的尖端技术。联合国贸发会议（UNCTAD，1997）数据显示，1985—1995 年，55% ~60% 的直接投资是以并购方式实现的，地区集中在日本、欧洲和美国，行业偏向信息和知识密集型部门或行业。日企与美企合资的目的主要获取美国的先进技术（Kogut 和 Chang，1991）①。Almeida（1996）在分析美国半导体行业的专利引用时指出，流入美国半导体行业的海外企业较国内更偏好引用当地的专利，这表明外企 OFDI 的动机是获取当地的技术资源②。Shan 和 Song（1997）在研究外资企业在美国生物技术行业的直接投资动机后也得出了相似的观点。此外，数据调查显示，跨国企业在发展中国家或地区的 R&D 投资主要盯住其知识高地③。以亚洲为例，1999 年对国内外 587 家 R&D 机构调查显示，企业 R&D 机构主要集聚在：韩国仁川；中国台湾地区、香港、上海、北京、广州和深圳；新加坡、吉隆坡以及马尼拉等少数地区，以获取当地生产及市场知识，分享技术正向外溢效应等，进而提升企业国际竞争力。这种案例很多，如 1999 年沃达丰空中通讯公司（英国）耗资 1480 亿美元并购曼内斯曼公司（德国）；2000 年，阿尔卡特公司（法国）收购 Digimarc 公司（美国）等。通过跨国兼并和重组，使企业的国际化能力大幅提升，进而促进了母国的资源优化配置以及产业结构的调整和升级。

面对国内外市场的激烈竞争，中国企业需要借助战略导向型 OFDI 以获取先进技术、商誉品牌以及营销网络等资产，以维持并提升国际市场的竞争地位。近年来，国内企业越来越关注战略资产问题。如海尔于 1999 年提出“国门之内无品牌”理念，认为必须积极参与国际竞争，打造成世界

① Kogut B. and Chang S. J. Technological Capabilities and Japanese Foreign Direct Investment in the United States[J]. *Review of Economics and Statistics*, 1991(73): 401-413.

② Almeida P., Knowledge sourcing by foreign multinationals: patent citation analysis in the U.S. semiconductor industry[J]. *Strategic Management Journal*, 1996: 155-165.

③ Shan and Song. Foreign direct investment and the sourcing of technological advantage: evidence from the biotechnology industry[J]. *Journal of International Business Studies*, 1997, (28): 267-284.

级品牌并进入全球500强。为此，2004年，海尔在全球范围内设立了10个分厂、13个国外生产车间以及18个设计中心，还发展了58800家销售代理，终跻身世界知名品牌行列。2003年，TCL与法国汤姆逊公司的“联姻”，使其彩电年销量达1800万台，世界排名第1。TCL正是通过并购渠道，有效地利用了汤姆逊的品牌以及营销网络，并拥有在亚洲和欧美等关键市场的高效制造中心。2004年，联想耗资12.5亿美元并购IBM的PC业务，主要包括生产、采购、销售以及研发等部门，由此联想获得了IBM的品牌价值、PC核心技术、人力资源以及海外市场等战略资产，其国际知名度和品牌价值更加显赫①。2008年金融危机后，部分国内企业“化危机为机遇”，陆续在美国进行直接投资或并购活动，以获取先进技术、商誉品牌、营销网络以及供应链等战略性资产，以此实现蛙跳式增长。从投资行业分布可明确其动机，如制造业（25.9%），计算机及软件业/信息传输（1.8%），技术服务/科学研究以及地质调查（2.3%），三行业占对美国OFDI总量的30%以上，这充分表明企业在美谋取品牌、技术以及专利等战略资产的意图②。

毋庸置疑，战略资产如技术、专利、商誉、品牌、管理秘诀以及营销渠道等对企业的生存和持续发展至关重要。第一，战略资产有助于提升企业知名度，并易形成品牌效应，进而增加企业订单或产品出口，对母国产业结构调整和优化升级大有裨益；第二，战略资产能帮扶企业改善和提高生产效率，并实现生产经营和服务管理成本的节约，极易在行业内产生示范效应，促使其他企业竞相学习、模仿和践行，进而推动行业生产效率的全面提升，这对促进母国产业结构优化升级发挥了积极作用；第三，战略资产是企业与行业竞争力得以维持和提升的核心力量。在国际分工深化和全球价值链逐步延伸的背景下，企业唯有控制或者拥有这些关键的有形和

---

① 周伟．我国企业创造性资产寻求性FDI的最新动向研究——基于联想跨国并购IBM PC业务的案例分析[J]．科技与管理，2006(1)：17－20.

② 李俊江，薛春龙，史本叶．中国对美国直接投资的内在动因、主要障碍与应对策略[J]．社会科学战线，2013(12)：73－77.

无形资产，或能向产品以及产业价值链高端延伸以获取更高的附加价值，进而带动母国产业结构优化调整和转型升级；第四，通过密切与东道国的研发和技术联系，向技术发达的国家进行投资，从而实现国内技术进步和产业升级。这主要存在三种途径：一是通过并购或与东道国技术联盟，以突破技术壁垒并获取先进技术；二是通过与东道国分摊研发费用，节约母国资源，为国内核心项目开发提供资源；三是通过与东道国接近，通过模仿、竞争以及员工流动等形成技术外溢效应。这些途径帮助技术进步，进而推动母国产业升级。（见图 4 –4）

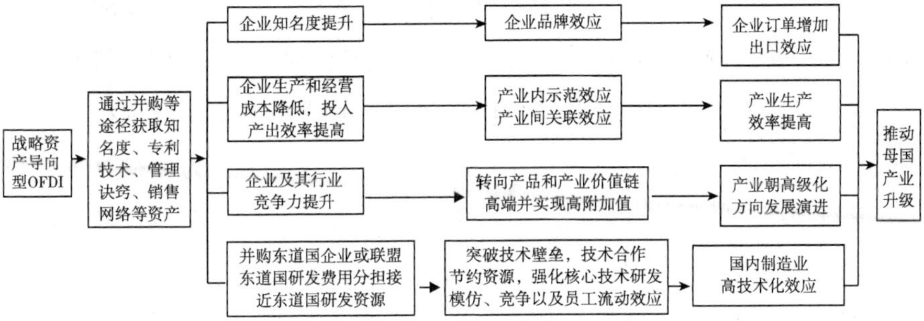

图 4 –4 战略资产导向型 OFDI 的影响机理

4.2 产业联动视角的判断

微观层次的分析表明，利用 OFDI 促进母国产业升级的中间环节是比较复杂的，而且其发挥影响的路径也大相径庭。在开放经济条件下，我们还需要将研究视野放得更宽些，从更宏观的层面对 OFDI 推动母国产业升级的机理进行探索和考察。从整体上来看，这种动力无外乎两个主要层次：一是来自企业层面的宏观产业决策行为，对母国产业结构的影响；二是来自政府层面的产业政策调整等，如将传统产业逐次转移至境外，以带动本国产业的优化升级。

当前，从产业视野考察 OFDI 的产业升级机理，在理论和实证研究层面已形成不少有价值的探索，如王琦（2003）认为，OFDI 通过影响母国需求结构、要素禀赋条件，以及资源转换方式等途径改进本国产业升级的速度和效率①；王根军（2004）将OFDI推动母国产业升级寓意为，对后行国家“吐故”和对发达国家“纳新”的新陈代谢过程②；冯志坚等（2008）指出，OFDI通过对内资企业的知识和技术外溢、前后向关联，以及商务实践的竞争效应等路径改善并提升母国产业竞争优势③。此外，江东（2010）、杨建清（2012）④、张春萍（2013）⑤ 等也对该机制作了分析。梳理和总结这些探索，笔者认为，OFDI的产业升级效应机制至少涵盖以下内容：一是获取先进技术，即通过跨国并购、战略联盟或技术外溢效应等获取境外先进技术。此外，技术导向型投资还能激发东道国企业或政府主动承担部分研发费用，可以将此部分资源用于核心技术的攻克和研发，以带动我国技术进步；二是边际产业输出效应。利用跨境直接投资将国内比较劣势的产业转移至境外，以优化要素并促进资源重组，为潜在竞争优势产业或新兴产业的形成和发展让渡资源，并依托后发优势获利，以推动原有产业结构调整和优化升级。此外，还有助于规避贸易壁垒，并促进出口产品结构和规模的调整优化，进而带动国内产业升级；三是国际产业转移价值。借助对外直接投资，将国际上先进的、高级化的产业引入国内，并给予重点扶持和培育，以对本国产业向技术或知识密集型的高附加值产业发展提供示范和竞争效应。

审慎分析和深入思考这些零星探索，本书认为可以从产业间、行业内和行业间几个主要层面，对直接投资影响产业升级的机理进行梳理和归纳。

---

① 王琦．谈中国中小企业的跨国发展[J]．阴山学刊，2003(2)：196-197.

② 王根军．比较劣势产业对外直接投资与我国产业升级[J]．云南财贸学院学报(社会科学版)，2004(3)：8-9.

③ 冯志坚，谭忠真．对外直接投资与母国产业升级的理论分析[J]．沈阳教育学院学报，2008(1)：90-93.

④ 杨建清，陈思．对外投资促进产业升级的机理与对策[J]．经济纵横，2012(6)：41-44.

⑤ 张春萍．中国对外直接投资的产业升级效应研究[J]．当代经济研究，2013(3)：43-46.

4.2.1 边际产业转移效应

一国产业结构的优化调整和转型升级，必然伴随传统产业的衰退和新兴产业的崛起。因此，为实现本国产业结构演进中的优化升级，将本国存在或即将存在比较劣势的产业转移出去，为本国或地区具有或潜在具有比较优势产业及新兴产业发展让渡资源。但在这些要素退出和重组过程中具有一定的障碍和壁垒，如设备资产的专用性、沉没成本、政府政策及法律等层面的羁绊，借助对外直接投资方式，将传统边际产业或产能过剩产业输出境外，可以确保在产业退出过程中不会带来大的经济和社会消极效应，并能利用其释放的要素和资源支撑国内新兴产业发展，还能获取境外投资收益，对母国产业升级存在促进作用。事实上，这一内涵恰是小岛清"边际产业转移"思想的核心。

诸多案例与该模式相对应。20 世纪 50 年代中后期，日本遵循边际产业转移思想，通过 OFDI 将本国多余的生产能力和设备转向海外，不但延长了劣势产业的生命周期，而且带动了国内产业结构的调整和升级。同时，也为周边国家或地区的产业和经济发展提供了机遇。实践证明，日本直接投资流向与母国产业结构优化存在高趋同性。例如，20 世纪 60 年代，投资主要集聚在纺织品、纤维业及电子产品等行业；70 年代则以造船、石油化工及钢铁等工业为主导；80 年代，投资领域转向电气工业、汽车等加工制造业。同样，20 世纪 60 年代的美国，由于工资水平上升，国内劳动力密集型产业渐失比较优势，为调整国民经济产业结构，美国通过直接投资将这些传统产业输出海外，并专注于高新技术产业。通过劣势产业转移，美国产业结构逐步由低附加值和低技术的产业转向高附加值和高技术的产业，产业结构得以优化升级，为美国"新经济"的形成奠定了基础。事实上，20 世纪 50—80 年代末，国际产业转移主要以发达国家向发展中国家或地区推动的单边行动，产业以原材料和初级产品生产为主。20 世纪 90 年代后，发展中国家或新兴经济体为实现国内产业结构调整和优化升级，陆续出现传统产业转移活动，如印度、中国及新兴工业化国家，通过

OFDI 将初级品加工、组装装配及制造业等转移至海外，利用腾出的要素资源重点扶持和培育高附加值产业或第三产业。

综上所述，传统产业转移主要通过两条途径对母国产业升级发挥正向作用：一是将本国存在或即将存在比较劣势产业以及产能过剩产业输出境外后，利用其让渡出的稀缺要素和资源扶持来培育新兴产业或比较优势产业，或者用于改造和升级国内其他优势传统产业，由此促进本国产业存量调整；二是由于边际产业在海外发展，其产品生命周期得以延伸并获取高额投资利润，跨国企业的利润汇至国内会带来资本累积效应，为母国新产业的形成和发展提供资金保障，由此推动本国产业增量调整。这一影响机理可以采取图 4－5 进行描述和刻画。

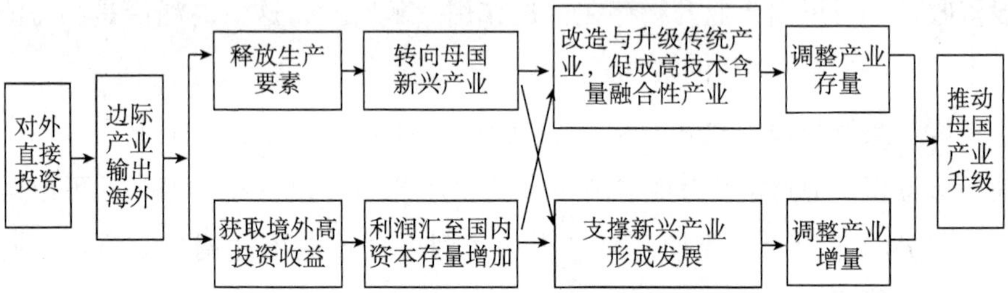

图 4－5　传统产业转移效应影响机理

4.2.2 新兴产业促成效应

新兴产业的形成和发展与国内有效需求状况、要素丰裕度及技术条件等因素密切相关。跨境直接投资，特别是对发达国家进行的技术导向型投资，是推动一国新兴产业快速成长的捷径。主要原因为：其一，借助直接投资输出部分传统产业后，该部分要素会转移至新兴产业，不仅为新兴产业成长提供了空间，更强化了新兴产业的技术和物质基础，有助于提升自身竞争优势；其二，技术导向型 OFDI 能让投资国的企业在管理、技术及营销等层面与发达国家进行更便捷化的沟通、交流与反馈，并通过特定渠道快速传递到母国，可快速提升本国的技术水平、研发能力及管理技能等，快步推进产业升级；其三，通过直接投资平台，还能将国外的消费模式及消费理念等引进国内，在某种程度上，可以诱导并增加居民对高技术品的需求，以国内实际有效需求驱动新兴产业成长。例如，发达国家间通过相互投资，推进产业结构转向技术密集化，如在机电一体化、微电子技术、生物能源及生命科学等领域相互交流与合作，对各国新兴产业的崛起和发展都大有裨益①。中国台湾地区、韩国等国家或地区也尝试采取 OFDI 方式，追踪发达国家技术升级演进的足迹，以缩短技术研发周期并达到发达国家的技术水准，加速本国的产业结构调整和优化升级，实践证明，该举措效果显著。（见图 4－6）

事实上，上述分析暗含了技术导向型 OFDI 促进母国产业升级的核心思想，即逆向技术溢出效应②，这里借助模型对该类投资给予验证。技术溢出效应往往与技术导向型 OFDI 活动有关。首先，假设某发达国家拥有产生先进技术 T（中间产品）所需的 R&D 条件，可认为该国具有生产某技术密集型产品 X 的先发优势。其次，某发展中国家恰恰具有生产 X 产品不可或缺的区位优势 L。再假设存在管理经验或技术 T 的外部交易成本较高，即排除发达国家对发展中国家采取许可经营的方式。此外，当前阶段进行跨境经营的成本较高或出于寡占反应需要，发达国家到发展中国家进行直接投资的可能性不大。但发展中国家为获取这些先进技术或管理经验 T，可以对发达国家采取技术导向型 OFDI。在以上假定的基础上，若将发达国家技术 T 与发展中国家技术 T' 均设定为时间 t 的函数，则在时期 t 有 $T(t) \geqslant T'(t) \geqslant 0$，$t \in [0,t_1)$，并将 $G = T(t) - T'(t)$ 定义为两国的技术差距。因此，发展中国家通过学习获得先进技术的先决条件是：$dT'(t)/dT(t) \geqslant 0$③。此时，该竞争策略（动态博弈）得以维持的先决条件

① 汪琦．对外直接投资对投资国的产业结构调整效应及其传导机制[J]．世界政治与经济论坛，2004(1)：36－41.

② 逆向技术溢出，是指投资国借助对外直接投资活动接近东道国的研发资源，以获取由东道国向投资母国的技术转移以及技术溢出。

③ Chen E. K. Y. Foreign direct investment in Asia development country versus developed country firms. In Chen E. K. Y, ed., Foreign Direct Investment in Asia, Tokyo: Asian Productivity Organization, 1990: 1－27.

是：对任意的 $t \geq t_1$，都存在任一无穷小的技术差距 $\bar{G}$，使 $G = |T(t) - T'(t)| \leq \bar{G}$，$t \in [0,t_1)$。进而，发展中国家跨国企业在短期内（$t \in [0,t_1)$）的损失为（$C$）和长期内（$t \in [t_1,\infty)$）因获得境外先进技术 T 所产生的收益（π）分别是

$$C = \int_0^{t_1} C(t, G(t), L(t)) e^{-rt} dt \tag{4-1}$$

$$\pi = \sum_{i=1}^{n} \int_t^{\infty} \pi_i(t, \bar{G}, L(t)) e^{-rt} dt \tag{4-2}$$

其中，r 表示贴现率，i 表示某国（$i = 1,2,\cdots,n$），π_i 为有 T' 的国家在 $[t_1,\infty)$ 时期内在全球第 i 国进行投资企业所获取的利润。显然式（4－1）中的 $\partial C/\partial G > 0$，$t \in [0,t_1)$，这表明两国技术差距越大，其损失也就越大；公式（4－2）中，π 仅与常数 $\bar{G}$ 有关，即在长期内，技术差距已非发展中国家和发达国家间特有竞争优势的来源，技术差距与其跨国企业所获利润无关。此外，还需要强调的是，由倒推法可知：（1）若 $C < \pi$，$t \in [0,\infty)$，则发展中国家企业将出现学习型 OFDI；（2）若 $|T(t) - T'(t)| \leq \bar{G}$，$t \in [t_1,\infty)$，则说明发展中国家已通过逆向投资获取技术 T。

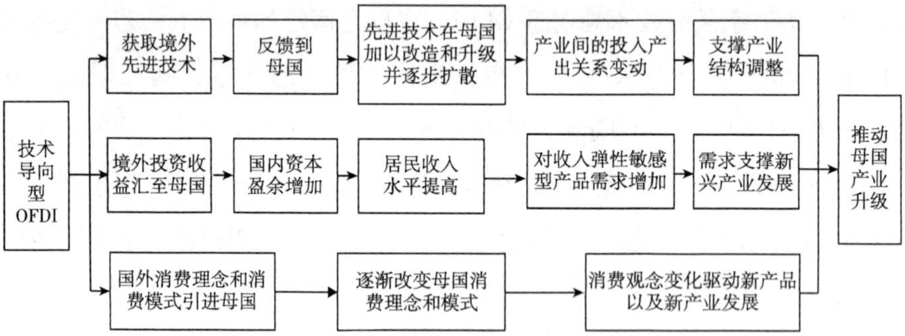

图4－6　新兴产业促成效应影响机理

4.2.3 产业关联效应

通过跨国直接投资，将国内边际产业输出或移植到海外优势产业等活动，均有助于本国要素和资源实现优化配置，以推动高技术及高附加值产业的形成和发展。然而，对外直接投资所产生的产业效应绝非如此简单，它还将通过与其相关产业之间的互相影响，整体上驱动母国产业结构的优化升级。

通常企业在跨国直接投资过程中，将面临激烈和残酷的市场竞争。为强化自身综合国际竞争优势，本国或地区为其提供相关配套服务和要素资源的其他产业也应提升自身素质，以全面提高本国或地区产业素质并汇聚为产业结构整合力。其目的在于：一是需要前向供应企业提高其所服务产品及服务的效率和质量；二是它还将对后向流通渠道中的，如交货保障、支付条件、售后服务及信息供给等提出较高的要求，同时还期望能获得低成本融资渠道、全球化营销能力及风险规避能力，获得适应国际惯例的法律、会计以及咨询服务等能力，否则企业将选择全球化采购①。如此，产业关联效应②将促进配套服务及相关产业效率水平的整体大幅提升。

进一步地，这种效应将驱动内向型产业逐步向中间型及外向型产业发展和转变，一国或地区产业结构的开放程度得到显著提升，进而促进其产业结构调整和优化升级。如果企业利用最终产品进行对外直接投资，将对国内或地区为其服务的中间产品相关产业提出更高层次的要求，会有更多的相关产业被放置到开放经济活动之下，本国或地区的产业结构开放度将得以强化。与此同时，当产业链中的企业在实施跨境投资战略时，就会更积极、主动地利用海外技术、资金及资源等便利，以巩固并提高自身的市场竞争力。此外，跨境投资企业竞争优势的提升，将对国内同行业内的其

---

① 肖黎明．中国境外投资与国家利益[M]．北京:经济科学出版社,2007.

② “产业关联说”最早由赫希曼在《经济发展的战略》中提出,他认为“一个新产业的建立将诱发其投入品市场的扩张,无论投入品在本国生产或进口”。进一步地,他将这种关联效应分解成前向效用和后向效应,前者是指非初级产品的生产所引发的对投入品需求的增加,后者是指某部门增长时会带动其他部门供给的增长,进而刺激更进一步的投资与生产活动。

他企业带来新威胁，进而促使业内其他企业主动去提升自身竞争力，由此带动一国或地区产业结构的优化升级。

由于关联效应的存在，故通过直接投资对高级化产业可以利用这种影响机制而产生扩散效应，具体表现为：前向关联效应，即某产业对新能源、新技术、新工艺，以及新产业出现带来的诱导性作用。相对应的案例有很多，如日本自20世纪90年代以来家电产业的对外直接投资，将非关键零部件及低端产品的加工和装配环节移至境外，而将核心零部件制造和高端产品生产保留在国内。境外制造的逐步扩张诱发了国内核心零部件和高端产品的生产及技术创新。20世纪80年代初期，韩国对日本、美国等国家的直接投资，带动了国内电子设备、精密仪器以及化学化工等产业的技术研发、引进和投资，由此驱动了本国产业的优化升级；后向关联效应，即某产业效率的提升对给自己提供生产要素资料的其他部门或产业带来的影响。以美国为例，自20世纪90年代以来，美国采取定制和外包方式在全球范围内整合劳动力资源和市场，将生产车间或工厂转移至境外，本国劳动力则专注于服务业。同时，还加大了国内研发投资力度，使本国企业获得了大量的核心专利，从而位居价值链的高附加值区域。美国OFDI推动了其经济结构的巨大变动，制造业的就业人数和产值比重逐步下降，金融、保险及专业服务业的就业人数和产值比重上升，产业结构调整和升级特点显著；侧向关联效应，即某产业的形成对地理上临近地区经济发展所产生的影响。

总之，无论何种关联效应，都将通过相应部门的扩张以带动与其相关产业诱导性投资的增加，这些投资在推动存在关联效应部门和产业发展的同时，还将反过来促进该产业的扩张，进而整个产业体系得以稳定和持续发展，本国或地区产业结构得到调整优化和转型升级。(见图4-7)

4.2.4 产业竞争和示范效应

当跨国公司进行对外直接投资时，为应对激烈的市场竞争，他们会在生产经营过程中采取技术引进与自主创新等办法，提高其投入产出效率，

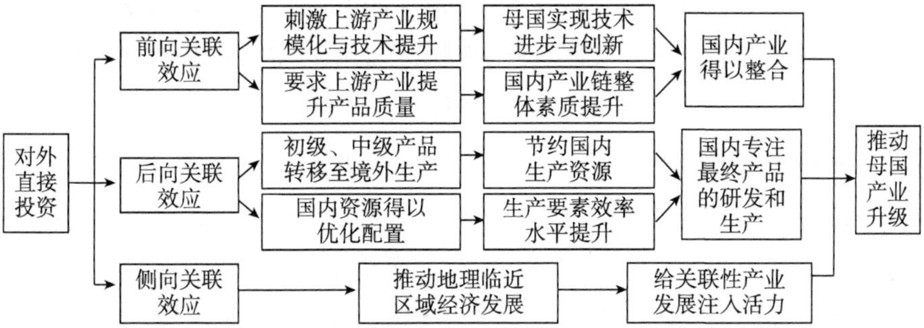

图 4－7　产业关联效应影响机理

不断强化企业所生产产品的国际竞争力①。进一步地，这些跨国企业将相关产业及配套服务企业带入国际经济活动，并促进其竞争优势的提升。由此，母国企业所属行业及其关联行业的竞争将推动本国产业结构的调整和升级。

事实上，美国学者波特（1990）在其“钻石模型”理论中，对竞争促进产业升级作了详细研究。同时，他还通过瑞士制药业、德国化工业，以及美国半导体产业等案例论证，竞争与创新的环境对一国或地区产业竞争力的决定性作用。竞争能够推动企业间的交流和互动，进而促使和刺激对方实施持续创新与产业结构优化升级。从该理论的逻辑能判断，某行业内某企业的直接投资以及国际化，不但加剧了该行业在母国内的竞争，也将整个行业卷入国际化竞争中。也就是说，较早采取 OFDI“走出去”参与国际竞争的企业，为应对国际竞争会采取种种方式，去获取国际化的要素资源、先进技术及管理经验等便利，强化其国际竞争力。与此同时，这些跨国企业还将要求母国为其提供配套服务以及要素资源的企业提升自身综合素质，进而将诸多相关企业卷入国际经济活动之中。此外，跨国企业竞争优势的全面提升，势必会对国内同行企业带来新的压力和威胁，导致行业内的竞争加剧，这使该产业的资源得到优化配置，行业素质整体提升，进而带动母国产业的优化升级。

① 张春萍．中国对外直接投资的产业升级效应研究[J]．当代经济研究，2013(3)：43－46.

此外，跨国企业依托先进技术以及国际化经营等能力，通常拥有本土企业所不具备的新产品、管理服务和市场营销渠道等，往往会成为母国企业在技术研发、营销渠道以及产品创新等竞相模仿的对象。这种示范或传递效应是本土企业采取各种渠道，如对产品实施“逆向工程”研发，或雇用曾在跨国企业就业并接受过专业化培训人员，以获取产品生产的工艺和技术，提升本企业的生产技能，并在“边干边学”中积累经验和能力，进而提升新产品研发、综合服务，以及拓展国际市场等能力。以海尔为例，自20世纪90年代中期以来，海尔等家电企业率先走出国门参与国际化竞争，借助海外制造将“绿色产品”理念以及先进技术等引入国内，陆续推出了变频空调、无氟冰箱以及绿色洗衣机等新产品。同时，还持续利用世界最先进的工艺和技术对产品进行不断改造和升级换代，这一举措大大提升了其在国内外的核心竞争力。先发企业的刺激诱发了国内家电业的激烈竞争，同时，突破了国内外种种竞争壁垒，使国内家电业的标准得到大幅提升，由此带动了我国家电及其相关行业的产业结构调整和优化升级。事实上，改革开放后，在跨国企业的驱动下，中国企业产品的出口结构和规模都得到了优化调整。由此可见，产品生产、服务创新和营销渠道的拓展，致使企业市场容量不断扩张，生产规模与产品档次的提升，成为市场示范效应推进区域产业升级的逻辑和路径①。由此，我们可以借助下方的示意图（见图4－8）来刻画产业竞争和示范效应。

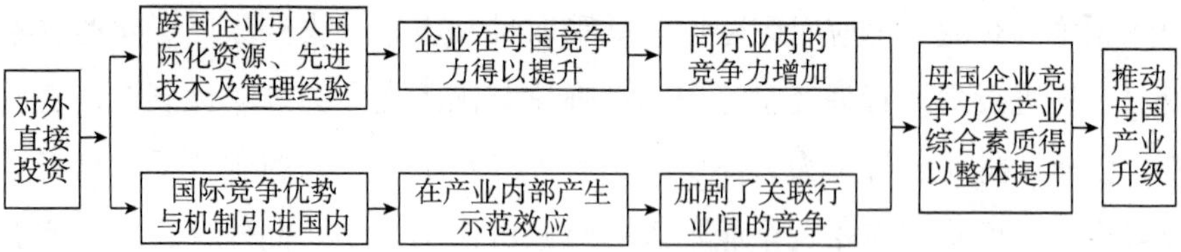

图4－8　产业竞争和示范效应影响机理

① 宋大勇．国际直接投资与区域产业结构升级——基于省级面板数据的实证研究[J]．经济体制改革，2008(3)：149－153.

4.3 宏观变量传导视角的描述：贸易结构例证

事实上，对外直接投资影响母国产业升级的机理十分复杂。除了微观动机和产业联动视角的影响渠道，如技术进步、供求变动、贸易结构调整等对产业升级也会带来间接性影响。而这些都是决定产业升级的关键因素，势必会通过不同的路径对母国产业升级带来影响。但这些因素繁多且影响路径比较复杂，很难清晰地刻画。这里仅以贸易结构因素为例，对其机理进行尝试性描述。

关于贸易结构变动与产业升级关系的经验研究和实证分析文献很多，如 Lipsey（1984）指出，企业通过对外直接投资促进相关配套服务和资本品的出口，使母国对受资国的出口和投资增加，给母国产品出口带来扩张效应，随之商品结构也会发生变化。Krisha（1984）以韩国制造业对外直接投资为例，研究发现这给韩国高科技产品出口带来了积极作用，并优化了母国产品出口结构。Morikswa（1996）定量分析日本企业对外直接投资得出结论，投资有助于母公司资本密集型和中间产品出口，对国内产品结构改善起到积极作用。诸如此类的研究基本都支持对外直接投资具有出口带动作用。因此，通过深入挖掘能得到对外直接投资影响贸易结构的关键途径。

以下将从企业对外直接投资的动因出发，结合四种投资类型考察其对母国贸易结构的影响。资源导向型 OFDI 的影响集中体现在以下两个层面：一是资源类产品进口的增加，缓解了产业发展的资源约束，对工业制成品出口也具有带动作用；二是带动了资源采掘业设备及其服务的出口，进而有助于该类高技术设备产品出口。因此，资源导向型投资具有显著的出口促进效应。市场导向型 OFDI 的影响也表现为以下两个层面：一是规避贸易壁垒和扩张海外市场产生的出口替代效应；二是产品生产基地或子公司的转移，增加了与该产品相关的设备、服务，以及中间品的需求，进而刺激了相关产品的出口。因此，市场导向型投资在改善出口产品结构的同时，对与之相关的服务贸易的出口也存在积极的影响。效率导向型 OFDI 在整合全球化资源的同时，提升了国内企业的生产效率水平，并对国内技术或知识密集型产品生产和出口带来正向影响。战略资产导向型 OFDI 主要为获取国际化的先进技术、研发专利等无形资产，对促进母国高技术产品质量提升以及出口具有推动作用，进而使母国贸易结构得以优化，而贸易结构优化对国内生产升级具有正向效应（林毅夫，2007）。类似地，许多研究均支持贸易结构优化对产业升级存在积极作用的观点（王岳平，2007；原毅军 2008）。贸易结构变动主要通过以下两大渠道带动母国产业升级：一是改变国内要素禀赋条件。从进口角度来看，通过获取国际化的要素，以缓解经济和产业发展的资源约束；从出口角度来看，出口内部结构变化对国内产品的需求弹性具有影响，在内部需求滞后产业升级的情况下，借助出口能够缓解内需不足的压力，这些对促进产品更新换代以及产业升级均存在积极作用；二是与国际产业发展形成互动。一方面，贸易结构变化能够改变国际市场对中间产品与最终产品的需求状况，推动母国产品供求结构调整，使国内产业布局趋于合理化。另一方面，还应通过调整母国产业间的投入产出关系，以推动产业转化升级。以上途径对促进国内产业升级均具有正向效应。

综上分析并结合对外贸易对经济发展的影响，大致可以提炼出贸易结构优化影响产业升级的一个简单作用机理。（见图 4 -9）

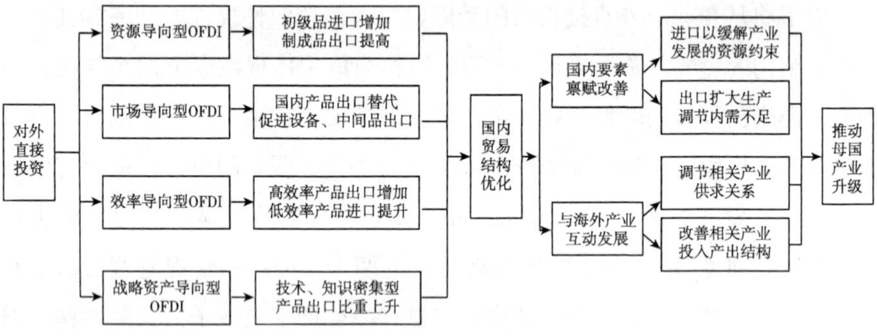

图 4 -9　贸易结构变动影响产业升级的机理

4.4 中国 OFDI 影响产业升级的综合机理

行笔至此，本书主要围绕国外的典型案例，对 OFDI 促进母国产业结构调整和优化升级的关键影响机理做了较系统的梳理和总结。但需要强调的是，在借鉴这些机理考察中国对外直接投资实践时，要审慎考虑和对待。由于中国当前正处在经济和制度转型过程中，与发达国家体制上的重大差异决定了中国对外直接投资特征的特殊性。其集中表现在以下两个方面：一是投资主体的多样性。民营企业、国有企业，以及外资企业等多种性质，但主要以国有企业为主导；二是政府干预色彩浓厚。在跨境直接投资的过程中，政府宏观“干预之手”随处可见。这些特点将在中国对外直接投资的现状和特征章节中得到验证。

综观中国 OFDI 的主体分布、产业偏好和区域流向，背后都能看到政府的影子。如当前 80% 以上的直接投资活动均由国有企业或其控股企业主导；在产业投向上与国家的资源、能源等战略相关。即便民营企业主动走出国门进行跨境直接投资，在区域和行业选择上也都或多或少地受政府政策的影响。因此，从这个角度来看，应当区别地看待国有企业与民营企业 OFDI 的产业效应影响机理。

在具体的投资实践中，国有企业的 OFDI 活动主要以要素和资源驱动为主，在区域选择上主要在落后地区或欠发达国家，并在石油开采、矿产采掘等行业展开，该类型的投资主要是利用后向关联机制影响母国产业升级。相较而言，民营企业对外直接投资的动因相对复杂。据调查显示，当前我国跨境投资民营企业已遍布全球 140 多个国家和地区，其投资动机存在显著的区域性差异。如在港澳地区与亚洲周边区域投资为谋求熟悉的环境，巩固并拓展原有境外市场；在北美等发达地区投资旨在获取资金、先进技术、学习并积累经营和管理经验。此外，为规避这些地区的贸易和非贸易壁垒，如纺织业和家电企业也会选择在发达国家及其所管辖的贸易区进行直接投资；在大洋洲以及拉美地区投资，主要是为谋取更大的市场范围和资源；在非洲地区投资更多是出于资源禀赋和优惠政策的考虑①。而来自实证考察的资料更清晰地显示出民企 OFDI 的关键动因，主要资料有浙江财经学院2002年对杭州、温州、宁波及金华等150家民企跨境经营和投资动机的调研；2003年社科院的鲁桐等对温州的112家民企跨境投资和经营的调查；2002—2005年中国农科院的李朝明对江苏、浙江、上海、山东、广东、福建、湖北及湖南等地468家民企跨境投资和经营的问卷考察。虽然，民营企业对外直接投资的动因比较复杂，但追求高生产效率和收益最大化是其最终目的，投资动因多元化特征直接决定了其带动母国产业升级机理的多渠道性。

综上分析并结合如下细分，笔者对国有企业和民营企业的投资动机进行界定。姑且将国有企业 OFDI 的核心动机归为谋取海外资源，如此这类投资将通过后向产业关联效应带动母国产业升级。根据调查报告和典型案例，可将民营企业开展 OFDI 的动因划分为两大类，即优势创造型 OFDI 和优势驱动型 OFDI ②，这两种投资形式还可以进行分解和细化。如优势创造性 OFDI 主要有：（1）技术领先型 OFDI。事实上，当前民营企业在通信、计算机、新材料以及新能源等高科技领域的发展成就卓越。如方正、联想等民企自主研发生产的品牌微机，其质量已达到世界领先水平。（2）技术成熟型 OFDI。相较落后与中等发展中国家或地区，民营企业的诸多成熟技术优势凸显，如纺织、食品、自行车以及家电等。这些国家或地区因技术水平和经济条件等限制，相较发达国家的国际领先技术，我国民企的适用性和成熟技术更具吸引力③。（3）传统产业型 OFDI。华侨在全球的分布相当广泛，已超过3000万人，资产规模达到3000亿美元。深受儒家文化的影响，海外华侨以地缘、血缘及业缘为纽带组建华商总会等组织9500多

① 衣长军．我国民营企业对外直接投资的动因研究[J]．科技和产业，2010(2)：67－73.

② 优势创造性 OFDI，是指跨国民企尚未具备既定竞争优势，但尝试借助 OFDI 谋取境外技术、知识以及管理等资源，以培育及创造企业国际竞争力；优势驱动型 OFDI，是指跨国民企已经具有某特定竞争优势，从而借助此优势谋取规模效应以及高额投资回报。这两种投资形式在改善和提升民营企业国际竞争力的同时，对推动本国产业结构调整和优化升级都大有裨益。

③ 杨大凯．中国对外直接投资研究[M]．上海：立信会计出版社，2006.

个，为国内企业“走出去”奠定了人脉资源。同时，为满足他们的需求，民企可借助我国传统的烹饪技术、中医中药等生产蕴含民族特色的产品，以其为跨国投资和经营对象，在海外建立公司。而优势驱动型 OFDI 则包括：（1）市场导向型 OFDI。这类投资动机集中体现在以下两个方面：一是出口导向型民企为扩大出口规模以及规避贸易壁垒；二是转移国内产能过剩行业的需要。如纺织、服装、制鞋以及小家电等行业，在国内普遍存在生产能力过剩的问题[①]。在规避贸易壁垒层面，典型的案例是 TCL 在 2002 年并购德国的施耐德公司。（2）资源导向型 OFDI。由于国内资源供求失衡，过度依赖进口势必受制于人，借助直接投资到境外合资办矿进行采掘，不仅能够掌握资源开采控制权，还能化解资源约束“瓶颈”。如上海的安信地板公司并购巴西亚马逊 1000 平方千米原始森林；台州的华天工业公司耗资并购阿金斯克州（俄罗斯）卡达耶铅锌矿 70% 的股份以及基泊霍士锑矿 50% 的股份。（3）学习型 OFDI。事实上，我国民营企业跨国投资最大的劣势是缺乏核心技术。单纯依靠自主研发周期长且风险高，若通过 OFDI 方式并购发达国家技术领先企业或与其合作，就可以借用其先进技术、人力资本以及先进设备等资源，在短期内迅速获得世界领先技术。如浙江华立集团并购飞利浦位于硅谷的 CDMA 研发机构；华为集团在全球拥有 8 个地区总部与 32 个分支机构，在硅谷、班加罗尔、达拉斯和莫斯科等地组建研究所。这些企业在整合全球化资源的过程中，其技术研发、创新能力以及人才素质等得到全面提升，其国际竞争优势越发突显。

由此，我们可以沿着国有企业和民营企业的视角，对我国对外直接投资影响产业升级的机理进行尝试性提炼和勾勒。（见图 4－10）

4.5 本章小结

对外直接投资影响产业升级的机理是本书的重要内容。结合前文分

① 衣长军，胡日东．中国企业海外投资的产业与区域选择[J]．江西社会科学，2002(6)：196－199.

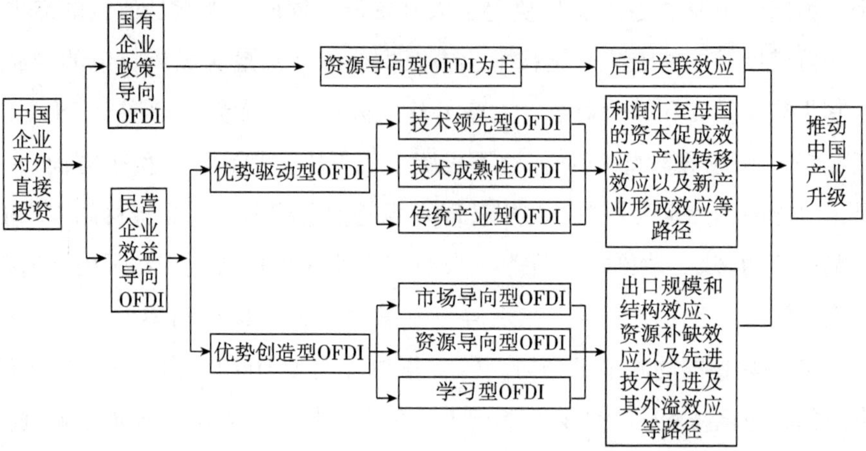

图 4 – 10　中国 OFDI 与产业升级综合机理

析，并综合典型案例解读，本章重点从微观企业视野和产业联动视角对此进行刻画。从微观企业视角，总结了资源导向型、市场导向型、效率导向型以及战略资产导向型 OFDI 影响母国产业升级的机理；从产业联动视野，归纳了边际产业转移效应，新产业促成效应，产业关联效应以及产业竞争和示范效应影响母国产业升级的机理。此外，还以贸易结构因素为例，从宏观变量传导视角对其机理作了简述。在此基础上，结合中国实际提炼了中国对外直接投资影响国内产业升级的综合机理，为进行实证研究提供了指引。

第五章　中国 OFDI 与产业升级的进程分析

5.1 中国 OFDI 的发展历程及现状

中国对外直接投资起步较晚。1979 年 8 月 13 日，国务院正式提出“出国办企业”的理念，对外直接投资首次以政策形式被确立①。事实上，在相当长的一段时间内，对外贷款、对外贸易贷款以及购买海外证券始终是我国资本输出的主要方式，对外直接投资占比较少。但自加入 WTO 后，随着经济快速持续增长，中国企业加快了“走出去”的步伐，截至 2012 年末，中国对外直接投资净额（流量）为 878 亿美元，对外直接投资企业达 2.2 万家，遍布全球 179 个国家和地区，成为全球第三大对外投资国。2002—2012 年，中国对外直接投资流量年均增速高达 41.6%，逐步发展成为全球对外直接投资大国，伴随经济快速增长，该趋势将会延续下去。本章对中国 OFDI 的概况进行了较系统的梳理。首先，简单回顾了我国对外直接投资的历史进程；其次，总结描述了近几十年来中国对外直接投资的规模速度、行业流向、区位分布、进入方式，以及主体结构等概况；最后，在比较分析发展中国家与发达国家 OFDI 的基础上，结合国情探索并阐释了中国对外直接投资的一些独有特征。

5.1.1 中国 OFDI 的发展历程

改革开放初期，因国内经济发展水平落后，跨境投资规模有限。但伴

① 1979 年 11 月，北京友谊商业服务公司与日本东京丸一商事株式会社在东京创建了“京和股份有限公司”，拉开了我国跨境直接投资的序幕。

随经济快速增长和企业国际竞争力提升，开展对外直接投资的意愿和诉求剧增。党的十五大明确提出：鼓励企业对外直接投资，以发挥国内比较优势，并充分利用国内外两种资源和两个市场。2000 年 10 月，中央颁布的《关于制定国民经济和社会发展第十个五年计划的建议》中指出，鼓励能发挥国内比较优势的对外直接投资，以扩大涉外经济技术交流与合作；支持具有竞争力的企业进行跨国生产和经营，并在融资、保险及咨询服务等层面给予帮扶。之后，陆续出台相应对策鼓励企业开展跨国投资，并倡导“引进来”与“走出去”相结合，整体提升我国对外开放水平。经历了 30 多年的发展，中国经济成就举世瞩目，对外直接投资也迈入快速增长轨道（见图 5－1），结合投资进程大致可将其划分成以下五个阶段。

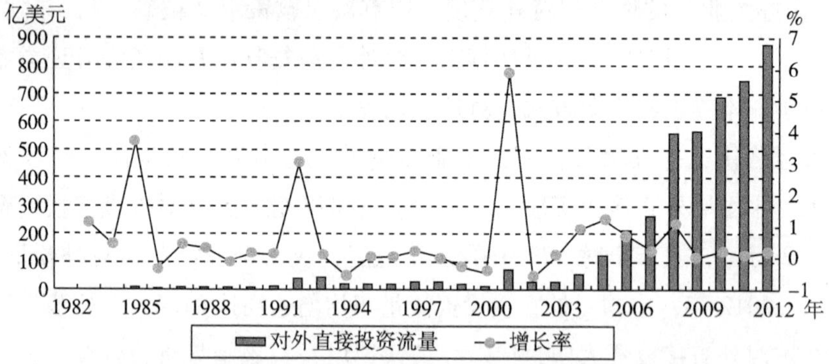

图 5－1　1982—2012 年中国对外直接投资流量及其增长率

第一阶段：起步摸索阶段（1978—1991）。在“出国办企业”政策的驱动下，部分长期从事涉外业务的外贸企业以及参与境外经济交流和合作的公司凭借自身经验，成为首批走出国门进行跨境投资的领先者。例如，1979 年 11 月，北京友谊商业服务公司参股在东京成立的“京和股份有限公司”；1980 年 3 月，中国租船公司、中国船舶工业总公司以及香港环球航运集团共同合资建立了国际船舶投资公司。

跨进 20 世纪 80 年代后，少数外向发展型企业开始探索境外直接投资，但仍处在摸索前行阶段。这一阶段对跨境直接投资热议的焦点汇聚在，中国作为社会主义国家是否要开展对外直接投资。统计数据显示，该阶段对外直接投资年流量不足1亿美元，企业数量在80个左右，投资主体以外贸型国有企业为主，在区位选择上以亚洲为主（尤其是港澳地区），在投资地设立代表处或销售点。在行业选择上倾向于中式餐饮、金融保险、工程承包及咨询服务等小部分行业，且政府基本上全程参与整个投资和管理过程，政府意愿在投资中占据主导地位。同时，准备筹建的投资项目必须经国务院审批。

第二阶段：初步发展阶段（1984—1992）。自1984年开始，国家逐步放松了一些限制，允许符合条件的非国有企业等诸多企业到海外进行直接投资活动。1984年、1985年，国家先后出台了《关于在国外和港澳地区举办非贸易性合资经营企业审批权限和原则的通知》《关于在境外开办非贸易性企业审批权限和原则的通知》，为企业进行跨境投资提供依据。但由于国际政治经济形势发生变化，国家计划委员会在1991年8月又出台《关于编制、审批境外投资项目的项目建议书和可行性研究报告的规定》，要求国内开展跨境直接投资的企业其投资地只能选择在港澳地区、苏联以及东欧国家，且对外投资权限受到资金和审批流程的限制。

但该时期的投资主体逐渐向金融企业以及大中型工业企业过渡，投资产业开始涉及资源开采、机械制造，以及交通运输等二十余个行业。虽然1991年的规定对投资地做出了限制，但截至1990年末，我国已在全球93个国家及地区开办非贸易型跨境投资企业801家。从整体上来看，我国对外直接投资的规模不大，还处在起步阶段，到1991年对外直接投资的流量仅10亿美元。

第三阶段：跳跃增长阶段（1992—1993）。1992年，在邓小平同志发表“南方谈话”后，中央对跨境投资企业给予肯定和鼓励。同年5月，国务院批准了首钢拓宽境外直接投资权限的需求，从而掀起了对外直接投资的小高潮。1992年和1993年的投资额分别为40亿美元和43亿美元，相对于1991年的不足10亿美元出现了跳跃式增长（见图5-2）。1992年，首钢耗资1.2亿美元并购秘鲁铁矿成为当时轰动全国的案例。截至1992年末，中国境外直接投资在制造业、资源开采业及服务业类的投资比重分别为14%、25%和61%。此外，金融服务业也开始扬帆进行跨境直接投资，虽然海外的分支机构设立不多，但规模却很大，中国银行当属其中的佼佼者。到1993年末，跨境直接投资企业中，贸易类和非贸易类投资企业的比例为3:2①，且贸易类企业投资主要集聚在港澳和北美地区，其他地区以非贸易类企业投资为主。此外，在大洋洲地区则主要以资源开采型企业的投资为主。值得注意的是，制造业投资在这一阶段的规模依然不大，主要以低附加值的劳动密集型产品生产为主。

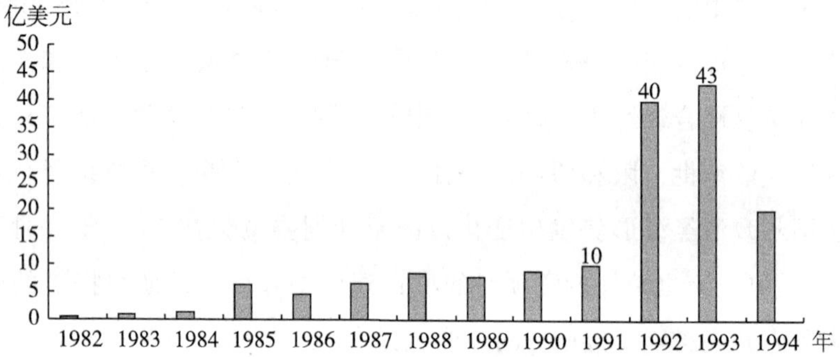

图5-2　1992年、1993年对外直接投资跳跃式增长

第四阶段：调整巩固阶段（1994—2000）。1994年以后，国家强化对跨国投资的管理审核及监督，对外投资额较上年显著下降。其中，1998年的投资额最高仅为27亿美元，虽然1944—1998年出现了小幅增长。究其原因，是部分企业的盲目投资致使效益下降或出现连续亏损，还有些企业以跨国经营为理由抽逃资金，为此国家出台系列管理措施，如《海外投资财务管理暂行办法》等加大了对企业跨国投资的审批力度，对外投资开始放缓。1997年，党在十五大提出对能够发挥国内优势的企业，其对外投资可以给予鼓励，以更好地使用国内外两种资源和两个市场，境外投资出现恢复性增长。但受1997年亚洲金融危机的影响，1999年、2000年的投资出现显著下滑，分别为19亿美元和10亿美元。然而，2000年国家十五计

① 依据中国对外经济和贸易部的分类，贸易类企业主要有进出口贸易、金融保险、交通运输、旅游、餐饮、医疗以及咨询等企业；非贸易类企业主要有资源开采、工程承包以及工业生产等领域的企业。

划提出“走出去”战略，从政策上对跨国投资进行正面支持，对外直接投资无论在规模、深度还是广度上都有所发展。截至 2000 年末，中国跨国投资企业数量达到 6296 家。

该阶段，我国境外投资在行业选择和区域分布上呈现出新特点。从行业投向来看，主要有资源开采、工程承包、旅游餐饮、加工装配、交通运输以及贸易等行业，门类结构逐步趋于完善。从区域流向来看，对发达国家的投资日渐增长，但主要还是集中在发展中国家或地区。（见表 5－1）

表 5－1　1997 年和 2000 年中国对外直接投资地域流向

单位：百万美元

年份 区域	1997		2000	
	投资额	占比（%）	投资额	占比（%）
亚洲	23.72	7	156.64	25.2
非洲	84.72	25	215.86	34.69
拉丁美洲	—	—	60.89	9.78
美国和加拿大	1011.66	30	86.51	13.9
大洋洲	—	—	15.05	2.42
欧洲	2033.34	6	50.24	8.07
中国港澳地区	108.44	32	37.22	5.98
总计	338.89	100	622.43	100

资料来源：《中国对外经济贸易白皮书》（1997 年、2000 年）。

第五阶段：快速增长阶段（2001 年至今）。金融危机后，受人民币升值、外汇管理放松和加入 WTO 等因素的影响，中国对外直接投资出现快速增长。2001 年投资额为 69 亿美元，为 2000 年的 7 倍。同时，政府强调并坚持“引进来”与“走出去”相结合的策略，鼓励企业积极参与国际竞争，在更高层次融入国际经济技术合作，致使企业参与对外直接投资的热情高涨。2002 年，跨国直接投资额为 27 亿美元，之后表现为逐年持续增长，2012 年达到 878 亿美元。2002—2012 年，年均流量增速为 41.6%。尽管受 2008 年金融危机的影响，但对外直接投资量依然保持了稳步攀升态势。（见图 5－3）

值得关注的是，这一时期在对外直接投资方面的特点鲜明：一是对跨国投资的权限逐步放松。如2004年的《关于境外投资开办企业核准事项的规定》、2009年的《境外投资管理办法》《对外承包工程资格管理办法》及建立《对外投资合作信息服务系统》等综合举措，旨在通过政策扶持、精简审批程序以及下放管理权限等办法，推动国内企业开展跨国投资；二是跨国并购活动风起云涌。随着企业国际竞争力的增强，跨国并购成为企业经营的常态。如2002年被称为“中国并购元年”，TCL并购德国施耐德公司、华立集团并购飞利浦CDMA机芯、中石化斥资72.4亿美元收购Addax石油公司以及吉利耗资18亿美元收购沃尔沃汽车公司等案例；三是行业门类齐全，投资相对集中。如2012年，中国对外直接投资基本涵盖国民经济的全部行业，如租赁和商务服务业、采矿、金融业、批发和零售业、制造业、交通运输业、仓储和邮政及建筑业，累计投资存量达4913亿美元，占全部投资存量的92.4%。

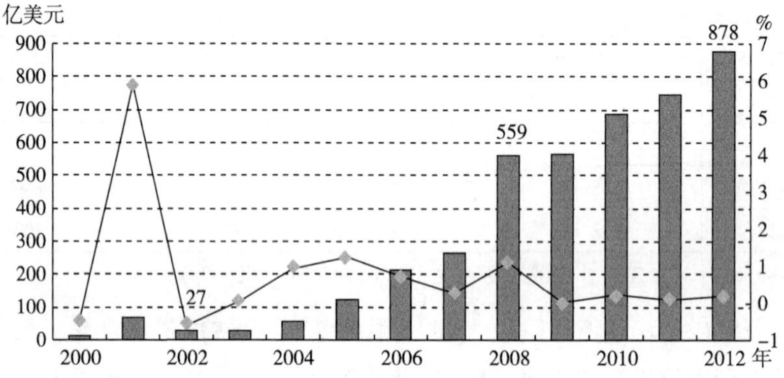

图5-3　2001—2012年中国对外直接投资流量及其增长率

总而言之，经过30多年的可持续发展，中国对外直接投资从零起点开始逐步迈进迅速发展的快车道。从投资政策来看，从原来的严格管制到目前的逐步宽松，企业从事跨国经营自主权得到很大提升；从投资行业分布来看，门类逐渐齐全，其对服务行业的投资增长迅速，未来还会有大幅提升空间；从区域分布来看，从起步阶段的周边国家，到目前的全球分布，空间布局更趋合理化。

5.1.2 中国 OFDI 的现状分析

改革开放 30 多年来，中国 OFDI 历经从小到大、从无到有的发展演变，在投资规模、主体分布、投资动机、区位选择、投资方式及行业偏好等层面都呈现出独有的特征，探索和刻画这些特征是深入理解我国对外直接投资的基础和关键。为此，以下内容将围绕投资的规模、区位、行业、动机以及进入方式等问题，分别对其特征和发展趋势进行梳理和总结，以期为未来我国对外直接投资战略制定和调适提供科学依据。

（1）整体投资规模

近年来，我国对外直接投资呈迅猛增长态势。由 2002 年的 27 亿美元到 2012 年的 878 亿美元，一跃成为世界第三大投资国，11 年间增加了 31.5 倍，年均增长速度为 41.6%。尤其值得关注的是，受金融危机冲击，全球对外直接投资不断趋减的情形下，我国对外直接投资依然保持了上扬走势，当年投资流量为 565.3 亿美元，成为仅次于美国、法国、日本及德国的全球第五大对外直接投资国，并显现“蛙跳”特征。截至 2009 年，我国对外直接投资存量达 2457.5 亿美元，占全球的 1.3%。2012 年，境外直投资存量达 5319.4 亿美元，为 2002 年 299 亿美元的 17.79 倍，境外企业资产总额超过 2.3 万亿美元。（见表 5－2）

表 5－2　2002—2012 年中国对外直接投资流量和存量

单位：亿美元

年份	流量		存量
	金额	同比（%）	
2002	27.0	—	299.0
2003	28.5	5.6	332.0
2004	55.0	93.0	448
2005	122.6	122.9	572.0
2006	211.6	43.8	906.3
2007	265.1	25.3	1179.1
2008	559.1	110.9	1839.7

续表

年份	流量		存量
	金额	同比（%）	
2009	565.3	1.1	2457.5
2010	688.1	21.7	3172.1
2011	746.5	8.5	4247.8
2012	878.0	17.6	5319.4

资料来源：2002—2005 年数据为中国非金融类对外直接投资数据；2006—2012 年为全行业对外直接投资数据；2006 年同比为非金融类对外直接投资比值。

（2）投资区域分布

中国对外直接投资在地域上分布不平衡，对离岸金融中心中国香港、维尔京群岛和开曼群岛等避税区的投资占全部投资存量的 70% 左右，截至 2012 年末，国内企业投资存量主要集中在亚洲和拉丁美洲，二者累计投资存量达 4326.2 亿美元，占年末存量的 81.3%，其中前者占 68.5%，后者占 12.8%（见表 5－3）。出现这种现象的关键原因有：其一，源于文化和血缘的近似性，国内企业偏好向香港投资；其二，为争取更优惠待遇，采取返程投资的方式获取外商投资者身份和实施对外直接投资；其三，巧妙利用避税地的优惠税收政策，以形成集团内部统一调拨境外资金和利润的掌控中心。相较而言，在欧美等发达国家，中国企业缺乏技术、管理以及营销等优势，且因意识形态、市场环境和制度背景等层面的巨大差异，投资风险较大，所以投资规模显著偏小，2012 年末在这些国家的投资占全部存量不足 12%。在非洲地区的投资比重不高，仅占当年投资比重的 4.1%，且这些投资主要是以资源开采为主，或借助成本优势转移过剩产能产业，如纺织、家电、机械以及化工等存在技术比较优势的产业。但需要强调的是，如果投资区位相对集中就会由于国际政治经济格局和区域生态环境等条件变化而诱发经营和投资风险。

伴随经济和投资规模变化，其投资区位也处在不断变动之中。近年来，伴随全球经济和国际市场的变化，中国对非洲和南美的重视程度不断提升，在投资政策的倾斜和扶持下，国内诸多企业都将眼光投向了非洲及南美的能源开采、轻工业、资源开发、农业、制造业以及公共基础设施建设等领域。

表 5-3　中国对外直接投资区域分布　　单位：亿美元

地区	2012 年存量		2012 年流量		主要流向
	金额	占比（%）	金额	占比（%）	
亚洲	647.85	73.8	3644.1	68.5	中国香港 哈萨克斯坦 新加坡 印度尼西亚 韩国 蒙古 老挝
欧洲	70.35	8	369.8	7	英国 卢森堡 德国 俄罗斯 荷兰 法国
拉丁美洲	61.7	7	682.1	12.8	英属维尔京群岛 委内瑞拉 开曼群岛 阿根廷
北美洲	48.82	5.6	255	4.8	美国 加拿大
非洲	25.17	2.9	217.3	4.1	安哥拉 刚果（金）尼日利亚 赞比亚 津巴布韦等
大洋洲	24.15	2.7	151.1	2.8	澳大利亚 新西兰 斐济 萨摩亚 巴布亚新几内亚

资料来源：《中国对外直接投资统计公报》（2012）。

（3）投资行业选择

近年来，伴随中国对外直接投资规模和地域范围的不断扩大，其行业涉及面也在持续增加，总体特点是门类齐全，投资相对集中。从行业具体分布来看，截至 2012 年末，其投资存量在 100 亿美元以上的行业有：租赁和商业服务业、采矿业、金融业、批发和零售业、交通运输业/仓储和邮政业、制造业以及建筑业，上述 7 个行业累计完成投资存量为 4913 亿美元，占全部投资存量的 92.4%。其中，租赁和商业服务业的占比最大，为对外投资总额的 33%。这类投资活动不涉及对外的经营业务，仅负责企业相关的战略决策、资产管理以及协调下设机构与企业总部的日常工作。综合中国 70% 多的投资流向香港特别行政区以及维尔京群岛等避税地区可以推断，这些投资多数属于策略型投资，具体的资金行业走向才是其最终目的。行业服务业拥有形式多样和以规避监管等特点，如能协助出口，使原产地来源多样化，以规避第三国对我国投资或商品的敌意。同时，还能够“中转”资金，以合理“避税”甚至帮助资本出逃。金融业次之，占投资总量的18.1%，主要为节约成本、分散并降低经营风险、服务或跟随跨国生产经营的客户等。采矿业占投资总量的14.1%，目标在于化解我国经济发展中的资源约束。批发和零售业占比12.8%，多是些贸易类投资，为我国境外企业提供国外需求信息以及为出口的商品提供些售后服务等。（见图5－4、图5－5）

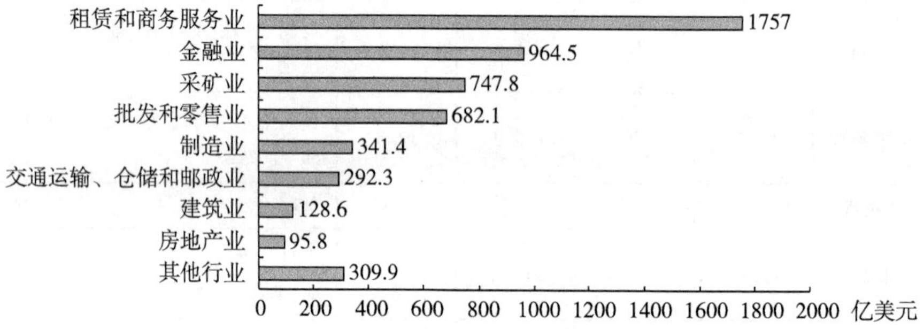

图5－4　2012年末中国对外直接投资行业存量分布

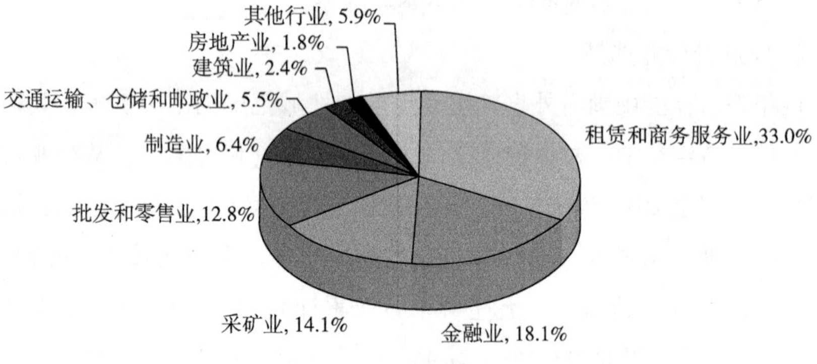

图5－5　中国2012年末中国对外直接投资存量行业比重

此外，因行业间具有规模差异，部分资本密集型行业产生的交易额特别巨大（如金融业及采掘业），倘若仅从金额来判断OFDI的行业布局极易夸大这部分行业的重要性，从而忽略了其余行业投资的活跃性。因此，必须结合境外投资企业的行业选择来考察 OFDI 的行业布局状况。由图 5 - 6 可见，按照企业的行业选择核算，投资主要流向批发和零售业（27.4%）、制造业（25.7%）、租赁和商务服务业（12.9%）、建筑业（6.9%）、采矿业（6.0%）和农林牧渔业（4.6%）。

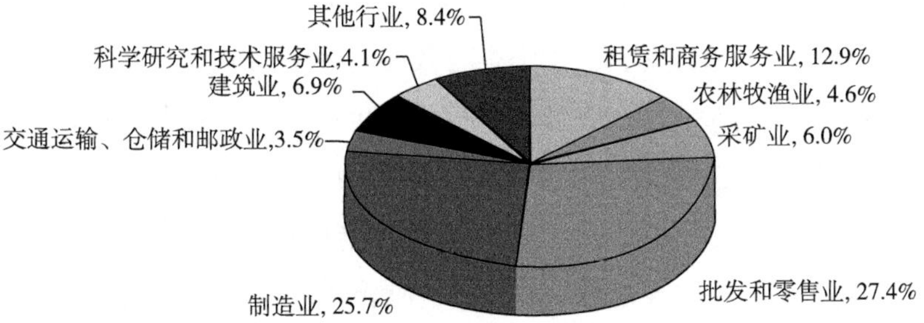

图 5 - 6　2012 年末中国对外直接投资企业行业分布

伴随产业结构的不断调整，中国战略性新产业的国际化步伐加快，通过投资实践不断摸索出新的合作模式，以提升国际核心竞争力。如农业交流与合作领域逐步深化，正筑建海外农产品生产加工及物流基地，以融入全球农业价值链体系。投资主体及其产业结构所处的行业间关系正发生新的变化，跨行业投资趋势明显。外贸企业加大了海外加工制造业投资的比重，如中石化向生产领域延伸，在泰国建立橡胶厂；工业企业将触角伸至贸易业及其他行业，如首钢集团开始进军航运、服装及海产等新行业。表 5 - 4 总结归纳了中国对特定经济体投资的主要行业分布。

表 5 - 4　中国对特定经济体的主要投资行业

主要经济体	排名前三的行业
中国香港特别行政区	租赁和商业服务业、金融业、批发和零售业
欧盟	租赁和商业服务业、金融业、制造业
东盟	电力、热力、燃气以及水的生产和供应业、采矿业、批发和零售业
美国	金融业、制造业、批发和零售业
澳大利亚	采矿业、租赁和商业服务业、金融业
俄罗斯	农林牧渔业、租赁和商业服务业、采矿业

资料来源：笔者根据统计公报相关资料整理。

（4）投资主体分布

截至2012年末，从中国OFDI存量来看，国有企业占59.8%；有限责任公司占26.2%；股份有限公司占6.6%；股份合作企业占2.9%；私营企业占2.2%；外商投资企业占1.1%；集体企业占0.2%；港澳台企业占0.3%；其余的占0.7%。由此可见，尽管国有企业占比持续下降，但仍发挥主导作用。这不难理解，由于国企与政府关系密切使其开展跨国投资的经营成本低廉，同时，国企也具有进行海外生产经营的先发优势及丰富经验。相较而言，民营企业在进行跨国投资时要面对诸多国内壁垒和管制等障碍，致使巨额民间资本不得不绕开种种管制才能转移至海外，这无疑支撑了国企对外直接投资的主导地位。但我们也应看到，国企大规模的海外投资，往往会引起东道国政府的关注，毕竟国企投资很容易与政治目的相关联。

从投资主体构成来看，在1.6万家对外投资者中，有限责任公司占62.5%；国有企业占9.1%；私营企业占8.3%；股份有限公司占7.4%；股份合作企业和外商投资企业各占3.4%，港澳台商投资企业占2.2%；个体经营占1.6%；集体企业占0.8%；其余的占1.3%。从中可见，投资主体多元化格局显著，其中有限责任公司占比远超国企，为中国对外直接投资最活跃的主体，非公有制企业投资者正成为“走出去”的储备力量。原因为政府对民企跨国投资监管体制的逐步完善，以及对各类非公有制企业的大力帮扶，使其以产权明晰、机制灵活、反应敏捷和高创新能力等独有优势，在对外直接投资活动中迅速崛起。

从区域分布来看，地方非金融类投资流量东部地区依然占据绝对优势，但伴随中国对外开放领域的逐步扩大，内地企业对外直接投资数量势必会快速增加，与沿海地区的差距将逐步缩小。2008—2012年，三大行政区划对外直接投资中，东部地区从2008年的70.58%上调约4个百分点，但增幅不大；中部地区出现小幅增长，从2008年的8.56%增至2012年的9.43%；西部地区尽管2008年后的增速都未超越20.86%，但从2009年开始整体上看涨幅还是显著的。从中可以看出，“走出去”战略存在向中西部扩散的迹象，在“西部大开发”和“中部崛起”战略的推动下，未来中

西部地区企业必将在跨国投资中崭露头角。（见图 5 -7）

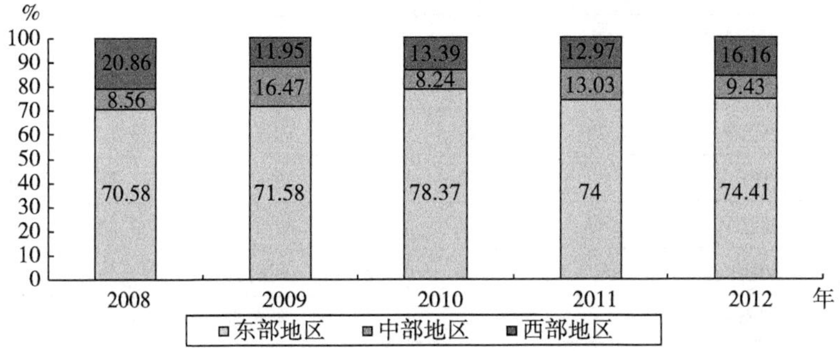

图 5 -7　2008—2012 非金融类对外直接投资流量按区域①分布

表 5 -5 为截至 2008 年和 2012 年末，非金融类 OFDI 排名位居前 10 位省市的投资存量以及占地方对外投资总量的比重。数据显示，这两年对外直接投资量最多的省市基本无太大的变化，仅排名次序有所变动。不同的是，在 2008 年前 10 位省市的投资量之和占全部地方投资总量的比重为 80. 4%，2012 年该比重降至 74. 73%，这说明地方对外投资的集中度在改变，如排名居首的广东省比重由 2008 年的 31. 54% 降至 2012 年的 20. 29%，其余绝大部分省市也在减少，且排名居后省市的差距在逐步减小。值得强调的是，福建和浙江两地私营企业对跨国投资的贡献巨大，其私营企业占全国涉外直接投资私营企业量的 70% 左右。

表 5 -5　中国非金融类对外直接投资存量前 10 位的省市区

单位：亿美元

2008 年末				2012 年末			
排名	省市	金额	比重（%）	排名	省市	金额	比重（%）
1	广东省	86. 85	31. 54	1	广东省	251. 76	20. 29
2	北京市	25. 10	9. 11	2	上海市	139. 51	11. 25
3	上海市	21. 86	7. 94	3	山东省	119. 70	9. 65

① 东部地区包括北京、辽宁、福建、山东、吉林、黑龙江、江苏、浙江、福建、山东、广东、天津、河北、上海和海南；中部地区包括山西、河南、安徽、湖南、江西和湖北；西部地区包括陕西、四川、重庆、内蒙古、贵州、云南、西藏、青海、宁夏、新疆、广西和甘肃。

续表

2008年末				2012年末			
排名	省市	金额	比重（%）	排名	省市	金额	比重（%）
4	山东省	20.80	7.55	4	浙江省	85.49	6.89
5	江苏省	17.27	6.27	5	江苏省	78.32	6.31
6	浙江省	15.47	5.62	6	北京市	75.78	6.11
7	福建省	11.32	4.11	7	辽宁省	69.53	5.60
8	黑龙江省	9.94	3.61	8	湖南省	41.33	3.33
9	湖南省	6.74	2.45	9	海南省	33.28	2.68
10	辽宁省	6.06	2.20	10	福建省	32.37	2.61
总计		221.41	80.40	总计		927.07	74.73

资料来源：《中国对外直接投资统计公报》（2008年、2012年）。

（5）投资模式选择

当前，中国企业对外直接投资的模式主要有三种类型：一是在境外建立销售公司。这是最简单但常见的模式，中国被称为“世界工厂”，通过建立境外销售公司将营销网络在全球范围内布局，能够节约运输等成本费用，以带动产品出口。但制造业产品出口频繁遭遇美国、欧盟等各种壁垒的限制，对劳动密集型生产行业打击很大；二是绿地投资。这种模式可以充分利用东道国的劳动力和自然资源，同时，还能够有效规避各种贸易和非贸易壁垒，并密切与世界的营销网络。20世纪80年代初，国内企业主要采取该种模式在海外设立分支机构，促进我国制造业产品出口，以解决国内资源供求矛盾，并通过传播和吸收海外市场信息、知识以及管理经验等，从整体上提升内资企业的国际竞争优势。如1981年，中国银行在纽约开设分行，为我国对外贸易提供融资和结算服务。亚洲金融危机后，政府与很多发展中国家合办了海外工业园区，鼓励企业采取绿地投资到境外设立分厂，进而带动过国内企业出口。例如，1999年，海尔在美国南卡罗来纳州设立分厂；2001年，在巴基斯坦组建了全球第二个境外工业园；三是跨国并购，主要包括收购与兼并。这种模式不仅覆盖的行业广泛，其并购形式更是复杂多变，如纵向并购、横向并购以及混合并购。该方式能够让企业在短期内快速获取到各种资源和资产，如先进技术、管理经验以及国际品牌等，从而迅速地提升企业的国际竞争力，如2004年，联想并购IBM个人电脑业务，收获了管理、技术及同运营商建立关系等优势；2010年，吉利公司收购沃尔沃，获得了品牌。然而，这类投资模式在资源和能源类行业最为常见，如2006年，中国国际信托投资公司为获取油气田开采权，收购了加拿大内森斯公司。

相较而言，绿地投资在我国对外直接投资中占据要位，主要原因在于采取并购模式存在诸多困难，如熟悉相关国际法律法规、资源整合和管理能力及资金实力等综合优势必须兼备，否则极有可能导致并购失败，造成巨额经济损失。据联合国贸发会议公布的数据显示，2005—2010年中国跨国企业绿地投资金额在当年投资流量中的占比分别为79%、72%、63%、54%和42.9%。从投资项目数量来看，同时期中国绿地投资的项目数在不断上涨（见图5－8）。对于跨国并购模式，企业除了能够快捷地获取商标专利、研发技能以及本土化特许经营权等战略资产，还可以借助协同效应提升企业生产和经营效率。此外，并购还有利于扩大企业生产规模和分散经营风险。因此，作为“走出去”的捷径，近年来，并购逐渐成为中国企业融入国际市场的常用手段，如2011年，中航通并购美国西锐公司等案例。2012年，中国企业以并购方式完成投资项目457个，交易金额达到434亿美元，占对外直接投资流量的49.43%，涉及采矿、电力生产供应、文化娱乐、制造、交通运输、建筑及金融等十大领域，跨国并购正成为中国积极参与全球化并融入全球生产体系的重要方式。（见图5－9）

（6）投资动机分析

根据《2010中国企业对外直接投资现状及意向调查报告》结果显示，中国企业对外投资的关键动因在于利用东道国优惠政策以及回避国内市场需求饱和的现状，超过30%的企业将这两项因素作为对外投资的主要目的。其次是为获取国际先进技术和管理经验、追随迁至海外的合作伙伴以及为国内市场提供能源、原材料和自然资源，有超过20%的企业认定这些因素是其对外投资的动因。此外，利用东道国良好的制度环境（如低税收、融资便利等）、降低生产成本、获取自然资源市场定价权也是企业跨

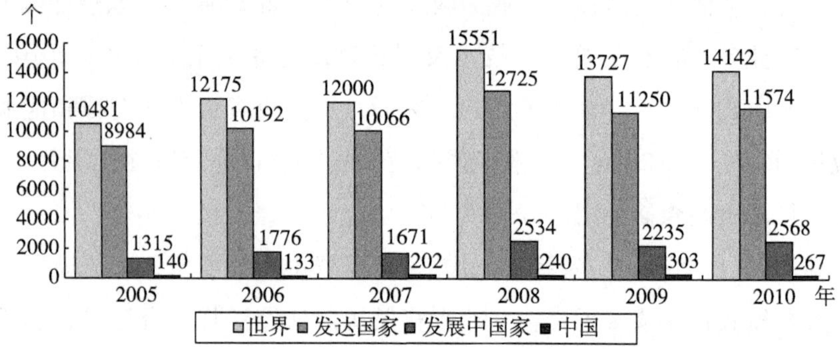

图 5－8　2005—2012 年中国与主要经济体新建投资项目数

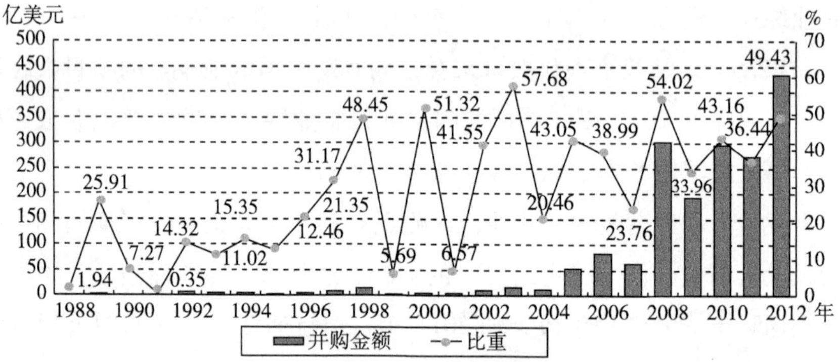

图 5－9　1988—2012 年中国企业海外并购金额占当年 OFDI 总额比重

国投资关注的重要因素，这说明中国企业跨国投资的动因趋向多元化。同时，还有不足 10% 的企业将获取国际知名品牌作为其对外直接投资主要目的。（见图 5－10）

事实上，对外投资是由多动因共同促成的。2008 年金融危机后，国内企业发展可谓挑战和机遇并存，伴随企业竞争力提升和各类政策的扶持，未来企业“走出去”投资将会实现跨越式发展。对于具体的投资动因，诸多研究还将其归结为四大主要原因：①获取自然资源。中国人均自然资源匮乏，经济发展导致资源供求结构矛盾日渐突出，利用直接投资在海外构建稳定资源供应地，有助于破解资源约束。金融危机前，我国资源型海外收购占 45%，但危机后这类并购大幅增至 85%，如中石油、中海油以及中

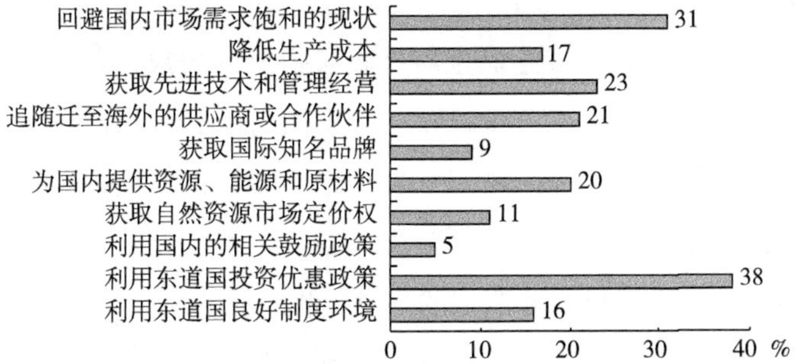

图 5－10　中国企业对外投资主要目的问卷调查结果

石化等大举进军非洲、中亚、俄罗斯及中东等地，主要是为获取当地的石油资源。②战略资产寻求。技术、管理等资源是现代经济发展的核心力量，中国经济能否稳定发展与技术进步紧密相关。国内企业对欧美国家的投资，动机就是获取先进技术、商标专利以及无形资源。如联想、海尔和 TCL 等企业通过“先易后难”模式在欧美国家实施并购活动，获得了企业发展所必需的先进技术、知名品牌和专利等战略资产。③拓展国际市场。UNCTAD 全球调查数据显示，拓展国际市场是大约 51% 发展中国家进行跨国投资的首要动机。国际化扩张的路径有很多，但直接投资较之贸易和许可经营等方式，不仅能够有效规避种种贸易壁垒，快速实现与国际市场接轨，还有利于企业及时灵活地掌握产品、市场和竞争对手等信息，以提高国际竞争力，如 TCL 收购阿尔卡特手机经营业务，在获得其研发和技术团队的同时，更开拓了品牌在欧洲的市场营销网络。④技术需求。技术是企业生产和发展的核心，通过学习型 OFDI 获取发达国家先进技术，能够在短期内提升企业的技术研发和创新能力，进而保持企业的核心竞争优势。如京东方收购韩国液晶生产企业后，收获了其第五代液晶产品的生产技术，短期内迅速减小了与对手的技术差距。

5.1.3 中国 OFDI 与先行发展中国家的比较

5.1.3.1 发展中国家与发达国家对外直接投资比较

事实上，传统的经典理论对发达国家和发展中国家的投资特征已经做出对比分析，现主要从以下几个层面对其进行概括和描述。

（1）投资区位选择。发达国家对外直接投资的先决性条件是绝对垄断优势，因此能够凭借自身需求和偏好在世界任何国家或地区建立分支机构或生产基地，其投资区位选择更富有灵活性。然而，发展中国家在投资过程中会优先选择那些空间位置临近以及“心理距离”接近的东道国，以规避国外劣势可能产生的风险和造成的不确定性。

（2）母国政府功能。发达国家的企业在对外直接投资过程中拥有充分的自主权和决策权，政府基本上不干涉企业的投资行为，并对促进企业投资提供各种服务保障。但在发展中国家却显著不同，政府对企业的跨国直接投资行为影响极大，企业行为往往要适应国家战略目标，否则或难以实施。

（3）公司管理模式。发达国家跨国公司的管理模式以民族中心为导向，也即境外子公司的生产经营方式由母公司直接确定。同时，公司高级管理人员是从总公司指派而非由当地考核选拔，相应地各类研发和创新等活动都保留在母国。但发展中国家企业的管理模式是以全球中心为导向，将整个组织看作分布在世界各地生产经营的系统，彼此间相互依存，子公司与总部间往往时刻保持着紧密合作和互动交流。子公司高层管理者基本由当地人担任，同时，子公司需将在跨国经营中循环学习和逐步积累起的经验、技术和管理等资源反馈回国内。

（4）投资比较优势。发达国家企业进行跨国投资凭借的是先进技术、管理经营及品牌商誉等绝对优势，但发展中国家企业往往依靠的是廉价成本投入、独有市场知识、小规模适应技术，以及种族关系等优势，这些优势的可复制性和可模仿性高，极易被学习模仿和赶超，无法形成企业的核心竞争力。此外，诸多优势是源自国家和地区的独特优势，如投融资补贴、税收优惠等政策。

（5）投资动因辨析。结合上述四大动机来看，发达国家企业对外直接投资的动机比较宽泛，不仅具有市场导向和资源导向型投资，也具有效率导向和战略资产导向型投资，但都是建立在本身已经拥有的垄断优势基础之上。但发展中国家企业跨国投资初期主要是为了寻求资源和扩展市场规模，后来逐步转向技术和战略资产的获取，这些都旨在提升自身比较优势。此外，需要指出的是，如低成本是后国家企业跨境的核心优势之一，所以谋取低成本在其投资目的中占比不高。

5.1.3.2 中国与先行发展中国家对外直接投资比较

综观全球对外直接投资模式，其实质是不同国家或地区间的啄序，即某国的国际地位是由其国际化水平和产品生产能力所决定的。早期关于发展中国家 OFDI 的经典理论，主要源于对拉美国家如墨西哥、阿根廷等地投资实践的总结。这些研究结论并不能全部涵盖如东亚新兴工业化国家以及“入世”后中国 OFDI 的特征。事实上，随着全球化推进和国际竞争优势的提升，无论是在区位选择、投资动因、行业投向，还是在所有权优势层面，中国对外投资与首轮发展中国家跨国企业投资的特征都存在较大的差别，这是由其外在条件和内在特征共同决定的。

（1）相对优越的外在条件

中国跨国企业 OFDI 的外在优势，主要涵盖以下两个方面：一是伴随经济全球化深入推进和发展，世界各国逐渐形成了共识：对外直接投资不仅能给母国带来高额经济回报，同样也能为东道国带来如资金、技术及管理等资源，实现双赢甚至多赢格局。对外直接投资政策逐步走向自由化，很多国家不惜降低引资门槛或采取各种优惠政策以吸引外资流入；二是技术变革的推力。当今世界，技术发展可谓日新月异，其更新换代速度加快，这是技术相对落后企业的福音。由于发达国家企业在技术研发和创新方面速度较快，他们也乐意将相对落后的技术向外转移或出售，那么后发企业可以通过技术承接，在短期内实现对发达国家企业的技术追赶，并提升其生产效率。此外，技术提升还有助于节约企业的生产和经营成本。高新技术的迅猛发展驱动了企业的海外投资，这对改造和升级传统技术，以及让企业在全球范围内广布生产线都大有裨益。同时，技术进步还有利于降低总部与子公司之间的组织协调、管理控制及灵活生产安排等成本，为跨国企业生存与可持续发展注入生机和活力。

（2）独特的内生性特点

除了上述的外在因素，中国跨国企业还从自身优势出发，在对外直接投资过程中逐渐形成了有别于其他发展中国家企业跨国投资的一些专有特点。大体上包括以下几个方面：一是区位选择上相对激进。传统的直接投资理论认为，跨国投资应按照“心理距离”遵从由近及远的次序展开，以克服国外劣势。但中国企业在区位选择上与该观点存在很大的出入，并没有因为“心理距离”因素而停止国际化。二是行业投向趋于成熟化。结合前文关于中国企业跨国投资的行业分布来看，门类逐渐齐全，投资相对集中。除了选择那些能够发挥小规模适应技术以及低成本等优势的行业（如电器机械制造业、计算机设备加工组装业等），主要集中投向租赁和商务服务业、金融业、采矿业、批发和零售业、制造业、交通运输/仓储和邮政业以及建筑业。三是追求国际化速度。从中国对外直接投资的演进过程来看，其投资并非采取渐进性方式，而是以追赶者姿态迅速推进国际化。从前文关于中国对外直接投资的规模和速度来看，从 2002 年的 27 亿美元到 2012 年的 878 亿美元，11 年间增长了 31.5 倍，这在其他发展中国家和地区甚至发达国家都是罕见的，该层面展现了中国企业跨国投资的高速度化特征。四是管理人才本土化，企业家具有冒险精神。国际化活动除需要企业自身拥有一定的所有权优势之外，涉外经验和现场特有知识对企业来讲也同样重要。相较而言，中国企业的跨国经营能力和管理人才经验相对匮乏。在大多数情况下，中国跨国企业在发达的经济体主要以聘用当地管理人才为主而非从总部空降，如联想、海尔等驻美总部都聘用本地人担任首席财务官，以分散并降低因国际经验不足而带来的投资风险。聘用当地人员管理企业仅是企业家精神的一点外现，那么借助制造业外包经验、构建国际生产合作关系网络以及获取战略性资产等方式，则是其借外力寻求组织创新和不断扩充自身实力的企业家精神体现。他们凭借开拓进取、勇往直前，以及不屈不挠的精神意志，在激烈竞争的市场上谋取生存和发展之道，并实现对竞争对手的追赶甚至是超越。

5.2 中国产业升级的发展历程及特征

一国或地区的经济发展不单指经济总量的增加，同时也伴随着产业结构的演进。尤其是到工业化中期，结构迅速转换是经济增长的突出特征。改革开放至今，中国经济结构产生了巨大变化，产业结构日渐完善，但同时也存在不少问题，给中国经济稳定和可持续增长带来一定挑战。本节主要从经济史学的角度，对我国产业结构的历史演进过程给予刻画和描述，时间跨度为从新中国成立至 2012 年。结合各时期产业政策研究中国产业结构的变动轨迹，特别是改革开放后三次产业结构以及其内部结构的变化，对未来产业政策的制定和调适极具参考价值。遵循产业发展的时间脉络，将我国产业升级的历史演进过程划分为以下两个阶段：一是新中国成立至 1978 年；二是改革开放至今。

5.2.1 新中国成立后产业升级的特征

新中国成立后，百业待兴。在较长一段时间内，中国都致力于建设社会主义的计划经济模式，全部生产资料由国家有计划按比例分配到各行业。根据这一时期国内产业的结构布局、转换趋势及其产业政策等特征，大致可以将其分为以下四个主要阶段：一是过渡时期（1949—1956）；二是大跃进时期（1958—1960）；三是调整时期（1961—1965）；四是“文化大革命”时期（1966—1976）①。

（1）过渡时期（1949—1956）。1949 年新中国成立标志着社会主义的开端，但真正意义上的社会主义社会还存在一个过渡期，即 1949 年 10 月至 1956 年，其中包含两个历史时期：国民经济恢复期（1949—1952）和第一个五年计划时期。新中国成立初期，工农业生产遭受到严重破坏，产业结构极度失调。在工农业生产总值中，农业占比 70%，工业占比 30%；工业总产值内，轻工业占比 73.6%，而重工业占比 26.4%。为快速实现国

① 苏东水．产业经济学[M]．北京:高等教育出版社,2001.

民经济正常运转，政府采取如没收官僚资本、改造民族工业以及改组工业等系列举措，到了1952年，国民收入结构分布中，农业、工业与服务业的占比分别为57.7%、23.1%和19.2%；在制造业产值中，轻工业和重工业的占比分别为68.1%、31.9%。经过三年恢复性调整，尽管产业结构布局出现了一些好转，但其区域分布严重失衡现象在短期内仍无法扭转，九成以上的产业集聚在东部地区。在此背景下，自1953年起，我国进入了第一个五年计划（1953—1957）建设期，主要围绕如何建立并实现社会主义工业化展开。“一五”时期的工作重心是优先发展重工业，其次是轻工业。到1957年“一五”计划完成时，工业生产总值增长了128.6%，年均增长18%，工业在工农业总产值中的比重从1952年的43.1%增加至1957年的56.7%，在社会总产值中的比重也从1952年的34.4%增加至1957年的43.8%。随着生产的快速发展，许多新的工业部门和新的产品开始出现，产业结构的空间布局和完整性得以改善，工业化和重工业化趋向初露端倪。

（2）大跃进时期（1958—1960）。首个五年计划顺利完成后，国民经济发展和工业化建设初见成效，但因对经济发展规律和国情认识不足，盲目乐观、急于求成等情绪滋生，致使“二五”计划流产，相反却提出了“大跃进”的口号，一切以速度和钢产量为纲，多快好省地建设社会主义。在这种思想的指导下，造成了经济发展的严重后果。到了1960年，重工业比重则高达66.6%，达到历史最高峰；农、轻、重比重变成21.8∶26.1∶52.1，产业结构严重失调。片面强调重工业的发展，导致资源配置极度恶化，农业1959年、1960年连续减产，轻工业产值也从1959年的6.16亿元降至1962年的4.34亿元，降幅达29.53%。总之，三年大跃进造成社会资源浪费、部门比例关系失调及产业结构扭曲等问题，给国民经济发展带来了极大创伤。

（3）调整时期（1961—1965）。在认真总结和反思大跃进失误的基础上，1960年中共八届九中全会决定对国民经济实行“调整、巩固、充实、提高”的方针，从此国民经济步入调整期。此次调整主要以工业为主，特别是通过降低重工业发展速度以重构产业结构的正常关系。到了1965年，工业生产得到全面发展，工农业内部结构也有了较大改观，国民经济开始迈向正常化。

（4）“文化大革命”时期（1966—1976）。经过三年的国民经济改革和调整，产业结构逐步走向合理化，即将步入“三五”计划阶段，但自1966年开始的“文化大革命”却沉重打击和扰乱了经济发展的正常路线。“文化大革命”期间，推出的各项产业政策导致产业结构再度失调，工业发展过度膨胀。1971年，再次出现新一轮的重工业单独发展支撑国民经济的格局，该时期重工业平均比重为54%～55%，结构重型化致使农业和轻工业被边缘化，国民经济和人民生活陷入困境。直至1978年12月召开的中共十一届三中全会，全会决定彻底纠正“文化大革命”及其“左倾”思想，做出以经济建设为中心和实行改革开放战略决策，从此我国的社会主义建设步入一个崭新的历史时期。

5.2.2 改革开放以来产业升级的特征

自改革开放30多年来，中国经济发展成就举世瞩目，被称为“奇迹”，综合实力蒸蒸日上，人民生活水平逐步提升。伴随国民经济的快速持续增长，我国的产业结构也处在不断调试和优化升级过程中，整体上可将该进程划分为两个阶段：第一阶段是1978—2007年，为产业结构调整和优化期；第二阶段是2008年至今，国内产业发展所积累的弊端日渐凸显，产业结构亟待转型升级。

第一阶段：改革开放30年，国内产业结构演变的阶段性特征

5.2.2.1 三次产业结构的总体变化及其特征

自改革开放以来，中国产业结构历经了较大的调整。从长期变动趋向来看，三次产业间的比例关系获得明显改善，产业结构日渐合理（见图5－11）。第一产业在国内生产总值中的比重持续降低，同时其内部结构也逐步完善；第二产业虽然有小幅波动，但其比重基本维持在40%～50%的区间内，工业内部结构也大体维持了升级态势，制造业增加值占全部商

品总增加值的比重从 1978 年的 30.5% 增加至 2005 年的 52%；第三产业占整个国民经济中的比重始终保持稳定增长的态势，其产值占比从 1979 年的 21.6% 快速升至 2007 年的 41.89%。

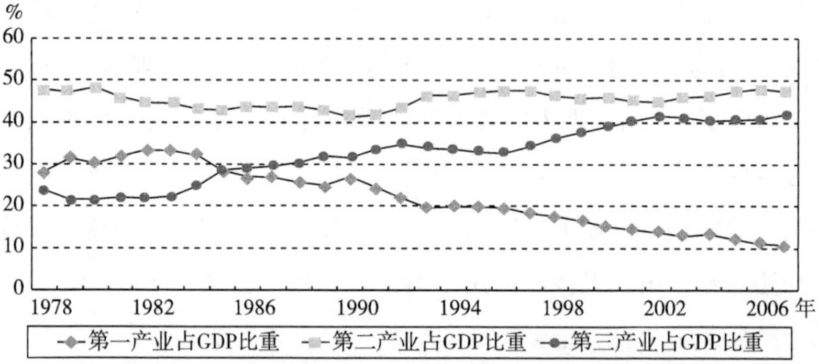

图 5-11　1978—2007 年我国三次产业结构变化走势

（1）产出结构变动。结合图 5-11 可见，1978—2007 年，我国三次产业结构的变化存在以下突出特点：其一，从总体来看，第一产业占比呈持续下降走势。从改革开放初期的 28.19% 到 2007 年的 10.77%，降低幅度十分明显。值得一提的是，从改革开放至 20 世纪 80 年代中期前，第一产业在国内生产总值中的比重基本是上升的，但到了 20 世纪 80 年代中期后开始走下坡路，进入 20 世纪 90 年代后，下降趋势越发明显。出现这种特点的原因与当时推行的家庭联产责任制有关，该举措极大地释放了农民劳动生产的积极性。但这种制度性解放生产效率的效果是很短暂的，导致 20 世纪 80 年代中期之后，第一产在国内生产总值中的占比保持持续下降走势。其二，第二产业在国内生产总值中的比重呈现出先下降后小幅上升的趋势。从总体上看，其波动幅度不大。其产值比重从 1980 年的 48.22% 降至 1990 年的 41.34%，到了 2007 年又恢复至 47.34%。由此可见，尽管经历了 30 年改革开放，但第二产业在 GDP 结构中的依然占据主导地位。其三，第三产业在 GDP 构成中，整体上呈稳步上升走势。然而，在 2002 年却出现小幅下降趋势。事实上，改革开放至 20 世纪 80 年代中期前，第三产业占比并没有出现太大的变化，但从 1983 年开始，其占比出现快速增加，到了 1985 年已经开始超越第一产业，这种增长一直延续至 2002 年，其后出现了小幅下降。伴随第三产业的快速增长，与第二产业的差距在逐步缩小，2002 年两者仅差 3.32 个百分点。其四，三次产业对我国经济增长的贡献度最大的是第二产业，其次是第三产业，第一产业的拉动作用最低。从整体上来看，自改革开放以来，第二产业对国民经济增长的贡献度都超越其他产业。大多数年份，其贡献度基本都维持在 50% 左右，40% 的贡献度由第三产业提供，而第一产业的贡献度小于 10%。由此可见，国内生产总值 90% 左右的贡献度由第二产业、第三产业提供。步入 20 世纪 90 年代后，第二产业的贡献度呈下降走势，减少的部分则相应地被第三产业增加的部分弥补。

（2）就业结构变化。自改革开放以来，三次产业的就业人员数量及其构成的变动具有以下两个主要特点：其一，劳动力就业的变化趋势与产业结构变动的走势大致吻合。第一产业就业人数占总就业人数的比重呈持续下降走势，从 1978 年的 70.53% 降至 2007 年的 40.8%。与此同时，第二产业、第三产业就业人员比重却在持续上升，分别由 1978 年的 17.3%、12.18% 增加至 2007 年的 26.8%、32.4%。这一阶段，中国劳动力就业结构还存在两个转折点，并对经济社会发展带来了很大影响。第一个转折点从 1992 年起，农业部门的就业人员数呈持续下降趋势。从 1992 年至 2007 年，农业部门就业人员减少了 7968 万人，但第二产业、第三产业就业人员数量分别增加了 5831 万人和 11306 万人，这说明传统部门劳动力无限供给格局正在逐步消失。第二个转折点为 2002 年后，农业部门的劳动力就业比重已经处在 50% 以下，并呈现持续降低走势，到了 2007 年这一比重更是降至 40.8%，这也说明我国的就业结构已初步实现从农业向非农产业的转变（见图 5－12）；其二，尽管就业结构与产出结构的变动存在高趋同性，但两者差距明显。从表 5－6 可以看出，第一产业在国内生产总值中的占比与其对就业的贡献并不成比例，即便考虑第一产业劳动生产率较低的现实，二者反差也是显著的。同时，值得关注的是，第二产业产值远超越第三产业，但在就业层面的贡献度却呈现出逐步小于第三产业的趋势。

1990—2007 年，第二产业新增就业人数为 5831 万人，但第三产业新增加就业人员为 11306 万人，为第二产业的 1.94 倍。事实上，自 1978 年以来，我国就业结构的变动都比产出结构的变动要大。采用结构变动值指标分析，1978—2007 年，我国产出结构的变动值为 33.16，就业结构的变动值为 54.7，这说明改革开放后，我国劳动力的就业结构步入了快速转换期。

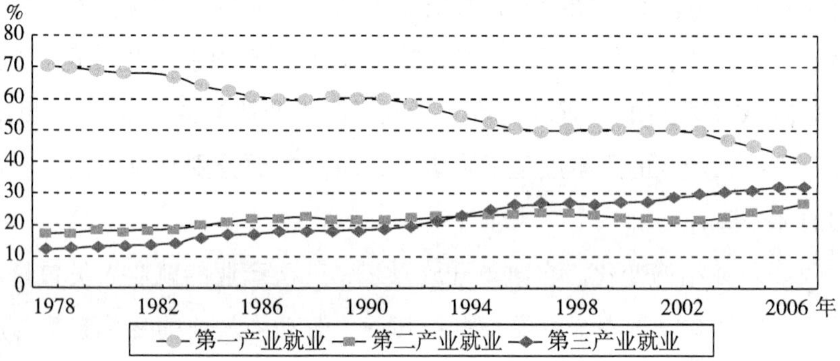

图 5-12　1978—2007 年我国三次产业劳动力就业状况

表 5-6　三次产业国内生产总值比重的结构与劳动力分布结构比较（%）

年份	总值	国内生产总值结构			劳动力分布结构		
		第一产业	第二产业	第三产业	第一产业	第二产业	第三产业
1978	100	28.19	47.88	23.93	70.53	17.30	12.18
1980	100	30.17	48.22	21.60	68.75	18.19	13.06
1985	100	28.44	42.89	28.67	62.42	20.82	16.76
1990	100	27.12	41.34	31.45	60.10	21.40	18.50
1995	100	19.96	47.18	32.86	52.20	23.00	24.80
2000	100	15.06	45.92	39.02	50.00	22.50	27.50
2005	100	12.12	47.37	40.51	44.80	23.80	31.40
2007	100	10.77	47.34	41.89	40.80	26.80	32.40

资料来源：根据《中国统计年鉴》数据整理。

（3）劳动生产率调整。改革开放后，我国的经济效率整体上在不断提升。图 5-13 表明了我国三次产业劳动生产率的变化概况。全社会生产率①

① 全社会劳动生产率等于国内生产总值除以就业人员数量。

在持续提升，从 1978 年 908 元/人增至 2007 年的 35290 元/人，特别是 20 世纪 90 年代以后，这一指标的增长速度更为明显。与此同时，三次产业间的劳动生产效率差距也日渐突显。20 世纪 90 年代之前，三次产业与全社会劳动生产率间的差距并不显著，且第二产业和第三产业差距还存在逐步缩小的趋势。但自 1990 年以来，这一格局发生了显著变化，三次产业间的差距开始逐步拉大。1990 年，第一产业、第二产业和第三产业劳动生产率之比为1∶4.28∶3.77。2007 年，该比值变为 1∶6.69∶4.05，三次产业间劳动生产率差别的扩大，加速了劳动力由传统部门转向现代化部门的步伐。

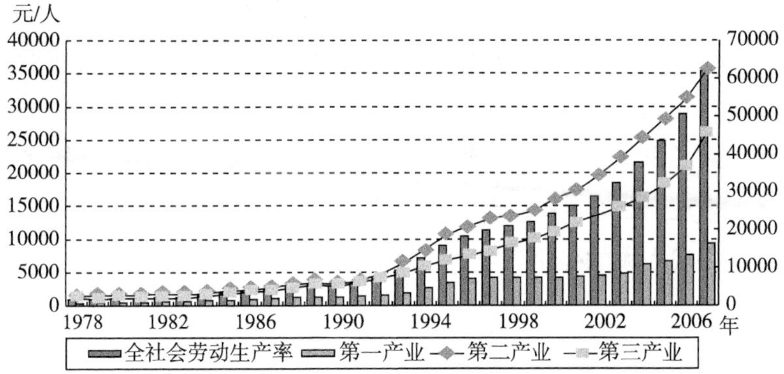

图 5－13　1978—2007 年我国三次产业劳动生产率变化趋势

5.2.2.2 第一产业内部结构变动及特征

改革开放前，种植业始终在第一产业中占据主导地位。1978 年，种植业在一产中的比重为 80%，大大超越了林牧渔业之和。随着经济发展和产业结构调整，尽管其比重在逐步下降，到了 2007 年为 50.43%，但其地位依然突出。在农业内部的结构组成方面，种植结构得以不断调整，粮食和经济作物比例关系在逐步优化，经济作物的种植面积在逐年扩大，蔬菜产量也在大幅增长，且品种结构持续优化，产品质量逐渐提高，这表明传统农业转向现代农业的趋向显著。

自改革开放以来，尽管林业的绝对数量呈现不断增加势头，但在第一产业中的比重并没有出现太大的变化。

相较而言，自1978年以来，牧业与渔业的发展相对迅速。从绝对数量上看，2007年牧业和渔业的绝对产值分别为1978年的77.05倍、201.97倍，其在一产中的比重也分别由1978年的14.98%、1.58%增加至2007年的32.98%、9.12%。出现这种变化的主要原因在于，随着国民经济快速发展和居民收入水平大幅提升，对肉类以及鱼类产品的需求逐年增加，从而刺激了两大行业的发展。此外，国际市场对肉类、水产品以及禽蛋类等农副产品需求的增加，也带动了两大产业的迅猛发展。

值得一提的是，第一产业内部结构的变动集中表现在20世纪90年代以前。根据图5-14可知，1990年以前，农林牧渔业的变动幅度相对较大，但1990年以后，这种变化幅度开始变得比较缓和，产业结构调整经历该拐点后，变化步伐明显趋减。迈入21世纪后，种植业占比总体上处在下滑通道，到了2005年首次跌破50%大关，之后又开始小幅上扬，而牧业则整体上表现出小幅上扬走势，但渔业在第一产业中的比重依然平稳，基本上没有出现太大的变化。

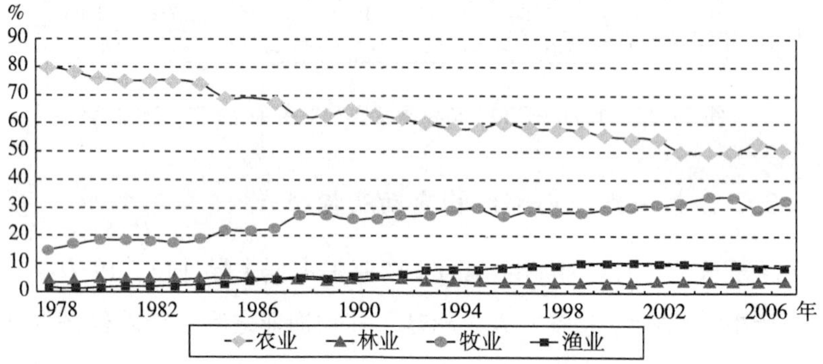

图5-14　农林牧渔在第一产业内部的比重变化

5.2.2.3 第二产业的内部结构变动及其特征

在工业化进程中，第二产业对整个国民经济增长发挥了主导作用，同时，第二产业的迅猛增长也与其内部结构不断调适紧密相关。1978年，第二产业增加值为1745.2亿元，到了2007年达到124799亿元，增长了

70.51 倍，年均增速在 11.7%，在国内生产总值中的比重基本维持在 40%～50%。此外，在第二产业结构布局中，工业增加值从 1978 年的 1607 亿元增至 2007 年的 110534.9 亿元，在第二产业中的比重始终保持在 90%左右。相较而言，工业对整个国民经济增长的拉动作用和贡献程度在三次产业内均占据主导地位。

（1）工业结构之轻重比例关系变动。

从轻重工业分类视角看其比例关系变化，可以将工业结构的演进划分成 4 个主要阶段。

第一阶段：轻重工业结构失衡矫正阶段（1978 年至 20 世纪 80 年代中期）。为纠正之前优先发展重工业而忽视轻工业所造成的工业结构失调，这一阶段采取了扶持和帮助轻工业发展的六大优先举措，即燃料、原材料以及电力供应优先；挖潜、革新与改造举措优先；基本建设优先；银行贷款优先；交通运输优先；技术引进和外汇使用优先，并将轻纺工业摆在国民经济优先发展的位置，调整后的轻工业比重从 43.1%增至 51.5%，增长了 8.4%。轻纺工业以及耐用消费品工业的快速发展不仅推动了工业的迅速增长，也使轻重工业比例关系得以改善，工业的内部结构逐步趋向合理化。同时，改造调整重工业以后，让重工业服务于消费品和农业的机械工业取得长足发展。

第二阶段：轻重工业平衡发展阶段（20 世纪 80 年代中后期）。20 世纪 80 年代初期，在优先培育和重点扶持轻工业发展的战略举措下，轻工业产值在工业总产值中的比重从 1978 年的 41.3%上升至 1990 年的 50.6%，基本上与重工业形成了平分秋色的格局。（见图 5－15）

第三阶段：步入 20 世纪 90 年代后，伴随经济增长和居民可支配收入水平的提升，家庭对日常耐用消费品的需求逐渐加大，并带动了以家电为核心的机电产品工业的快速发展。同时，城市发展对基础设施的高需求促进了基础工业的大发展，进而工业结构布局中重工业的比重再现上扬走势。但从总体上看，在 20 世纪 90 年代，我国轻重工业产值在工业中的比例基本保持了稳定态势，而重工业的产值则稍高于轻工业。（见图 5－15）

第四阶段：重工业快速发展阶段（20 世纪末至 2007 年）。自 20 世纪末开始，我国重工业发展步入了快速发展期。重工业的迅猛增长，导致与轻工业再次出现了分离状态。重工业产值占比从 1999 年的 50.8% 迅速增至 2007 年的 70.5%，而轻工业占比则从 1999 年的 49.2% 大幅回落至 2007 年的 29.5%。重工业化战略的快速推进，致使轻重工业比重落差加剧，重工业化趋向日渐突出。

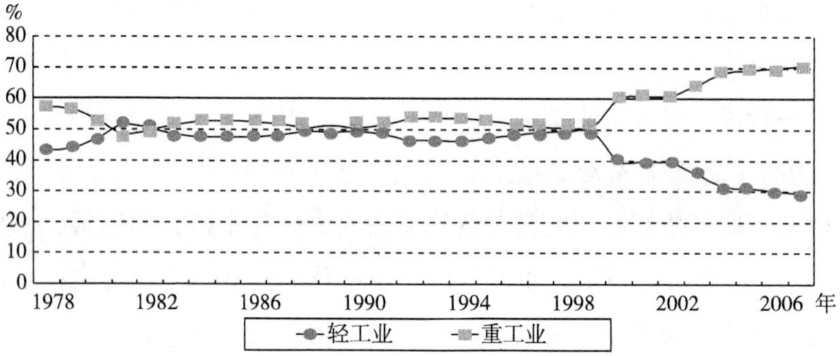

图 5－15　1978—2007 年中国轻重工业占工业总产量比例

（2）工业结构的内部构成变化。

从工业结构内行业的构成变化来看，改革开放后，我国一般加工制造业的比重基本稳定或有小幅下降，以电力、石油和煤炭为主导的能源工业显著增强，而围绕通信设备制造和电子为主的技术密集型产业及高新技术产业实现快速增长，这不仅突破了传统行业的生产格局，也为其他行业发展提供了设备和技术，进而推动了工业结构调整和优化升级。当前，我国工业结构正转向以加工制造和装配为核心的高加工化阶段，正从劳动密集型工业向资本或技术密集型工业转型，工业部门发展逐步从量的积累转向质的提升。与此同时，工业结构战略目标也从最初的解决比例失衡转向促进产业优化升级。

从总体来看，我国食品加工业、普通机械制造业及纺织业三个行业的比重显著下降，而以纺织业的降幅为最大，2005 年其在工业中的占比为 5.04%，较 1985 年的 11.26% 降低了 6.22 个百分点。而石油化工及其炼焦业、黑色金属冶炼及其压延加工业、交通运输设备制造业、电子与通信设备制造业、电力蒸汽热水生产供应业五个行业的占比明显增长，特别是电子和通信设备制造业的增幅最为显著，2005 年其在工业产值中的比重为 10.73%，相较 1985 年的 7.23% 增加了 3.5 个百分点。与此同时，石油和天然气开采业以及煤炭采掘业在工业产值中的比重波动较大。其中，煤炭采掘业在工业中的比重自 20 世纪 90 年代后出现持续下滑，到了 2000 年以后有所回升；而石油和天然气开采业占比尽管在 20 世纪八九十年代增长趋势显著，但 2000 年之后却呈现回调态势。除以上行业外，其余行业在工业中的比重波动幅度相对不大。

5.2.2.4 第三产业的内部结构变动及其特征

自 1978 年以来，由于政府对第三产业的重视，我国第三产业发展步入快速增长期。第三产业产值从 1978 年的 872.48 亿元快速增至 2007 年的 111351.95 亿元，增长了约 126.63 倍，年均增速约为 10.8%，比同期 GDP 的增速 9.7% 高出 1 个百分点。其就业人员数量从 1978 年的 4980 万人增至 2007 年的 24404 万人，占全部就业人员的比重相应从 12.18% 增至 32.4%。（见图 5－16）

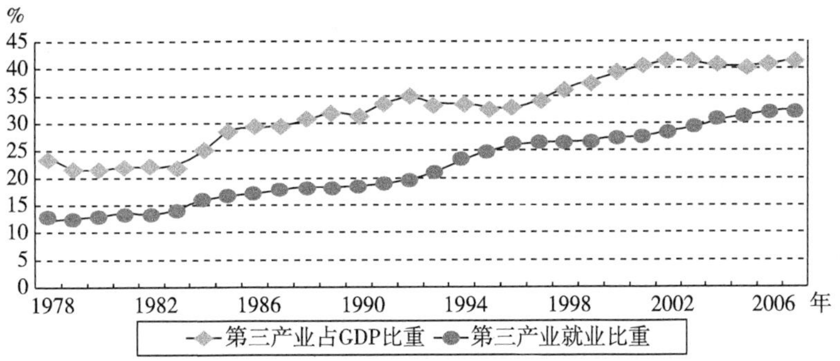

图 5－16　1978—2007 年中国第三产业发展状况

伴随第三产业在国民经济中比重的逐渐增加，其内部结构也在发生变化。1978 年之前，我国第三产业主要集聚在饮食、商业、交通运输、居民服务及邮电等传统行业。经过 30 多年的发展和调整，在维持传统产业发展的同时，如旅游、咨询、信息、文化、教育、金融以及房地产等新行业逐步兴起。从整体上来看，自20世纪90年代以来，第三产业内部构成的变动概况为：以几大服务行业为例，批发和零售业以及餐饮业占比下降，传统的仓储和交通运输业降幅较大，邮电和通信业的发展速度较快，其在第三产业比重呈上扬走势；划归其他服务业的，如社会服务业、卫生体育及社会福利、教育和文化艺术以及广播电影电视业等新兴行业的发展非常迅速，在第三产业的占比增加较快。以2007年为例，根据国家统计局关于第三产业分行业增加值及其占比来看（见表5－7），排名前6位的行业依次是批发和零售业、交通运输、仓储和邮政业、金融业、房地产业、公共管理和社会组织以及教育，这6大行业增加值占当年第三产业的72.41%。

表5－7　2007年我国第三产业增加值及构成　　单位：亿元

分行业	绝对值	构成（%）
交通运输、仓储和邮政业	14805.9	14.25
信息传输、计算机服务和软件业	5999.7	5.78
批发和零售业	18866.1	18.16
住宿和餐饮业	5542.7	5.34
金融业	13332.0	12.83
房地产业	12277.5	11.82
租赁和商务服务业	3771.6	3.63
科学研究、技术服务和地质勘探业	2925.8	2.82
水利、环境和公共设施管理业	1105.3	1.06
居民服务和其他服务	3997.8	3.85
教育	7286.3	7.01
卫生、社会保障和社会福利业	3804.5	3.66
文化、体育和娱乐业	1513.6	1.46
公共管理和社会组织	8646.3	8.32
总计	103879.6	100

资料来源：《中国工业经济统计年鉴》（2009）数据整理。

第二阶段：自2008年以来，国内产业发展演变进程中的弊端日渐凸显，产业结构升级步入缓慢调整阶段。

2008 年国际金融危机爆发后，全球各国经济都陷入低迷，这充分警示和暴露出世界经济发展方式难以持续。经济全球化趋势无法逆转，但全球经济格局却可以进行深度调整与全面转型。同样地，对我国而言更需要实现经济发展方式的转变，以推进经济稳定和可持续发展。当然，本轮危机既是挑战更是机遇，对中国这样正处于双转型时期的后发国家来讲，若能紧紧抓住并充分利用这次契机推动经济发展方式转变，以及推进产业结构优化调整和转型升级，势必会大幅提升我国在国际分工以及全球产业格局中的主导性地位和综合竞争力。

步入后危机时代，我国产业发展和转型升级呈现出怎样的阶段性特点。本小结内容将从主要从产业产值的变化、成长方式的特征及发展的进程三大视角来分析和刻画当前我国产业转型升级的现状。

党的十七大报告指出，要加快经济发展方式转变，推进产业结构优化升级。但从现实情况来看，我国产业结构调整和优化升级的进展相对缓慢。

5.2.2.5 从产业的产值分布来看，结构不够合理

（1）三次产业的产值结构分布显示，当前我国第一产业发展较为缓慢，第二产业在国民经济中的产值仍然占据主导地位，虽然第三产业的发展速度相对较快，从 2008 年的 41.82% 增至 2012 年的 44.65%，提高了 2.83%，但其产值仍低于第二产业（见图 5－17）。统计数据和资料显示，美国等发达国家第三产业产值要显著高于第一和第二产业，且其对经济发展的贡献度多在 70% 以上。以 2012 年为例，我国三次产业对经济的贡献率分别为 5.7%（第一产业）、48.7%（第二产业）及 45.6%（第三产业），从中可以清晰地看出与发达国家的差距，这说明我国产业升级的道路还很漫长。

（2）从区域产业产值的构成来看，地域差异突出。表 5－8 表明，东部地区经济发展显著快于中西部地区，其总产值占全国总量的一半以上，区域经济差异性特征突显。不仅如此，从第三产业占比来看，2012 年东部

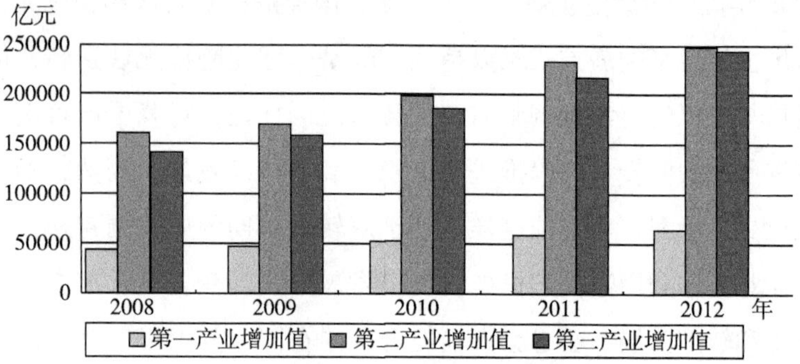

图 5 -17　2008—2012 年三次产业产值的结构及比较

地区在全国第三产业产值中的比重为 61.03%，远远超出中西部地区的比重之和（38.97%），且中西部地区第一产业发展占据突出地位，这反映出我国产业升级还任重而道远。

表 5 -8　2012 年我国三大区域产值及其占全国的比重　　单位：亿元

三大区域		东部地区	中部地区	西部地区
总产值		320738.47	141908.57	113904.80
占全国比重（%）		55.63	24.61	19.76
第一产业	产值	20495.46	17545.57	14332.55
	占全国比重（%）	39.13	33.50	27.37
第二产业	产值	154679.30	73865.09	57104.21
	占全国比重（%）	54.15	25.86	19.99
第三产业	产值	145563.71	50497.91	42468.04
	占全国比重（%）	61.03	21.17	17.80

资料来源：根据《中国统计年鉴》（2012 年）数据整理。

5.2.2.6 从产业的成长方式来看，粗放方式突出

当前，我国产业成长方式仍未脱离廉价劳动力和资源优势。通过技术引进、吸引外资等方式，承接来自境外的边际产业，经济发展还在高能耗、高污染、高投入及低效益的道路上徘徊。在传统的加工制造业中，加工贸易方式依然占据主导地位，将上游发达国家的零部件引进国内，在我国进行组装和装配，然后再出口到其他国家或地区。从整个产业链的布局

来看，这些工艺始终处在产业链的低端，不仅附加价值低，而且多是些高污染环节，与设计、研发以及营销等高端环节关联甚微。长期处在这种分工境况下，将对我国企业的自主创新和竞争力的提升带来严重阻碍。一般来说，先发企业与后发企业通常是以“价格战”或市场扩张等方式进行角逐，对技术创新产生抑制作用。此外，以资源换技术或以市场换技术等方式还普遍存在。通常跨国公司若实施微观企业层面的升级，会在我国建立相应的研发机构，而我们还依然停留在加工组装和装配环节，从形式上来看，产业出现了高技术化，事实上并没有多大的改变，对国内企业研发和创新形成了阻碍。

5.2.2.7 从产业演变的进程来看，现代产业体系还未建立

农业是实现产业发展的基础。众所周知，当前我国依然是农业大国，并非农业强国。农业的生产效率不高，距离现代化农业和高科技农业还有很长的路要走。这与我国的农业生产和经营模式紧密相关：其一，目前我国农业生产还是以家庭为单位，很难发挥规模化生产效应；其二，农户组织化层次不高，农业生产经营配套服务发展滞后且机制不健全。此外，在与企业合作中往往处于弱势地位；其三，在城市化进程中，农业传统经营模式依然是主流，如休闲农业、景观农业等形式与旅游文化相融合的新模式尚待开发。相较而言，近年来，我国服务业发展形势喜人，特别是生产性服务业，如设计和技术研发、会计法律服务等行业发展迅速，而金融与专业服务业，如保险、银行、审计以及管理咨询等行业尚有较大的提升空间。

从总体上来看，1978—2012 年我国产业结构经过不断调整和优化，尽管还存在不少问题，但第一产业、第二产业和第三产业的比例关系逐步走向合理化，产业升级趋势日渐凸显。与此同时，随着经济体制改革持续深化，产业结构的开放性特点显得尤为突出。一方面，这归功于国家颁布的产业发展政策，如 1978 年国家颁布的《中共中央关于加快工业发展若干问题的决定》、1989 年的《国务院关于当前产业政策要点的决定》、1994

年的《90 年代国家产业政策纲要》以及 2005 年的《关于发布实施促进产业结构调整暂行规定的决定》等。事实上，自进入 21 世纪以来，我国逐步建立起以市场经济为导向的产业政策，这对未来产业结构调整和优化升级影响深远。另一方面，经济全球化和境外资本涌入，也为我国产业结构调整和优化升级带来了契机，集中体现在以下两个层面：

其一，对外贸易取得长足发展。改革开放 30 多年来，我国对外经济贸易发展迅速，这对促进产业结构调整和转型升级意义重大。1978 年，中国货物进出口贸易总额达 206 亿美元，到了 2012 年，货物进出口贸易额为 38668 亿美元，出口和进口额分别从 98 亿美元、109 亿美元增至 20489 亿美元、18178 亿美元，分别增长了 209 倍与 167 倍。对外贸易促进了中国经济开放度，1978 年贸易依存度是 13.9%，出口依存度是 6.61%，进口依存度是 7.35%，到 2012 年这些数值分别达到了 47%、24.9% 和 22.1%，这表明我国对国际市场的依赖度在逐渐加深（见图 5 - 18）。此外，2012 年末我国的外汇储备余额达到 3.31 万亿美元，对外贸易产品结构与国内产业结构在互动中得以调整和转换。国内产业结构大致遵循以重工业先行、消费品工业、基础设施及工业、机械电子以及制造业等的演进规律，与此同时，对外贸易的产品结构也相应地实现从初级产品主导→工业制成品主导→机电产品主导的变化规律，这说明对外贸易产品结构与产业结构基本是相辅相成、相互促进的。

其二，外商直接投资大量流入。自改革开放以来，尤其是进入 20 世纪 90 年代后，境外直接投资开始大量持续地涌入我国（见图 5 - 19）。1983 年外商直接投资实际利用额仅为 9.2 亿美元，到 2000 年达到 407.15 亿美元，此后步入快速增长轨道。受国际金融危机的影响，2008 年后出现小幅回调，从当年的 923.95 亿美元降至 2009 年的 900.35 亿美元，2012 年提升至 1117.16 亿美元，为 1983 年的 121.4 倍。外商通过直接投资不仅输入了大量资本，更带来了先进技术、管理经验及营销渠道等资源，对推动我国产业升级发挥了重要作用。

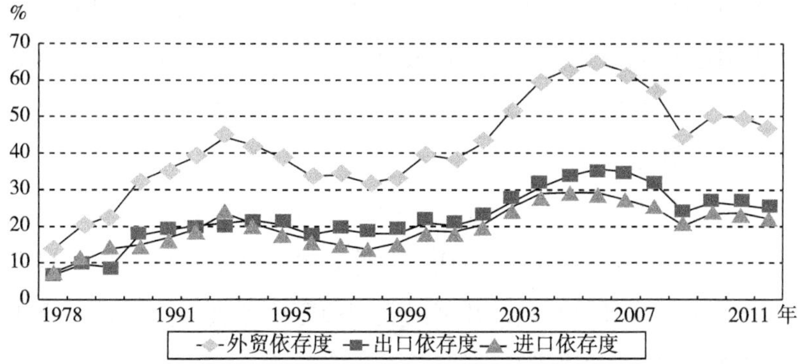

图 5－18　1978—2012 年我国对外贸易依存度变化趋势

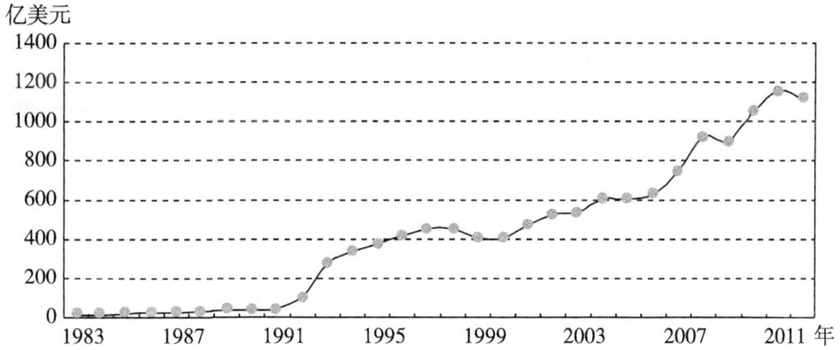

图 5－19　1978—2012 年中国实际利用外商直接投资金额

5.3 中国 OFDI 与国内产业升级间的关系判定

改革开放 30 多年来，我国经济发展迅速，成就举世瞩目，产业升级也取得了很大的进步，三次产业间的比例关系逐步改善，第三产业占比持续攀升。当然，产业结构升级是诸多影响因素共同促成的结果。相对于传统的对外贸易推动、外商直接投资拉动以及供求驱动等因素，对外直接投资作为影响我国产业结构升级的新生力量，其作用和地位日渐突显。从这个视角来看，迄今为止，学术界对 OFDI 与产业升级的互动关系持有三种主要观点：

其一，产业升级是对外直接投资的关键动因之一。从微观视角来看，企业可结合其产品生命周期的阶段性特点凭借不同的国际化战略，以促进产品工艺升级、流程升级、功能升级乃至价值链升级，进而提升企业的国际竞争力；从产业的视角来看，一国或地区可借助边际产业转移效应，以推动母国产业升级。

其二，对外直接投资本身存在母国产业升级效应。这一观点在先发国家的投资实践中已得到了确切印证。对外直接投资对母国产业升级发挥关键作用的渠道具有多种形式，既可以利用边际产业转移起作用，也可以通过获取自然资源、拓展国际市场、寻求先进技术、谋取生产效率，以及抢占战略资产等方式推动母国产业结构的升级。

其三，对外直接投资与产业升级间具有互动效应。邓宁在投资发展周期论中指出，在经济发展不同阶段存在相适应的对外直接投资量，但经济发展阶段又与一定的产业结构相匹配，即对外直接投资与产业结构间应相互适应。对于后发投资国家而言，通过对外投资向发达国家学习并积累经验，提升技术能力、管理水平以及营销技能等是其内在驱动力；反之这些优势又会对母国企业综合能力的提升产生积极影响，可见二者是相得益彰、相互促进的。

具体到我国的实践中，部分跨国企业已将对外投资作为促进产品升级、获取先进技术以及转移边际产业或产能过剩产业等的持久发展战略。以 2004 年政府对我国 297 家企业的跨国投资动机调研为例，13. 8% 的企业为提升竞争力以及开发产业度，19. 5% 的企业为获取先进技术和管理能力，23. 6% 的企业为服务于母公司发展战略，0. 02% 的企业为转移边际产业或产能过剩产业。调查数据显示，国内部分企业已将对外直接投资作为促进微观视野产业升级的主要目的之一。值得庆贺的是，这些企业通过对外直接投资推进产业升级已见成效，如 2004 年联想并购 IBM 个人电脑业务；华为公司利用海外研发逐步获取核心技术等。

当前，国家政策强调把加快转变经济发展方式，促进产业结构调整和转型升级作为经济工作的重心。“十二五”规划指出：当前是深化改革开放，全面建设小康社会的关键期，是加快经济转变经济发展方式的攻坚期。要坚持“引进来”与“走出去”并重，优化外资利用和对外投资相结合，充分利用好国内外两种资源、两个市场，以整体提升跨国企业生产经营效率和国际竞争力。值得倡导的是，我们主张跨国公司在进行对外直接投资过程中，应以推进本国产业升级为目标，通过国际化的市场和资源带动母国产业结构调整和优化升级。

综上分析可知，从 20 世纪 90 年代末开始我国的产业结构升级进入快速发展期，与此同时，我国对外直接投资也逐步跨入迅速增长阶段，并迎来了新的投资高潮。从 2000 年的不足 10 亿美元到 2008 年的 559.1 亿美元，截至 2012 年达到 878 亿美元，成为全球第三大对外直接投资国。从二者演进的路径来看，中国对外直接投资与我国产业升级存在一致的趋同性，那么两者间究竟蕴含怎样的关联？对外直接投资在我国是否存在产业升级效应？如果存在，则其程度如何？对其产业积极效应我们应该如何决策才能最大限度地发挥其作用等问题，还需要进一步地通过实证检验和考察后才能对上述质疑进行科学定论。因此，围绕这些疑问将在下章内容中对此进行解答。

5.4 本章小结

关于对外直接投资与产业升级进程的分析，是实证检验的前奏和准备。通过考察不同时期对外直接投资演变的特征，同时借助产业升级指标测度不同时段内产业发展的轨迹，发现二者的演进路径存在一致趋同性。由此判断，中国对外直接投资的快速增长，或促进了国内产业升级。二者间关系的定性描述与研究预期不谋而合，这使后续的研究更具有学术价值和现实意义。

第六章　中国 OFDI 的产业升级效应
——从微观视角考察

虽然中国开展对外直接投资的时间短暂，但随着经济的迅速增长和内资企业国际竞争力的快速提升，借鉴国际投资经验“走出去”的步伐较快，2012 年已成为世界第三大直接投资国。在该进程中，跨国企业对外直接投资的动机是复杂的、多元化的，往往是多种动机的不同组合。我国企业的国际化行为始于改革开放初期，但真正意义上的外向型国际化是从 1987 年开始的。以中国 500 强企业为例，按照其投资动机大致可分为以下阶段（见表 6－1）：第一阶段（1987—1998），市场导向型企业占突出位置，其数量占全部国际化企业的比重为 43.52%；其次为资源导向型企业，占比为 24.7%，效率导向型和战略资产导向型企业的占比分别为 15.3% 和 16.5%。第二阶段（1999—2001），在加入 WTO 前的近三年中，效率导向型和战略资产导向型企业数量日渐增多，其占比分别增至 27% 和 25.1%。虽然市场导向型企业仍占据主导地位，但其比重却下降至 32.4%，同时资源导向型企业更是快速降至 15.4%。第三阶段（2002—2005），这一阶段效率及战略资产驱动企业国际化的趋势显著，其比重分别为 30% 和 31.6%，而市场和资源导向型企业数量下降，分别为 24.2% 和 14.2%。此外，2012 年《中国企业海外投资及经营状况调查报告》显示，我国企业进行对外直接投资的主要动机在于开拓海外市场以及谋取国际化的要素和资源。（见图 6－1）

表 6－1 我国企业国际化驱动力的演进轨迹

	资源导向	市场导向	效率导向	战略资产导向	总计
1987—1998	21（24.7%）	37（43.52%）	13（15.3%）	14（16.5%）	85（100%）
1999—2001	32（15.4%）	67（32.4%）	56（27%）	52（25.1%）	207（100%）
2002—2005	44（14.2%）	75（24.2%）	93（30%）	98（31.6%）	310（100%）
合计	97	179	162	164	602

注：括号外为企业数量，括号内为其百分比。

资料来源：根据田志龙（2007）资料整理。

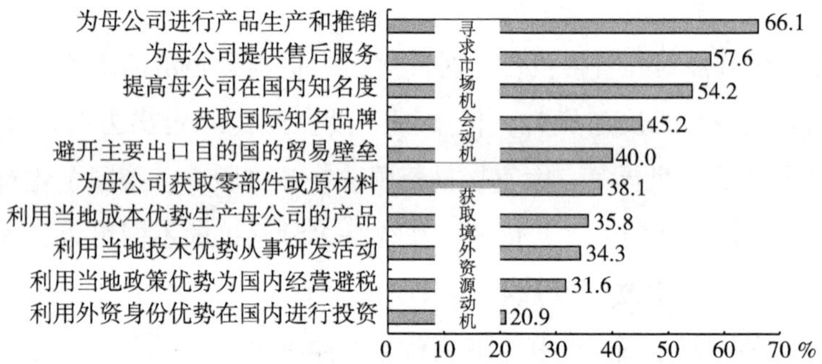

图 6－1 国际化企业境外分支机构职能评价

综上可见，我国企业对外直接投资的动机不仅具有阶段性的特点，且存在多动机交叉特性。因此，从微观企业视野，考察对外直接投资的产业升级效应时，也应从投资动机的差异化角度来探索其产业升级状况。进而按照不同动机条件下典型案例的时间演进路径，并结合前文的作用机理及产业升级指标的测度标准相关内容，采取先解读案例再进行衡量指标刻画的办法，对不同动机所主导的对外直接投资的产业升级效应进行检验。

6.1 微观维度的考察：企业案例解读

6.1.1 重工业化效应：资源导向型 OFDI

资源导向型直接投资作为中国企业跨国投资比较活跃的部分，近年来，获得了持续快速的发展，其投资存量占全部对外投资额的比重始终维持在 16% 左右。这类投资具有以下显著特点：一是投资主体和对外投资决策基本上都是有国有大型能源企业充当（Hong and Sun，2006）[①]；二是投资方式上多采取兼并和收购或新建工厂等形式；三是投资领域集中表现在石油、天然气以及铁矿石等战略资源行业，主要目的是谋取自然资源和技术，以维护国内产业资源均衡与安全（唐绍详，2012）[②]。邱立成等（2008）实证分析指出，资源需求和对外直接投资间存在显著正相关，且资源需求提高 1 个百分点，中国对外直接投资增加 0.85 个百分点[③]。因此，在对部分经典案例进行分析和研究的基础上，尝试判断资源导向型直接投资对重工业化的影响。

石油行业国际化的步伐相对较早，1983 年经叔平就曾提出在矿产资源领域进行一些境外投资的建议，1993 年我国与沙特阿拉伯签署石油进口协议后，能源产业的国际化道路才真正开启。1994 年我国成为原油净进口国，为保障能源供给稳定，能源企业在"走出去"战略的指引下实施系列跨国并购活动。1994 年，中石油收购美国 ARCO 公司在马六甲油田 32.58% 的股权。早期比较典型的并购案例是 1997 年 10 月，中石油收购了阿克纠宾公司（哈萨克斯坦）60.3% 的股份，这为中石油创造了每年 40 万吨的权益油，从而对原油进口结构改善以及进口渠道多元化提供了契机。自 2001 年加入 WTO 后，随着中国经济高速增长和工业化进程的加快，对矿产资源的需求骤然增加。2004 年我国石油进口依存度高达 44%，强劲的需求驱动了海外并购，如 2002 年，中石油并购了美国戴文森能源公司位于印度尼西亚的 6 个油气田权益；2002 年 1 月，中石油耗资 6 亿美元并购了雷普索尔公司（西班牙）在印度尼西亚的 5 大油田的部分股份，变成印度尼西亚最大的海上石油生产商，该收购被 *Asia Money* 誉为 2002 年度"最

① Hong Eunsuk，Sun Laixiang. Dynamics of internationalization and outward investment: Chinese corporations strategies[J]. *The China Quarterly*,2006(4):610－634.

② 唐绍祥. 基于资源及经济安全视角的中国对外投资合作研究[J]. 上海经济研究,2012(7):31－42.

③ 邱立成,王凤丽. 我国对外直接投资主要宏观影响因素的实证研究[J]. 国际贸易问题,2008(6):78－82.

佳收购”。此次收购时机选择较好，恰赶上国际原油价格持续下降阶段。从2005年开始，受国际政治、国内经济以及大综合商品价格持续走高等因素的影响，以中石油、中石化以及中海油等为代表的企业掀起了跨国资源并购的狂潮，如2006年，中石化收购海滨油田（哥伦比亚）50%的股份；2006年，中航油以22.68亿美元收购尼日利亚南太平洋公司130号海上石油45%的开采权益①；2009年，中石油斥资10.2亿美元并购新加坡石油公司45.51%的股份等②。值得强调的是，自2009年以来，中石油充分利用金融危机和经济危机的机遇，在中亚、中东以及美洲等地取得重大突破，获得了在伊拉克哈法亚、鲁迈拉，伊朗南帕斯、北阿扎德甘，委内瑞拉胡宁，加拿大油砂等数个大型及特大型油气开采项目，国际空间布局得以快速拓展。截至2011年，中石油的海外油气业务产量突破1亿吨，同时，权益产量超越5000万吨，规模可以与大庆油田相媲美。这些大型油气跨国公司海外直接投资业务的跨越式发展，为国家能源安全提供了坚实保障。

与此同时，对矿产资源获取型对外直接投资而言，其发展也经历了从缓慢到快速的演变过程。1987年，中国国际信托投资公司并购澳大利亚波特兰铝厂10%的股份；1992年，首钢耗资1.2亿美元并购秘鲁铁矿公司98.4%的权益。2004年，马钢、武钢、唐钢和沙钢四家钢企以合资形式获取Jimblear铁矿石40%的股份。相对而言，中国铝业对力拓的直接投资比较典型。2008年2月，中国铝业公司与美国铝业公司联手借助新加坡分公司Shinning Prospect公司，以每股60英镑收购力拓公司12%的股权，交易总对价大约为140.5亿美元。此次并购规模巨大，金额首次超过百亿美元，可谓开创了国内资源类企业跨国并购的新纪元，截至目前，为全球金属矿产领域交易规模最大的并购案。此外，以2009年为例，对部分矿业海外重大并购事件做统计处理（见表6-2）。由此可见，这些跨国矿产资源类并

① 姚淑梅．能矿资源企业跨国并购现状、问题及对策[J]．国际经济合作，2008(2):41-45.

② 刘晓岚，陈方正．2009年中国企业海外资源并购活动分析[J]．矿业研究与开发，2011(1):99-106.

购，开辟了稳定的矿产资源供应渠道，不仅缓解了国内资源供求压力，更为国家能源战略的顺利实施夯实了基础①。

表 6－2　2009 年我国企业矿产类部分重大海外并购事件　单位：亿美元

并购时间	并购方	并购事项	洲际	交易金额
2009 年 4 月	华菱集团	并购澳大利亚 FMG 集团 17.4% 的股权	大洋洲	8.26
2009 年 6 月	五矿集团	并购澳大利亚 OZ 矿业公司的部分资产	大洋洲	13.86
2009 年 7 月	武钢	并购加拿大 CLM 公司 19.99% 的股权	北美洲	2.4
2009 年 8 月	汉龙矿业	并购澳大利亚钼矿公司 51% 的股权	大洋洲	5
2009 年 11 月	宝钢集团	并购澳大利亚铁矿和煤矿公司 Aquila Resources15% 的股权	大洋洲	2.66

资料来源：刘晓岚，陈方正. 2009 年中国企业海外资源并购活动分析[J]. 矿业研究与开发，2011（1）.

综上可见，自 1993 年我国资源型企业开启对外直接投资以来，为国民经济发展提供了稳定的能源供给渠道。众所周知，我国资源丰裕度较高，但人均资源占有量很低且储备量明显不足。随着国民经济快速发展，资源供给“瓶颈”约束日渐凸显。为化解当前以及未来日益凸显的资源供求矛盾，应大力支持资源开采类企业“走出去”，谋求境外稳定的资源和能源供给基地，以保障资源安全及国民经济可持续发展。但当前我国重工业化增长势头却十分强劲，这与资源导向型对外直接投资密切相关。叶林、余江（2009）实证研究显示，1999—2006 年重工业化使对能源消耗的弹性由 0.15 上调至 0.86，即重工业产值占 GDP 比重每上调 1 个百分点，能源消耗将增加 0.86 个百分点，这说明重工业化与能源消耗存在强正相关②。付宝宗（2010）强调，重工业化对能源和资源的依赖度较高，而国内各类能源和矿产资源的保障度日趋下降，进而“走出去”获取国际化的资源是克服资源短缺的有效途径③。宋勇超（2013）采用 GMM 方法研究得出：通过

① 张洪，刁莉. 中国资源企业跨国并购的战略思考[J]. 亚太经济，2010(2)：101－105.

② 叶林，余江. 重工业化与中国能源消费变动[J]. 南都学坛(人文社会科学版)，2009(2)：124－127.

③ 付宝宗. 当前我国重化工业发展发展阶段特征与建议[J]. 宏观经济管理，2010(2)：30－33.

资源导向型 OFDI 能够控制外部资源，并保障国内资源的有效供给，进而使我国资源缺口得以弥补①。当前，我国已步入重工业化阶段。高煜（2006）核算（按购买力平价）指出，2003 年我国人均国内生产总值超过 3000 美元，消费结构逐步升级，工业化开始转向加工组装方向，重工业化帷幕开启②。从时间演进轨迹上来看，资源导向型对外直接投资（见表6－2）与重工业化走势（见图6－2）存在高趋同性。结合重工业产值以及霍夫曼指标（消费品工业产值与资本品工业产值之比）可以观察到，自 1993 年以来我国重工业水平不断提升，且阶段性特点突出：第一阶段（1993—1998）为重工业化起步阶段，霍夫曼系数在小幅震荡中从 1993 年的 0.87 上调至 1998 年的 0.97，这一时期国内资源导向型对外直接投资刚好开启国际化步伐，重工业化进程尽管缓慢，但增长趋势初步彰显；第二阶段（1999—2011）为重工业化加速阶段。1999 年特别是自加入 WTO 以来，重工业产值迅速增加，从 1999 年的 5.15 万亿元快速增到 2011 年的 60.65 万亿元，同时，霍夫曼系数则呈现持续下降走势，相应地从 0.97 快速降至 0.39，重工业化进程加速前进。与此同时，国内资源导向型对外直接投资也进入高速增长期，各类资源和能源类跨国并购或建立分厂等如雨后春笋般出现。综上不难得出如下判断：资源导向型对外直接投资在推进我国重工业化发展层面具有显著的、极强的正向作用。

6.1.2 制造业高加工度化效应：市场导向型 OFDI

开拓国际市场也是国内企业进行对外直接投资的关键动因。近年来，特别是自金融危机以后，全球经济恢复呈非均衡态势，美国经济反弹乏力，欧盟成员国债务危机涌现，新兴经济体则通货膨胀日渐凸显。在此背景下，各国争相强化贸易保护措施，世界经济保护主义开始蔓延和加剧，

① 宋勇超．中国对外直接投资目的效果检验——以资源寻求型 OFDI 为视角[J]．经济问题探索，2013(8)：123－129.

② 高煜．从重化工业争论看我国产业结构升级的路径选择[J]．天津行政学院学报，2006(2)：58－61.

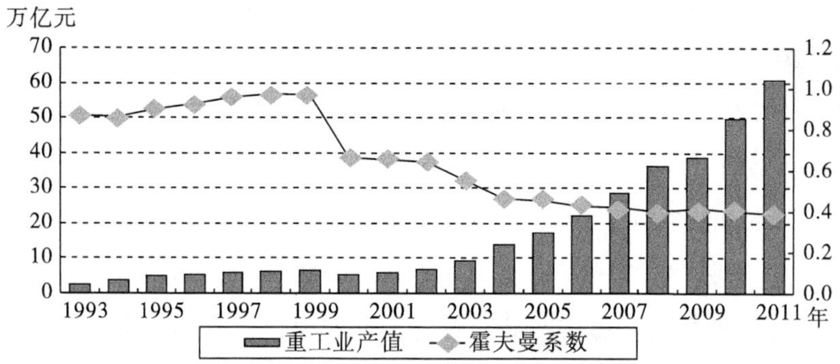

图 6-2 1993—2011 年中国重工业产值与霍夫曼系数

而中国则成为全球贸易摩擦和纠纷的主要对象国。统计资料显示，1995—2010 年我国累计遭遇的反倾销调查事件有 840 起，涉及产品 590 种，约占全球的 20%；遭遇反补贴调查事件 46 起，约占全球的 17%①。为减少贸易纠纷和摩擦，大量企业开始采取对外直接投资方式规避贸易壁垒②。如 Tracy（1992）分析发现，伴随欧洲贸易壁垒的加剧和扩展，日本对欧洲的直接投资规模随之扩大③；Helpman（1984）研究认为，企业会借助直接投资方式以降低贸易壁垒对本身的冲击④；Blonigen（2002）观察指出，对定位于美国市场的部分欧洲企业来讲，反倾销壁垒反而加大了其对美国市场的投资力度⑤。卢进勇（2004）研究提出，从现实需求来看，应对国外反倾销、反补贴及分享加入 WTO 的各项权利，也是国内企业进行跨境直接投资的关键目的⑥。借鉴发达国家经验，采取对外直接投资规避反倾销、

① 笔者依据 WTO 反倾销调查数据库相关资料核算。

② 李猛，于津平．贸易摩擦、贸易壁垒与中国对外直接投资研究[J]. 世界经济研究，2013(4)：66-72.

③ Tracy D. Caves R. Changing determinants of Japanese foreign investment in the United States [J]. *Journal of the Japanese and International Economics*, 1992(3):228-246.

④ Helpman E. A simple theory of international trade with multinational corporations [J]. *Journal of Political Economic*, 1984(3):451-472.

⑤ Blonigen B. Tariff-jumping antidumping duties [J]. *Journal of International Economics*, 2002(1):31-50.

⑥ 卢进勇．化解反倾销困局——中国企业海外直接投资与应对反倾销[J]. 国际贸易，2004(3):42-44.

反补贴和关税等各类壁垒并谋取海外市场，是诱发企业跨国投资的关键（杜凯，2010）[①]。

从纺织服装业来看，我国纺织企业除了频繁遭遇“两反一保”，即反补贴、反倾销和保障措施调查等显性贸易壁垒，还受到软性劳工标准（Social Accountability 8000，SA8000）的隐性约束，为有效规避各类贸易保护主义，纺织企业往往会选择采取对外直接投资方式以跨越贸易壁垒。以浙江为例，作为全国纺织服装产品的重要生产和出口地，2012 年其纺织品服装出口额为 598.46 亿美元，占全国出口总额的 23.45%，居全国之首。但随着 2005 年 1 月 1 日 WTO 取缔纺织品进口配额限制后，新的贸易保护主义手段开启，如 2005 年，欧盟和美国对我国纺织服装业启动了特殊保障措施；2009 年，相继出现多个国家对我国纺织品及其附属产品进行反倾销调查，如阿根廷对窄幅混纺织物、巴西对人棉纤维及巴西对圆形织机等调查最令人瞩目[②]。此外，受 SA8000 标准、环境壁垒、技术壁垒、差别待遇和特殊保障措施等影响，2012 年国内纺织品服装的出口额同比仅仅上涨了 3.3%，增幅为近些年来最低[③]。为此，浙江诸多纺织服装企业被迫采取对外直接投资方式在海外建立分厂或子公司，借助当地要素和资源进行生产和销售，以绕开各类贸易壁垒。相较而言，中国企业对印度进行直接投资的关键动因也是绕开贸易壁垒。伴随两国贸易规模的不断扩大，双边贸易纠纷和摩擦逐渐深化，突出表现是印度对中国筑建的高贸易壁垒。近年来，尽管印度开始逐步调低关税水平，但其水平依然很高，如最高关税从 400% 降至 50%，平均关税从 87% 下调至 27%，高关税阻碍了国内产品进入印度市场[④]。此外，非关税壁垒也是层出不穷，如 2004 年印度工商部对我国的窄织布实施反倾销调查，并初步裁定其倾销幅度为 355%，导致国

---

① 杜凯，周勤．中国对外直接投资：贸易壁垒诱发的跨越行为[J]．南开经济研究，2010(2)：44－63.

② 严皎婕．浙江纺织业遭遇反倾销的现状及对策分析[J]．现代商贸工业，2011(23)：99－100.

③ 严皎婕．新型贸易壁垒下的浙江纺织业国际化进程[J]．国际商贸，2013(9)：134－135.

④ 马塾君，郑磊．中国对印度直接投资的动因分析[J]．财经问题研究，2008(12)：73－76.

内相关出口企业望而却步。2005 年，纺织品限制配额取缔后，印度因担心被欧盟和美国特保拦截的我国纺织品与服装涌入，因此在当年持续对我国 3 项纺织品提出反倾销调查。在此背景下，诸多出口企业陆续采取对外直接投资方式，在印度本土设厂生产和销售，有效地规避了其对我国企业高筑的贸易壁垒，巩固并拓展了印度市场份额。

家电行业采取直接投资方式绕开贸易壁垒，抢占并扩张海外市场的实例也十分典型。如 1998 年，TCL 通过收购越南彩电企业 DONACO，开辟了越南市场并跨入其彩电市场前三甲（依次为 LG、三星及 TCL）；2000 年 8 月，进军印度市场，以本土化生产经营模式跻身印度家电业前 10 强；2002 年 9 月，TCL 国际花费 820 万欧元收购德国百年企业施耐德公司，其旗下资产主要涵盖生产设备、研发机构、营销渠道及品牌商标权，并租用德国 2.4 万平方米的设施组建了 TCL 欧洲生产地。该举措充分发挥了原产地优势以规避贸易壁垒。收购施耐德后，TCL 获取了欧洲 41 万台彩电的市场额度及 2 亿欧元的市场销售额，超越了欧盟当年给予我国 7 家家电企业 40 万配额之和①；2004 年 1 月，与法国汤姆逊合资组建了全球最大彩电制造企业——TCL& 汤姆逊电子有限公司。此外，海信的国际化战略也颇值得称道②。2004 年 6 月，海信集团借助海外设厂手段避开贸易壁垒，以加速开拓国际市场，如在匈牙利伟创力公司的高新工业园建立生产基地，新建工厂当年的 CTR 彩电和高端数字电视产品的数量达 15 万台，以后逐年翻倍，直至年产量达到 100 万台。海信此举的主要动机为，5 月 1 日匈牙利正式加入欧盟，通过匈牙利分厂能够有效突破欧盟的反倾销封锁，绕开 40% 的反倾销税，并力争全方位辐射意大利、法国等欧洲国家或地区 3000 万台的大市场。此前，海信在俄罗斯、印度尼西亚、巴基斯坦及伊朗等国家或地区也采取该方式进行本土化生产和销售，绕开了种种贸易限制和壁垒，拓

① 苏立峰，张子龙．TCL 的跨国并购：为何国际化而国际化？［J］．经济与管理，2007（9）：38－43.

② 王增涛，庄贵军，樊秀峰．中国制造企业国际化的影响因素与分析框架：以 TCL 为例［J］．南开管理评论，2005（3）：88－94.

展了海外市场份额①。同样地，海尔从1995年开始，就在海外进行投资建厂；长虹在墨西哥、匈牙利、捷克、比利时及波兰等国组建彩电生产地等。国内诸多家电企业采取市场导向型直接投资，不仅有效规避了贸易限制和壁垒，加速了国际化步伐。同时，也强化并扩张了其全球市场份额，这对我国出口产品结构和产业结构调整将产生积极影响。

诸多典型实例显示，巩固并开辟海外市场是驱动国内企业实施对外直接投资的重要因素。结合表6－1国内企业国际化动力的演进轨迹可见，20世纪80年代中期至90年代末期，以市场导向为主体的对外直接投资企业占全部国际化企业的比重为50%左右，这是一国或地区工业化的典型表现之一。随着时间的推移和企业综合国际竞争力的快速提升，谋取效率和战略资产动机在对外直接投资活动中逐渐占据突出位置。与此同时，从时间轨迹来看，自20世纪90年代以来我国工业高加工化系数②呈持续上升走势（见图6－3），即工业结构从开始以原材料工业为重心转向以加工制造和组装装配为重心③。高加工度化表明工业加工程度在不断深化，加工和组装业发展超越原材料工业，工业增长对自然资源、原材料以及能源的依存度降低。陈淮等（1996）分析指出，产业结构高加工度化能够降低关税等贸易壁垒我国产业的威胁④。由图6－3可见，我国制造业高加工度化趋向比较显著，从1995年的0.612稳步增至2012年的0.809。该变化趋势与我国市场导向型直接投资快速推进的时段十分吻合，这说明海外市场扩展及开辟型直接投资在促进国内制造业高加工化层面具有积极影响。

高加工度化系数反映了制造业加工高度化的整体变化趋势，无法揭示

① 李昂．海信试金匈牙利[J]．世界机电经贸信息，2004(7)：58－59.

② 这里衡量产业高加工度化的表达式为：$HD=P_m\times G_m/(P_m\times G_m+P_p\times G_p)$。其中，$HD$表示产业高加工度化系数；$P_m$表示制造业产业的增加值，$G_m$为其增长速度；$P_p$表示初级产品增加值，$G_p$为其增长速度。

③ 孙文杰．中国产业结构优化的测度及影响因素研究——基于中国1995—2008年的工业数据[J]．经济研究导刊，2010(33)：170－172.

④ 陈淮，江林．中国产业结构高加工化的战略思考[J]．经济科学，1996(2)：12－16.

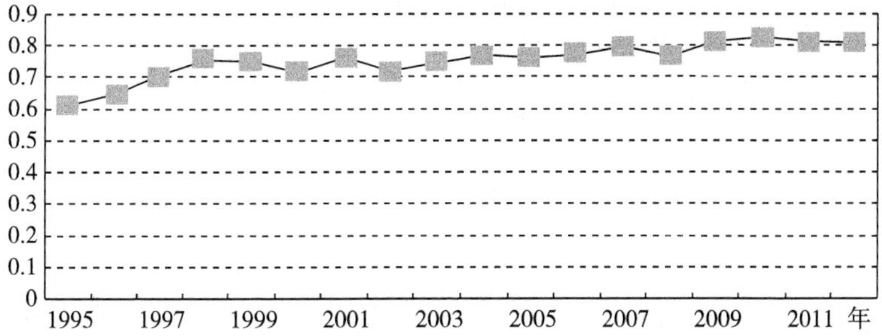

图 6 -3　1995—2012 年中国制造业高加工度化系数变化趋势

出加工高度化阶段其内部结构的变化，为此通过描述制造业内部各部门产出结构的变动以更深刻地观察高加工度化的演进，这里主要采用产业结构指标来衡量，具体的测度办法为各行业产值占制造业总产值的比重（见表 6 -3）。从选取的部分年份数据来看，我国制造业内部的高加工化趋向较为显著。无论从整体还是各行业的状况来看，产出结构变化趋向和制造业高加工度化进程都大致吻合：其一，从整体上来看，以农产品为原料的轻加工业和原材料工业在制造业中的占比显著下降，分别从 1994 年的 31. 41% 、22. 86% 降至 2010 年的 21. 84% 、20. 13% ，而重工业组成中的加工业占比持续攀升，从 1994 年的 31. 14% 增至 2010 年的 42. 68% ；其二，若将 1994 年、2002 年和 2010 年产值比重不断上升的行业看作增长部门，进而还可以发现拉动制造业高加工度化的优势部门。制造业细分行业中持续不断的部门主要有木材加工业（0. 41）、家具制造业（0. 24）、有色金属冶炼及压延加工业（1. 99）、交通运输设备制造业（2. 11）、化学原料及化学制品制造业（0. 91），以及电气机械及器材制造业（2. 01）。此外，其他部门产值也有所增长。

表 6－3　中国制造业产出结构的变动状况①（%）

行业部门	产值结构		
	1994	2002	2010
食品加工业	5.60	4.93	5.81
食品制造业	1.84	2.03	1.89
饮料制造业	2.25	2.06	1.52
烟草加工业	2.16	2.10	0.97
纺织业	11.04	6.58	4.74
纺织服装、鞋、帽制造业	3.22	3.01	2.05
皮革、毛皮、羽毛（绒）及其制品业	1.88	1.86	1.31
木材加工及木、竹、藤、棕、草制品业	0.82	0.85	1.23
造纸及纸制品业	1.69	2.15	1.73
印刷业和记录媒介的复制	0.90	0.85	0.59
农产品轻加工业	31.41	26.43	21.84
家具制造业	0.49	0.54	0.73
医药制造业	1.95	2.46	1.95
化学纤维制造业	1.42	1.16	0.82
文教体育用品制造业	0.67	0.81	0.52
非农产品轻加工业	4.53	4.96	4.03
石油加工、炼焦及核燃料加工业	4.19	4.94	4.86
非金属矿物制品业	6.69	4.71	1.98
黑色金属冶炼及压延加工业	9.29	6.70	8.62
有色金属冶炼及压延加工业	2.68	2.71	4.67
原材料工业	22.86	19.03	20.13

① 这里采用国际产业分类法，对以工业的再生产过程承接关系为准则的工业分类法进行调整，公用事业（水、电、煤气）除外，工业部门可划分为两大类：一是采掘工业；二是制造业。制造业又可细分为两类：一是原材料制造业，主要包含石油加工及炼焦业、黑色金属冶炼及压延工业，以及非金属矿物制品；二是加工制造业，又可细分为：（1）轻加工业，包含食品加工业、食品制造业、饮料制造业、烟草加工业、纺织业、服装及纤维品制造业、皮革毛皮羽绒及制品业、木材加工及竹藤宗草制品业、造纸及纸制品业、印刷业记录媒介的制造、家具制造业、文体用品制造业、医药制造业、化学纤维制造业。轻加工业也可分成两类，以农产品为原料的轻工业（前 10 个行业）和非农产品为原料的轻工业（后 4 个行业）。（2）重加工业，包含橡胶制品业、塑料制品业、金属制品业、普通机械制造业、专用设备制造业、电气机械及器材制造业、电子及通信设备制造业、仪器仪表以及文化办公用机械制造业。

续表

行业部门	产值结构		
	1994	2002	2010
化学原料及化学制品制造业	7.06	7.45	7.97
橡胶制品业	1.23	1.10	0.98
塑料制品业	2.07	2.57	2.31
金属制品业	3.81	3.40	3.35
通用设备制造业	5.34	4.39	5.84
专用设备制造业	4.00	2.91	3.58
交通运输设备制造业	7.11	8.63	9.22
电气机械及器材制造业	5.19	6.34	7.20
计算机及其他电子设备制造业．通信设备	4.46	11.66	9.14
仪器仪表及文化、办公用机械制造业	0.95	1.13	1.06
重加工业	34.14	42.12	42.68

资料来源：根据《中国工业经济年鉴》相关数据整理计算；各年份数据为按行业分组的规模以上工业企业数据。

6.1.3 劳动生产率增长效应：效率导向型 OFDI

由表6-1可知，早期国内企业进行对外直接投资的主要目的为寻求海外资源和扩张国际市场，效率导向型直接投资比重相对较小，这与企业国际化能力不足密切相关。随着改革开放不断深入和企业国际化经验逐步累积，追求效率提升型直接投资的地位日益突出。这类投资的主要动机是：(1) 以投资代替出口，进而降低生产经营和运输成本；(2) 利用规模经济效益，转移国内产能过剩产业；(3) 为了谋取技术优势①。因此，文章将从上述三个视角出发，通过列举并解析部分典型案例，以探索效率型直接投资与劳动生产率间的内在关联。

对以减少成本为导向的效率型直接投资，部分学者持有异议，因为我国本身就是劳动力成本低廉的国家，这也是国际资本大量涌入国内的动机

① 鲁桐．中国企业跨国经营战略[M]．北京：经济管理出版社，2003.

之一[①]。但笔者认为，虽然我国劳动力价格低廉，但降低劳动力成本不过是价值链的环节之一，国内企业应力争在其他环节上减少成本，以提升效率并增加经济效益，进而构筑核心竞争力。任会中（2003）问卷调查显示，浙江民营企业进行跨国直接投资的主要动机之一为利用海外生产用地和廉价的劳动力资源[②]。肖文等（2014）在调研浙江民营企业 OFDI 后指出，民企对外直接投资存在多元化动机，除扩张海外市场和寻求战略资产动机外，谋取海外廉价劳动力也是其关键动机所在[③]。以福建省的企业为例，劳动密集且技术水平低是其突出特征，如纺织、鞋业、服装，以及玩具等传统优势产业，因近年来沿海地区劳动力成本大幅提升，固有的比较优势在逐渐丧失，成本压力迫使企业不得不将这些产业转移至海外，以维持并延续其产品生命周期。以纺织业为例，2008 年沿海地区纺织工人人均工资为 1.88 美元/小时，内陆地区为 1.44 美元/小时，比 2002 年分别增长了 172.46%、251.22%。与发达国家相比虽然较低，但相较其他地区却很高。2002 年，国内纺织工人的工资是印度的 1.14 倍、巴基斯坦的 1.91 倍；到了 2008 年则分别扩大到 2.12 倍、3.21 倍。为此，大量的国内劳动密集型企业开始陆续转移至劳动力成本相对较低廉的东南亚等地。以宁波申洲为例，该集团是国内大型针织服装出口企业。2005 年耗资 380 万美元，在柬埔寨的金边市建立申洲（柬埔寨）有限公司，主要进行剪裁和缝纫工序，月产量达 30 万~40 万件，全部产品出口到欧美国家。2006 年，申洲针织又耗资 3000 万美元开启柬埔寨公司的二期工程，这是当年国内纺织业在海外最大的投资。近年来，申洲集团将生产工序相对简单的制衣生产环节转移到劳动力成本较低廉的柬埔寨等地，充分利用其劳动力成本优势，而将研发机构等核心环节放在宁波，不断开发出新面料、新款式以提

① Ping Deng. Foreign Investment by Multinationals from Emerging Countries: The Case of China [J]. *Journal of Leadership & Organizational Studies*, 2003(10): 113.

② 任会中. 浙江省民营企业跨国投资的经验、动机及障碍[J]. 国际贸易问题, 2003(10): 28-32.

③ 肖文, 周君芝, 潘家栋. 浙江省民营企业对外直接投资能力和动机研究[J]. 中共浙江省委党校学报, 2014(2): 91-96.

升服装高附加值。即便在 2011 年国际市场相对低迷的背景下，申洲利润也实现了较高增长，2012 年前 4 个月达到了两位数的外贸增长①。实践证明，通过建立海外工厂或生产网点不仅有助于规避国内市场的残酷竞争，还有利于突破进口国贸易壁垒，并迅速占领境外新兴市场。同时，更借助当地生产经营成本较国内低廉的优势，以实现成熟技术和设备边际利润最大化。

转移过剩产能与谋取海外技术也是效率型直接投资之关键目的。由于近年来国内对制造业投资过度，导致第二产业长期处在消化不良的状态，诸多行业产能过剩现象十分突出。据统计数据，当前我国第二产业 24 个重要行业中有 19 个行业存在不同程度的产能过剩，一些行业还非常严重，如钢材产能过剩 40%；电解铝过剩 58.4%；焦炭 200%；电视机过剩 90%；纺织服装过剩超过 100%。据统计，我国制造业存在近 48% 的产能闲置，35.5% 的制造企业其产能利用率在 75% 以下②。在国内需求短期无望持续扩大的制约下，通过企业“走出去”战略将产能过剩行业转移至海外，依然是全球经济低迷背景下推动我国经济可持续发展的主基调。以光伏产业为例，工信部统计数据显示，自 2010 年以来国内多晶硅产能利用率持续走低。2012 年多晶硅产能达 19 万吨/年，实际产量仅 6.3 万吨，产能利用率不到 40%；2013 年上半年国内多晶硅产能为 9 万吨，产量为 3.1 万吨，产能利用率仅为 31%。2012 年中国光伏组件产能为 37GW，但实际产量仅 22GW，产能利用率继续走低③。尽管自 2011 年以来，欧盟、美国以及印度等国家或地区相继启动了对我国光伏产业的“双反”调查，导致国内 90% 以上光伏企业面临停产，但因光伏产品本身的诸多优势以及全球对光伏产业的需求潜力，未来其市场空间还非常大④。为化解暂时性的产能过剩问题，国内企业开始转变国际经营模式，主动“走出去”在海外进行投

---

① 宓红．宁波民营企业对外直接投资方式的示例分析[J]．对外经贸实务，2012(11)：82－85.

② 张生玲．调整需求结构 推进需求转型[J]．国际贸易，2010(10)：16－17.

③ 熊勇清，黄健柏．光伏产业困境摆脱与市场的协同培育[J]．改革，2013(12)：52－57.

④ 王文详，史言信．我国光伏产业困境的形成：路径、机理与政策反思[J]．当代经济，2014(1)：87－97.

资建厂，以缓解贸易壁垒并扩大产品出口①。如2011年，我国太阳能光伏企业开始在加拿大、美国等国家开办工厂。此外，由于国内光伏组件产量的95%都销往境外，国外政府为提振本国经济也欢迎光伏企业到当地投资办厂，很多光伏组件企业开始陆续在境外新建工厂。因此，将过剩产能输出海外不仅扩大了产品出口，同时也释放了部分资源，为我国企业生产效率提升带来了积极影响。当然，寻求技术优势同样能为企业生产效率提高带来正向效应。以民营企业为例，很多跨国生产经营都以获取技术为主。虽然通过引进政策让我国掌握了不少高端技术，但核心部分仍掌握在外企手中，其外溢效应并不高，令国内企业无法高效地进行学习和掌握②。因此，很多企业开始在发达国家和地区建立研发机构，以获取国外最新技术。如2011年，杭州华立集团斥资300万美元收购飞利浦半导体公司的手机设计及软件运营业务，主要有CDMA协议软件的独家授权、飞利浦员工、相关设备资产，以及手机设计涵盖的知识产权等资产，成为我国移动通信领域首家掌握CDMA核心技术的中国企业③。除欧、美、日等发达国家外，印度也逐渐成为全球软件外包和科技研发的首选地。为获取先进技术，国内企业在印度的投资日渐增多，如华为集团在印度班加罗尔建立研究所，并聘用当地人员从事研发活动。截至2007年，华为申请的国际专利达1365项，排名全球第四④。综上所述，不难看出，通过效率导向型直接投资不仅转移了产能过剩产业，获取了境外先进技术，更促进了企业国际综合竞争力的提升。

由表6－1的调查结果可知，早期国内企业进行对外直接投资主要是以寻求国际化廉价资源和扩张海外市场为主，由于国际化经验缺乏和企业竞争力不足，整合全球化资源的能力有限，因此进行效率导向型直接投资的

---

① 邓洲．国内光伏应用市场存在的问题、障碍和发展前景[J]．中国能源，2013(1)：12－16.

② Mark Yaolin Wang. The Motivations Behind China's Government－Initiated Industrial Investment Overseas[J]. *Pacific Affairs*，2002(2)：187.

③ 王志乐．走向世界的中国跨国公司[M]．北京：中国商业出版社，2004.

④ 殷越南．后危机时代民营企业对外直接投资的机遇与对策[J]．当代财经，2012(7)：69－76.

企业数量并不多。自 20 世纪 90 年代以来，特别是加入 WTO 后，随着国内经济环境的变化，如通货膨胀预期上升、人民币加速升值、原材料价格上涨以及劳动力成本增加等因素的影响，迫使劳动密集型制造企业不得不通过直接投资方式在海外设厂生产销售或输出产能过剩产业，以缓解成本压力并借机提高企业的生产效率。由此，大量企业（特别是民营企业）开启了寻求效率提升的对外直接投资活动，2000 年前后效率导向型直接投资企业占全部国际化企业比重为 27%，而到了 2002—2005 年增至 30%，目前追求效率已成为内资企业国际化战略的核心动机之一。与此同时，考察国内三次产业劳动生产率的变动趋向发现，我国三次产业单位劳动产出呈现出与效率导向型直接投资演进轨迹趋同的特征，这种变化在第二产业显得格外突出（见图 6－4）。20 世纪 90 年代以前第二产业单位劳动产出增速缓慢，但 20 世纪 90 年代后其增速迅猛增长，虽然这种结果的影响因素多种多样，然而这一变化趋势却与效率导向型直接投资的快速扩展相吻合。由此能够判断，效率导向型对外直接投资对促进我国企业生产效率的提升存在积极的影响。

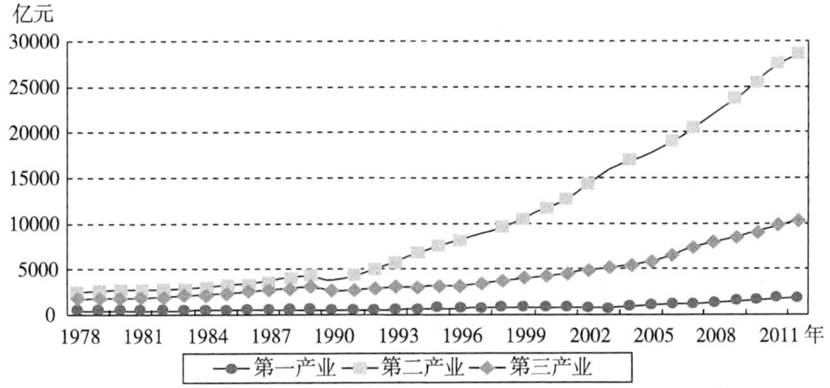

图 6－4　1978—2012 年国内三次产业劳动力单位产出变化

资料来源：《中国统计年鉴》（以 1978 年为基期）。

6.1.4 制造业高技术化效应：战略资产导向型 OFDI

自 20 世纪 90 年代以来，在全球范围谋取长期战略资产为目的的投资成为跨国企业发展过程中的突出特点。一般来讲，这些企业大多是世界500强企业。由于我国跨国公司出现的时间短暂，发展进程缓慢，以谋取战略资产为对外直接投资的动机的企业并不多，多数企业在投资时考虑的主要还是中短期利益①。与此同时，“中国制造”亦成为技术含量低、品质不高及粗糙廉价等的代名词。因此，为提升产品技术、品牌等优势，特别是核心技术，近十多年来，国内企业以寻求战略资产为导向的直接投资活动逐渐频繁，借助投资以形成研发国际化，在投资区域选择上转向欧洲、美国等发达国家或地区。自20世纪90年代以来，国内企业技术获取国际化的典型表现为：（1）与海外企业或机构进行研发合作，从海外对我国技术转移中学习；（2）设立技术检测地，以判断行业技术变化趋势；（3）拓展与增强企业潜在技能水平；（4）接近国际R&D环境，进而吸收其研发成果②。跨入21世纪后，跨国并购则成为国内企业快速、迅捷获取国外技术的重要手段。

以家电行业为例，长期以来由于自主品牌和核心技术严重缺乏，我国家电行业始终处在全球价值链低端，大量企业被迫依靠贴牌生产来换取微薄的加工费，产品国际竞争力显著不足。在此背景下，不少企业通过直接投资在海外建立研发机构或并购国外研发机构等举措，以迅速获取国际先进技术，提高产品技术含量并抢占世界市场。例如，1997年格兰仕集团在美国组建了微波炉研究所，通过招聘海外技术专家，专门从事家电产品新材料、尖端技术和智能化应用的研究。短期内，该中心研发出的专利与专有技术多达600项，从而确立了格兰仕在世界微波炉行业的领导地位；1998年，康佳集团在美国硅谷组建康盛实验室，率先研制出高清晰彩电，并以此开拓了美国市场；1999年，海尔开启国际化战略目标——加速品牌国际化进程，并力争在10年内成为世界500强。截至2002年6月，海尔在世界范围内建立12家技术研究院，48家研究中心，16家设计中心和高

① 鲁桐．中国企业跨国经营战略[M]．北京：经济管理出版社，2003.

② 陈劲．创新全球化——企业技术创新国际化范例[M]．北京：经济科学出版社，2003.

级实验室，充分发挥东道国技术人才优势以设计、研发与技术创新，通过高效整合当地人力资本以利用其管理经验和经营智慧。截至 2001 年末，海尔在境外投资获取了近 10 亿美元的业绩，且其海外资产累计高达 3.28 万亿美元①。家电行业作为国内竞争比较充分的行业，伴随大批具有国际竞争力企业的不断涌现，很多企业开始将技术竞争的阵地转向海外，在带动国内家电行业快速发展的同时，企业自身的技术水平与自主创新能力也得以大幅提升。

在机械制造业，以陕西秦川机械公司为例，2003 年 11 月，该公司收购了美国 UAI 公司。UAI 公司有 80 多年的历史，旗下拥有 3 家子公司（美国拉削机床刀具公司、阿伯机床公司以及北亚当斯制造公司），其拉削工艺、拉床、拉刀及拉刀磨床技术居世界行业前列，且公司还具有雄厚的技术实力及广泛的客户群。通过收购 UAI 使秦川机械在外圆磨床、齿轮磨床和高速滚齿技术基础上，具备了复合齿轮刀具“四拉合一”关键的核心技术，并掌控齿轮加工生产线装备能力，进而强化了其在该领域的技术水平和竞争能力，拥有了为重大关键装备工业提供服务的能力②。2004 年，沈阳机床并购德国希斯公司后，获得了该公司全部的技术、设备，整合了其销售公司的技术及管理员工，并借力当地化技术优势进行高技术层次机床的研发和生产。同时，企业还将在德国的研发技术反馈到国内，进而提升了中国基地的生产技术能力。除此之外，在科技全球化的背景下，跨国企业的产业竞争优势推动了 R&D 资源在世界范围内的转移，对我国汽车行业获取外部先进技术创造了契机③，如 2004 年 12 月，上汽集团耗资 6700 万英镑购买罗浮汽车的全部核心技术与知识产权；2005 年 7 月，南汽集团斥资 5300 万英镑收购 MG 罗浮的部分资产；2009 年 12 月，北汽集团耗资 2 亿美元并购萨博（瑞典）汽车公司相关的知识产权；2010 年 3 月，吉利

---

① 魏东，王璟珉．中国对外直接投资动因分析[J]．东岳论丛，2005(5)：88－92.

② 王辉，徐波．中国企业技术寻求型跨国并购行为分析[J]．国际商务研究，2005(4)：56－60.

③ 杜群阳．R&D 全球化、反向技术外溢与技术获取型 FDI[J]．国际贸易问题，2006(12)：88－91.

汽车耗巨资18亿美元收购了福特的沃尔沃9个系列产品的核心知识产权。以上汽收购韩国双龙汽车为例。2001年，上汽旗下的上海大众汽车制造公司花费320万美元收购双龙公司重型卡车及大客车的磨具和生产设备，为上汽深度并购双龙提供了部分前期经验。2004年10月，上汽耗资5亿美元并购双龙汽车公司48.92%的股权。此后，上汽又相继10多次收购双龙股票，将持股比例增至51.33%，进而达到对双龙的绝对控股权①。通过此次并购后，上汽不仅完善了产品类型，拓展了销售网络渠道，更获得了双龙公司的变速器、发动机，以及SUV整车车型等核心技术，使上汽在国际汽车行业中的竞争能力得以大幅提升②。

从IT与通信等高技术行业来看，自2000年以来，这类企业在技术等战略资产获取方向崭露头角。如2000年，华为集团在硅谷、瑞典、达拉斯、俄罗斯以及印度等国成立了6个研究所。其中，华为印度研究所在2001年成为国内首个获得GMM四级国际认证的软件研发机构。截至2002年末，华为申请国内外专利198项，其品牌商标在全球86个国家或地区注册600余件，并受世贸组织和巴黎公约的保护。2003年，其交换机入网持续三年全球销量第一③。2005年，华为在印度班加罗尔耗资6000万美元设立生产部门，又投资4000万美元组建研发中心，与微软、摩托罗拉等企业组建联合实验室，由此华为获得了软件开发的先进技术及管理经验等资源。此外，这些先进技术以内销方式反馈到集团总部，有力地提升了企业技术水平和自主创新能力。2001年，联想集团建立了以香港为中心，横跨北京、深圳以及美国硅谷的全球研发网络，并将美国硅谷的研发机构列为技术情报站，为联想集团迅速、敏捷地获取并反馈全球计算机市场的最新技术动态和商业动态。2002年，首信集团耗资在美国新泽西州组建Mobicom公司，以跟踪全球最新的数字技术和移动通信终端技术。因高科技产

① 石云明．中国汽车企业对外直接投资中技术获取路径——上汽集团并购韩国双龙的案例研究[J]．技术经济，2013(3):7－12.

② 李晓羽，谢伟．国际经济表现与中国产业韩进的思考[J]．科技管理研究，2009(9):73－75.

③ 白洁．中国企业的技术寻求型海外投资战略分析[J]．中国科技论坛，2009(4):26－29.

业具有高技术垄断性，国内企业难以从外资企业手中获取到关键核心技术，未来以境外研发机构、智力资源等技术获取型投资势必成为国内企业关注的重点①。

值得关注的是，近年来，国内民营企业技术型获取对外直接投资成绩也十分显著。例如，正泰集团在 20 世纪 90 年代末就在美国的硅谷建立研究所，以此为其温州研发基地和上海研发中心提供全球低压电器行业最新的科技信息以及迅捷的技术扶持。2001 年，万向集团成功并购 NASDAQ 上市公司 Universal Automotive Industries INC，由此完善了万向集团全球化制造体系。2001 年，华立集团并购飞利浦 CDMA 手机核心生产技术，成为我国完整掌控 IT 产业核心技术的企业②。2002 年，京东方斥资 3.8 亿美元并购现代集团液晶显示器（TFT－LCD）业务，获得了该相关技术，使我国光电技术跨越了 5～6 年。从该发展趋势可以清晰地看出，民营企业参与国际分工并主动嵌入全球价值链高新技术前端，将逐步成为我国技术获取性型投资的主力军③。

由表 6－1 知，20 世纪 90 年代以前我国进行战略资产导向型直接投资的企业数量占比并不太高，但加入 WTO 后，以追求先进技术、商标专利、知识产权与管理经验等资产的企业与日俱增。这得益于国内“走出去”相关政策的大力扶持。此外，企业为提升其产品在整个行业及国际上的地位，主动实施获取国际化技术等战略举措。企业通常采取并购方式以快速、敏捷地获得来自发达国家或地区的最新技术、品牌商誉及研发机构等资产，以完善企业的产品结构、品质质量等，进而实现其国际化战略。这

---

① 虞瑾，韩晓燕．我国民营企业技术获取型对外直接投资研究［J］．浙江金融，2007（2）：59－60.

② 王谦，徐小青．技术获取、竞争策略与发展中国家跨国并购投资［J］．财贸研究，2007（5）：59－64.

③ 杜群阳，朱勤．中国企业技术获取性海外直接投资理论与实践［J］．国际贸易问题，2004（11）：66－69.

类投资发展演进的轨迹与我国制造业内高技术产业[1]化系数的变动趋向相吻合（见图6－5），其快速增长趋势延续至2004年前后，而2005年后该上扬态势趋于稳定。与此同时，高技术产业产值在GDP中的比重也从20世纪90年代中期的小幅增长到2005年之后的平稳。从总体上来看，战略资产导向型直接投资与我国制造业的高技术化高度趋同。

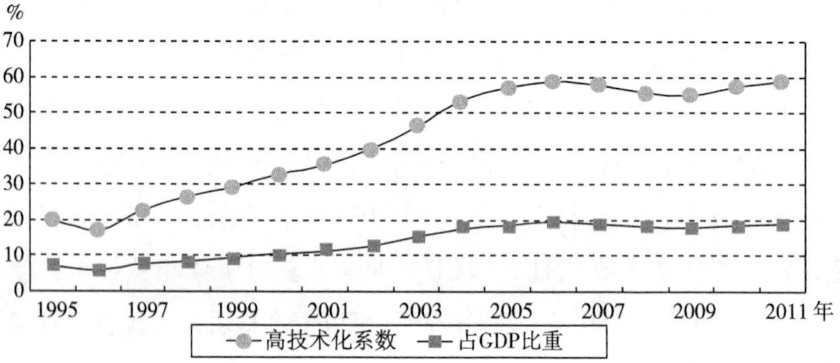

图6－5　1995—2011 中国高技术产业产值占制造业产值与 GDP 比重

通过以上案例解析可知，由于我国开展对外直接投资的历史短暂，相对于发达国家大致遵从由市场导向到效率导向再至战略资产导向直接投资的规律，我国企业对外最直接投资的动机是相对复杂的。这种由多元化动机共同促成的企业对外直接投资活动，对我国产业升级的影响与发达国家直接投资对产业升级的影响路径可能会存在一定的差异，进而形成与国情相适应的产业升级效应。综合典型案例与相关产业测度指标的发展演进路

---

① 1996年，OECD以R&D强度为标准界定高技术产业，根据国际产业分类并参照13个OECD成员国20世纪80年代初期有关数据，确定航空航天制造业、计算机及办公设备制造业、电子及通信设备制造业以及医药制造业等为高技术产业，这是当前国际通用做法。但需要强调的是，发展中国家与发达国家对高技术产业的内涵界定有所不同，同样是高技术产业，中国的R&D强度比发达国家低。按照OECD新分类办法，R&D强度<1%的为低技术产业；1%<R&D强度<3%的为中技术产业；R&D强度>3%的为高技术产业。然而，严格的划分标准则是R&D强度>10%的为高技术产业；R&D强度<1%的为低技术产业；1%<R&D强度<3%的为中低技术产业；3%<R&D强度<10%的为中高技术产业。按照该标准，中国的高技术产业与发达国家的中高技术产业相当。目前，中国高技术产业主要包括医药制造业、航空航天及设备制造业、电子及通信设备制造业、计算机及办公设备制造业以及医疗仪器设备及仪表5大类。

径，能够归纳和总结出以下特点：资源导向型直接投资的重工业化、市场导向型直接投资的高加工度化、效率导向型直接投资的企业生产效率提升以及战略资产导向型直接投资的高技术化。

经验研究显示，企业不同动机的对外直接投资活动对产业发展存在相应的积极效应，但这种影响的效果和程度如何还需要通过实证检验进行判断。由此本章将利用以上衡量指标与直接投资数据通过建立 VAR 模型进行验证。

6.2 OFDI 的产业升级效应：VAR 模型分析

以上内容对不同动机条件下，中国企业对外直接投资的产业升级效应作了较为系统的归纳和总结。通过直接投资发展演进与相关指标变化规律的刻画和描述，得出不少能与投资实践相对应的规律，但这些结论能否支撑研究议题，尚需通过实证分析进行具体验证。由此，本小结内容将对不同动机下对外直接投资与相关指标之间的关系进行检验。

6.2.1 模型的选择与说明

由于样本为时间数据序列，且对外直接投资对各指标的影响具有滞后性，可以考虑采用向量自回归（Vector Auto - Regression，VAR）模型来描述和判断变量之间的关系。VAR 检验通过把系统中各内生变量当作系统内所有内生变量的滞后值的函数以构建模型，进而来描述多变量之间的动态影响。该模型的基本数学形式为：$y_t = A_1 y_{t-1} + \cdots + A_p y_{t-p} + B_1 x_t + \cdots + B_r x_{t-r} + \varepsilon_t$。其中，$y_t$ 为 m 维内生变量向量；x_t 为 d 维外生变量向量；$A_1 \cdots A_p$ 和 $B_1 \cdots B_r$ 为待估计参数矩阵，内生变量及外生变量分别存在 p 与 r 阶滞后期；ε_t 是随机扰动项，同期间可相关，但不可自相关，且不能同模型右边有关变量相关。此外，由于 VAR 检测方法对模型形式没有具体要求，所以能有效地克服联立性偏差等问题。在该模型下对 OFDI 的产业升级问题进行 Johansen 协整检验以判断其是否存在长期均衡关系，进一步通过格兰杰因果关系检验，以识别各变量间的因果关联。

6.2.2 变量选取与数据说明

综上案例研究可知，在微观投资动机视野下分别选取了4种突出特征进行刻画，即资源导向型OFDI的重工业化（霍夫曼系数）、市场导向型OFDI的制造业高加工度化（高加工度化系数）、效率导向型OFDI的劳动生产率增长以及战略资产导向型OFDI的制造业高技术化（高技术化系数）。这些现象变化的轨迹与企业直接投资的时间路径具有高趋同性，由此可初步判断其之间有密切关联。借助Eviews 6.0软件考察其与对外投资的散点图见证该推断，四大指标与对外投资数据间的符号均符合预期。考虑到数据可获得性、时间长度和变量间时段的匹配性，这里重点以高加工度化系数和高技术化系数指标作为研究对象，分别测度对外直接投资对两大指标的影响状况。其中，解释变量为对外直接投资流量数据，用OFDI表示；高加工度化和高技术化指标为被解释变量，分别用HD、HT表示，样本区间为1995—2011年。资料源于《中国统计年鉴》《中国工业经济统计年鉴》《中国对外直接投资公报》以及《中国高技术产业统计年鉴》等。

6.2.3 估计过程与分析

（1）时间序列ADF检验。为避免“伪回归”现象，在对数据作对数化处理后，需要对各变量进行ADF单位根检验（见表6－4）。检验结果显示：在10%的显著性水平下，原数据序列检验结果都没有拒绝单位根假设，因此认为ln*OFDI*、ln*HT*和ln*HD*均是非平稳时间序列。但经一阶差分处理后都拒绝存在单位根的原假设，说明差分变量是平稳的且是一阶单整的，记为I（1）。

表6－4　各变量序列的ADF检验结果

变量	I（C，T，D）	ADF值	临界值			P值	结果
			1%	5%	10%		
ln*OFDI*	（C，T，0）	－2.629509	－4.667883	－3.73320	－3.310349	0.2735	不稳定
ln*HT*	（C，T，1）	－1.182522	－4.728363	－3.759743	－3.324976	0.8763	不稳定
ln*HD*	（C，T，0）	－2.308260	－4.667883	－3.733200	－3.310349	0.4068	不稳定

续表

变量	I（C，T，D）	ADF 值	临界值			P 值	结果
			1%	5%	10%		
△ln*OFDI*	（C，T，0）	-5.571592	-4.728363	-3.759743	-3.324976	0.0025	稳定
△ln*HT*	（C，T，3）	-4.892994	-4.992279	-3.875302	-3.388330	0.0115	稳定
△ln*HD*	（C，T，1）	-4.426234	-4.800080	-3.791172	-3.342253	0.0181	稳定

注：C 为有常数项，T 为有时间趋势，D 为有滞后项；△表示一阶差分；滞后阶数由 AIC 和 SC 准则综合确定。

（2）VAR 模型建立与 Johansen 协整检验

在建立 VAR 模型前，首先对模型滞后阶数进行判断，这里根据 AIC 和 SC 准则综合确定，具体有 LR、FPE、AIC、SC 以及 HQ 统计值测量（见表 6-5、表 6-6）。由检验结果可知，对于 OFDI 与 HT 指标，有超过一半准则筛选出来的滞后阶数为 1 阶，由此建立 VAR（1）模型；而对于 OFDI 与 HD 指标，半数以上准则选择出来的滞后阶数为 2 阶，由此建立 VAR（2）模型。

表 6-5　VAR 模型滞后阶数判断结果（变量 OFDI 与 HT）

Lag	LogL	LR	FPE	AIC	SC	HQ
0	-19.79742	NA	0.077201	3.113917	3.205211	3.105466
1	15.21293	55.01627*	0.000932*	-1.316133*	-1.042252*	-1.341486*
2	18.64093	4.407429	0.001065	-1.234419	-0.777950	-1.276674
3	22.95390	4.312967	0.001162	-1.279129	-0.640071	-1.338285

表 6-6　VAR 模型滞后阶数判断结果（变量 OFDI 与 HD）

Lag	LogL	LR	FPE	AIC	SC	HQ
0	5.547091	NA	0.001988	-0.545706	-0.458791	-0.563571
1	18.95070	20.62093*	0.000475	-1.992415	-1.731669	-2.046010
2	24.10105	6.338901	0.000426*	-2.169393*	-1.734817*	-2.258718*
3	25.48625	1.278643	0.000755	-1.767116	-1.158709	-1.892171
4	26.15595	0.412122	0.001854	-1.254761	-0.472524	-1.415546

注：* Indicates lag order selected by the criterion

LR：sequential mOFDIfied LR test statistic（each test at 5% level）

FPE：Final prediction error；AIC：Akaike information criterion

SC：Schwarz information criterion；HQ：Hannan-Quinn information criterion

（3）VAR 模型输出结果。根据表 6－5、表 6－6 对模型滞后阶数的综合判断，分别建立变量 OFDI 与 HT 及 HD 的 VAR 模型如下：

$$\ln HT = 0.9698\ln HT(-1) + 0.0233\ln OFDI(-1) + 0.1363 \quad (6-1)$$

$$\begin{bmatrix} \ln HD \\ \ln OFDI \end{bmatrix} = \begin{bmatrix} 0.5409 & 0.0191 \\ 5.2836 & 0.3790 \end{bmatrix}\begin{bmatrix} \ln HD(-1) \\ \ln OFDI(-1) \end{bmatrix} + \begin{bmatrix} 0.2172 & 0.0282 \\ 0.8756 & 0.3589 \end{bmatrix}\begin{bmatrix} \ln HD(-2) \\ \ln OFDI(-2) \end{bmatrix} + \begin{bmatrix} -0.0845 \\ 3.3228 \end{bmatrix} \quad (6-2)$$

（4）平稳性检验。进而对 VAR 模型的平稳性给予判断。由图 6－6、图 6－7 可知，没有任何特征根落在单位圆外，说明模型是平稳的。

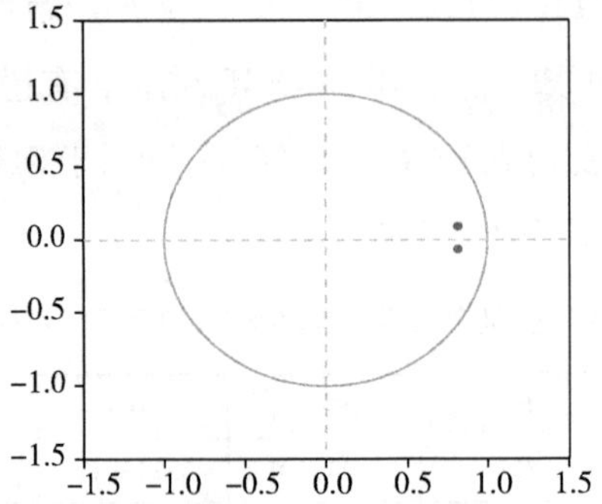

图 6－6　VAR 平稳性检验结果（OFDI 与 HT）

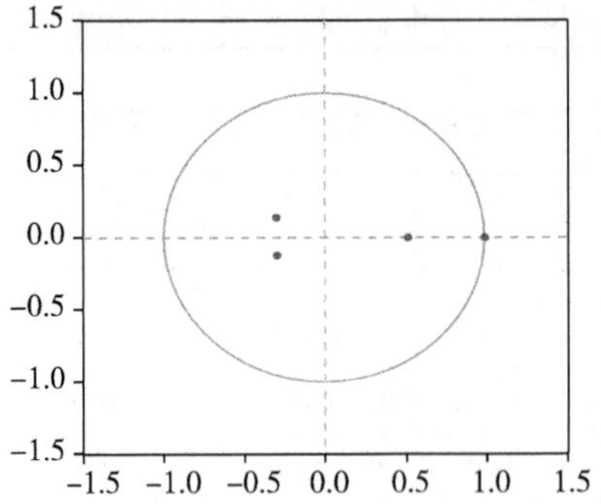

图 6－7　VAR 平稳性检验结果（OFDI 与 HD）

（5）Johansen 协整检验。根据步骤（3）可知 VAR 模型是平稳的，因此能进行 Johansen 协整检验。同前，根据检验选取的滞后阶数分别为 1 阶

（OFDI 与 HT）和 2 阶（OFDI 与 HD），采用 Eviews 6.0 估计的结果。（见表6－7、表 6－8）

表 6－7 协整关系检验结果（变量 OFDI 与 HT）

原假设（协整向量数目）	特征根	迹统计量（P 值）	最大特征值统计量（P 值）	结论
没有	0.765041	27.93642（0.0273）	21.72517（0.0225）	拒绝
至多一个	0.339054	6.211244（0.4339）	6.211244（0.4339）	接受

表 6－8 协整关系检验结果（变量 OFDI 与 HD）

原假设（协整向量数目）	特征根	迹统计量（P 值）	最大特征值统计量（P 值）	结论
没有	0.589960	19.07122（0.0723）	13.37253（0.0896）	拒绝
至多一个	0.316079	5.698690（0.2153）	5.698690（0.2153）	接受

由上述结论可知，迹检验与最大特征根检验结果均显示，在 5% 的显著性水平下，变量 *OFDI* 与 *HT* 拒绝“不存在协整关系”的零假设，接受具有“一个协整关系”的原假设；在 10% 显著性水平下，变量 *OFDI* 与 *HD* 拒绝“不存在协整关系”的零假设，接受具有“一个协整关系”的原假设，这表明对外直接投资与高技术化、高加工度化之间存在长期均衡关系。

（6）格兰杰检验。检验证明变量之间存在长期均衡关系，但其是否具有内在因果关系，还要通过格兰杰因果检验给予验证。其核心思想是：若 X 变化引起 Y 变化，则 X 变化应发生在 Y 变化之前，即 Y 关于 Y 的滞后项回归中纳入 X 的滞后项作独立变量要能显著增加回归的解释力，且 Y 不应有助于预测 X，则称 X 是 Y 的格兰杰原因，否则不成立（见表 6－9、表 6－10）。在 10% 的显著水平下，对外直接投资（*OFDI*）是高技术化（*HT*）的单向格兰杰原因；在 5% 的显著水平下，对外直接投资（*OFDI*）是高加工度化（*HD*）的单向格兰杰原因。

表 6－9 OFDI 与各变量格兰杰因果检验结果（变量 OFDI 与 HT）

变量	原假设	F 统计量	P 值
ln*OFDI*	ln*OFDI* 不是 ln*HT* 的格兰杰原因	4.08774	0.0643
ln*HT*	ln*HT* 不是 ln*OFDI* 的格兰杰原因	0.73110	0.4080

表 6-10　OFDI 与各变量格兰杰因果检验结果（变量 OFDI 与 HD）

变量	原假设	F 统计量	P 值
ln*OFDI*	ln*OFDI* 不是 ln*HD* 的格兰杰原因	4.93527	0.0447
ln*HD*	ln*HD* 不是 ln*OFDI* 的格兰杰原因	0.24954	0.6257

综上可知，对外直接投资对高加工度化以及高技术化系数均存在正向效应。同样的方法检验 OFDI 同霍夫曼系数及劳动生产率指标之间的关系，得出结论：资源导向型 OFDI 与霍夫曼系数呈负相关关系，效率导向型 OFDI 与劳动生产率呈正相关关系。由此可见，对外直接投资对各产业升级规律均带来正向促进作用。现实规律的总结与实证的结果相吻合，进而证实企业不同动机的对外直接投资活动分别通过提升重工业化水平、促进制造业高加工度化、改善劳动生产率以及推进制造业高技术化等渠道，推动了国内产业升级。

6.3 基于灰色关联理论的深入分析

在分析了企业对外直接投资推动国内产业升级后，本书尝试从投资的产业部门流向着手，利用灰色关联模型来观察不同的投资行业与产业升级关联度间的大小，以检测投资流向哪些行业更有利于促进产业升级。一方面，同现有投资行业进行校验；另一方面，为政府今后引导企业进行投资行业选择，以更有利于促进国内产业升级并为其提供参考。文章将以2003—2012 年我国对外直接投资的行业数据为考察对象，对其关联度大小进行测算。

6.3.1 灰色关联度模型建立

从投资产业选择的视角，以国内对外直接投资的行业投向数据为基础，采用灰色关联模型测度对外直接投资增长与产业结构调整的关联度。鉴于国内对外直接投资的行业分布数据时间较短，2003 年《中国对外直接投资公报》才开始公布相关数据，因此不适用于大样本计量模型，灰色关联模型能够克服“少数据、小样本、贫信息”的缺陷，适宜考察这类问题。

建立初始数据序列的主要步骤：

步骤一：设系统特征序列 X_0 是增长序列，记作 $X_0 = [x_0(1), x_0(2), \cdots, x_0(n)]$；

设 X_i 是相关因素行为序列，并记作 $X_i = [x_i(1), x_i(2), \cdots, x_i(n)]$ $(i = 1, 2, 3, \cdots, n)$

步骤二：求序列初始值

$$X_i' = \frac{X_i}{x_i(1)}[x'_i(1), x'_i(2), x'_i(3), \cdots, x'_i(n)] \ (i = 1, 2, \cdots, m)$$

步骤三：求解差序列及最小值和最大值

$$\Delta_i = [\Delta_i(1), \Delta_i(2), \Delta_i(3), \cdots, \Delta_i(n)]$$

其中，$\Delta_i(k) = |x'_0(k) - x'_i(k)|$

$$m = \min_i \min_k \Delta_i(k), \ M = \max_i \max_k \Delta_i(k)$$

步骤四：求解灰色关联系数

$\rho_{0i}(k) = \dfrac{m + \varepsilon M}{\Delta_i(k) + \varepsilon M} \ k = 1, 2, \cdots, n; \ i = 1, 2, \cdots, m$。其中，$\varepsilon$ 是分辨系数，$\varepsilon \in (0, 1)$ 一般取 $\varepsilon = 0.5$。

步骤五：求解灰色关联度　$\rho_{0i}(k) = \dfrac{1}{n}\sum_{k=1}^{n}\rho_{0i}(k) \ i = 1, 2, \cdots, m$

6.3.2 变量选择与数据采集

增长序列：产业升级指标（X_0）。国内对该指标的研究文献并不多，本书借鉴杨晓猛（2006）设计的指标体系，以测度我国产业结构状况①。这一指标大致分成指标层、领域层和目标层三级，如表 6 - 11 所示。

① 杨晓猛．转型国家市场化进程测度的地区差异分析——基于产业结构调整指标的设计与评价[J]．世界经济研究，2006(1)：72 - 78.

表6-11　产业结构调整指标设计及其权重选择

目标层	领域层	指标层
产业结构调整	三次产业变化状况（0.25）	第一产业增长率（0.25）
		第二产业增长率（0.35）
		第三产业增长率（0.40）
	劳动力分布状况（0.3）	第一产业就业人员占总就业人员比重（0.2）
		第二产业就业人员占总就业人员比重（0.3）
		第三产业就业人员占总就业人员比重（0.5）
	产业部门贡献度（0.45）	第一产业产值增加值占GDP增加值比重（0.2）
		第二产业产值增加值占GDP增加值比重（0.3）
		第三产业产值增加值占GDP增加值比重（0.5）

注：括号内为各指标的权重。

相关部门行业序列：从总体上来看，2003—2012年国家统计局、商务部以及外汇管理局等统计资料显示，中国非金融类对外直接投资中，采矿业（X_1）、制造业（X_2）、批发和零售业（X_3）、交通运输和仓储业（X_4）、租赁和商务服务业（X_5）、信息传输/计算机和软件业（X_6）以及建筑业（X_7）七个行业的直接投资存量或流量均占据当年全部投资存量或流量的90%左右。因此，采取这些行业样本来研究直接投资对产业结构调整的影响极具代表性，进而本书以上述七大行业的投资存量数据当作相关因素序列进行探讨。

增长序列（X_0）的值按照表6-11的层级顺序，从2003—2012年指标层数据计算起，权重依次由下向上加权求和得到。数据根据《中国统计年鉴》《中国对外直接投资公报》等相关资料整理，测算出的结果如表6-12所示。进一步地，对产业结构调整数据进行无量纲化处理后，由此得到二者间关联度。

表6-12　2003—2012年产业结构调整的分指标值及总指标

年份	产业结构调整	三次产业变化状况	劳动力分布状况	产业部门贡献度
2003	0.29016	0.02929	0.09285	0.16802

续表

年份	产业结构调整	三次产业变化状况	劳动力分布状况	产业部门贡献度
2004	0.29960	0.04584	0.09429	0.15947
2005	0.30098	0.03519	0.09540	0.17039
2006	0.30714	0.03882	0.09654	0.17178
2007	0.32580	0.05632	0.09720	0.17228
2008	0.31074	0.04514	0.09804	0.16756
2009	0.30804	0.02061	0.09903	0.18840
2010	0.31195	0.04319	0.09975	0.16901
2011	0.31569	0.04435	0.10098	0.17036
2012	0.30903	0.02531	0.10158	0.18214

相关行业部门序列：采矿业（X_1）、制造业（X_2）、批发和零售业（X_3）、交通运输和仓储业（X_4）、租赁和商务服务业（X_5）、信息传输/计算机和软件业（X_6）以及建筑业（X_7）七个行业直接投资的存量数据均由《中国对外直接投资公报》整理，详见表6-13。

表6-13　中国2003—2012年七大行业对外直接投资存量 单位：亿美元

年份	采矿业	制造业	批发和零售业	交通运输和仓储业	租赁和商务服务业	信息传输/计算机服务和软件业	建筑业
2003	59	20.7	65.3	19.9	19.9	108.9	6.6
2004	59.5	45.4	78.4	45.8	164.2	11.6	8.33
2005	86.5	57.7	114.2	70.8	165.5	13.2	12
2006	179	75.3	129.6	75.7	194.6	14.5	15.7
2007	150.1	95.4	202.3	120.6	305.2	19	16.3
2008	228.7	96.6	298.6	145.2	545.8	16.7	26.8
2009	405.8	135.9	357	166.3	729.5	19.7	34.1
2010	446.6	178	420.1	231.9	972.5	84.1	61.7
2011	670	269.6	490.9	252.6	1422.9	95.5	80.5
2012	747.8	341.4	682.1	292.3	1757	48.2	128.6

资料来源：根据《中国对外直接投资统计公报》整理。

6.3.3 测算结果与分析

结合以上分析采用灰色理论软件进行处理，得到七大行业对外直接投资与产业结构调整的关联度。从整体上来看，各行业对外直接投资与产业结构调整间的灰色关联度普遍较高，半数以上行业都大于0.8（除了租赁与商务服务业的灰色关联度较低，仅为0.56694）。（见图6－8）

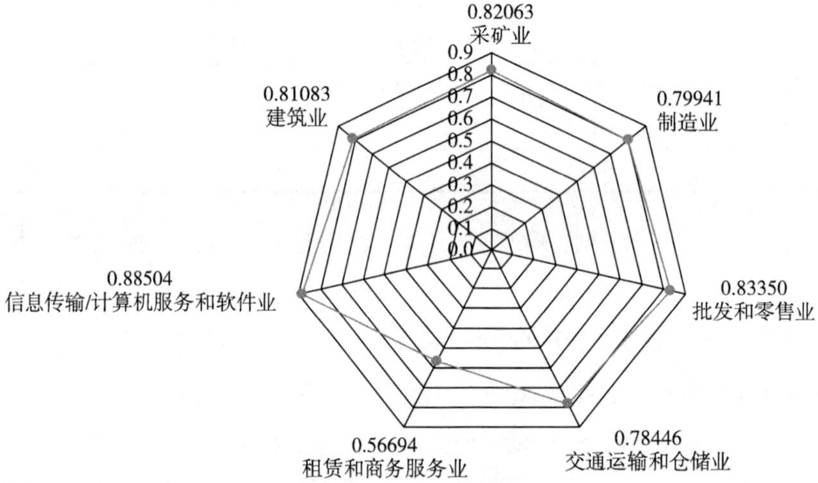

图6－8　灰色关联度测算结果

由图6－8可知，七大行业对外直接投资对促进国内产业升级均存在积极影响，但其影响程度有所不同，从高到低排列依次为：信息传输/计算机和软件业（X_6）>批发和零售业（X_3）>采矿业（X_1）>建筑业（X_7）>制造业（X_2）>交通运输和仓储业（X_4）>租赁和商务服务业（X_5）。进而初步判断，信息传输/计算机和软件业，批发和零售业，采矿业，建筑业以及制造业五大行业对外直接投资对我国产业升级的正向作用相对显著。由此可见，对外直接投资与国内产业升级之间密切相关。具体原因解析如下：

其一，信息传输/计算机和软件业属于高科技领域，对外直接投资主要为获取国际先进技术、管理手段等动机，以弥补国内技术缺口和管理缺口，这种技术反哺对推动国内产业升级效果显著。企业通过在境外建立研发机构，以嵌入东道国研发资源的密集地，或采取并购等方式拥有其核心技术，通过与当地研发机构或部门合作，有利于企业及时、快捷地掌握最新技术，迅速调整企业技术的研发方向，并将最新技术成果反馈至国内母公司，让企业快速跨入产业链高附加值区域，进而带动母国产业升级。近年来，国内高科技企业积极开展国际化的主要动因在于主动融入全球价值链高端，借机提升企业核心竞争力，这对促进我国产业升级也大有益处①。

其二，批发零售业和制造业对外投资多为市场开拓性投资。虽然国内产品在世界市场占有较高的市场份额，但因贸易壁垒等限制，致使出口产品受限日渐增多，贸易摩擦日渐成为破坏双边与多边关系的主导因素。批发零售业和加工制造业，特别是服装纺织、家电等企业，为输出国内产能过剩，并规避贸易壁垒、缓解各类贸易摩擦，借助直接投资的方式，到海外直接设厂生产并销售，以巩固和扩张国际市场。这种直接投资，不仅提升了国内企业产量，增加了国际需求。与此同时，在与国际市场的接近和互动过程中，还能够将国外产品的设计理念、创意等输入国内，通过模仿学习和消化吸收，将其转化为企业核心竞争力，进而带动国内产业升级。

其三，采矿业对外直接投资属于资源获导向型投资。许多国内企业通过在海外采掘石油、天然气、铁矿石以及有色金属等战略资源，并以低价输入国内，或利用当地廉价劳动力就地加工，将加工生产后的半成品输入国内，这对缓解国内资源压力和促进传统产业改造，以及带动其他新兴产业发展都大有裨益，进而推动我国产业结构的优化升级。

其四，建筑业对外直接投资多为劳务承包型投资，涉及的产业较为广泛，由此引发的需求大大超越了建筑业本身的增加值，这在促进东道国经济发展的同时，对拉动国内产品出口、增加就业等都具有积极影响。据世界贸易组织统计资料显示，我国建筑业多年来始终保持贸易顺差，对平抑

① 汤婧，于立新．我国对外直接投资与产业结构调整的关联分析[J]．国际贸易问题，2012(11)：42－49.

服务贸易逆差具有积极意义。与此同时，该类投资对刺激机电产品出口、技术服务以及原材料贸易都有正向影响，由此带动金融、保险、邮电和民航等服务业，以及电子、交通运输、石油化工、电力等相关行业发展，有力地促进了国内产业结构的调整和优化升级。商务部资料表明，2009 年国内外包业务带动近 300 亿美元的出口，为制造业、建筑业、金融业以及运输业等相关行业发展带来了机遇。另外，对外劳务合作为国内创造了大量的海外就业机会。2010 年，通过工程承包派往海外的员工达 38 万人（年末在境外人数)，占全部外派人员的 44.5%，成为国内劳务派遣的主力军[①]。

6.4 本章小结

基于对我国企业不同投资动因所推动的产业升级现象研究发现，资源导向型 OFDI 推动了国内重工业化进程；市场导向型 OFDI 带来了高加工化效应；效率导向型 OFDI 提高了单位劳动生产率；战略资产导向型 OFDI 促进了制造业高技术化。通过 VAR 检验证明了上述判断。进一步地，深入到投资产业并采取灰色关联法测算显示，信息传输/计算机和软件业，批发和零售业，采矿业，建筑业和制造业行业的投资对国内产业升级的正向效应最为显著。对外投资在以上行业的主要动机在于获取先进技术、寻求国际化资源以及扩张海外市场，这与目前国内企业对外直接投资行业分布的整体特征相一致。

① 张宁，裴长洪．对外承包工程：我国实施“走出去”战略的主导形式[J]．中国经贸，2011(3)：18－20.

第七章　中国 OFDI 的产业升级效应
——宏观视角检验

从理论上来讲，对外直接投资会带来母国产业升级效应，但也可能会对产业升级造成阻碍，如产业空心化问题。理论上的推断需要实证支持，本章从我国对外直接投资的实践出发，通过实证探究，检测中国对外直接投资对国内产业升级是否存在正向效应。但需要说明的是，目前在该领域的实证研究还缺乏成熟模型的支撑，而适用于我国的实证分析更是一片空白。同时，受我国对外直接投资时间长短的约束，故在模型构建和变量选取上存在一定的难度。本章在实证探讨该问题时则尝试着修正经典增长模型，借助面板数据以克服小样本的缺陷，并考虑了符合国情的变量及因素，以期能够得到符合本研究预期的结论。

7.1 基本假说的提出

我国对外直接投资活动起步较晚，从改革开放到 2012 年，经历了摸索阶段、起步阶段、成长阶段以及快速增长阶段。截至 2012 年末，对外直接投资流量及存量分别达到了 878 亿美元、5319.4 亿美元，成为当年全球第三大对外投资国。伴随对外投资的快速增长，我国产业结构也在不断转型升级，由此引出本章要探讨的第一个议题：对外直接投资的增长能否带动我国产业升级；第二个议题：由于我国对外直接投资的发展和演进存在波动性、不确定性，那么过程变量对产业升级的影响是否存在差异；第三个议题：由于区域经济发展与开放程度的异步性，对对外直接投资的产业升级效应存在怎样影响。基于以上三大拟探讨的议题，文章提出以下四大基本假说：

H1：对外直接投资对母国产业升级具有促进作用

对外直接投资是一国或地区参与国际分工并融入全球价值链的重要方式，依据投资动机差异大致可以划分为资源导向型、市场导向型、效率导向型以及战略资产导向型四大类，其促进母国产业升级的路径可以概括为：采取对外直接投资方式能够获取国际化的自然资源，以解决国内资源供求矛盾，进而促进国内产业发展和优化升级；能够巩固和扩张市场份额，输出产能过剩产业，促进相关产品以及原材料的出口，并为其他产业发展释放出生产要素；能够形成竞争效应、示范效应以及低成本优势等，提升跨国企业生产效率，这将带动国内相关产业的发展；通过并购、合资等方式获取企业发展急需的战略资产，以带动企业甚至行业价值链的提升，进而改善并提高行业以及产业的国际地位和竞争力。这些优势将通过产业关联、产业间以及产业内竞争等效应推动母国产业升级，而直接投资水平及规模的差异对产业升级的影响不尽相同。

H2：节奏较快的投资过程会抑制对外直接投资的产业升级效应

在投资额相同的前提下，因对外直接投资“走出去”过程中的因素差异，对母国产业升级的影响也会有所不同。借鉴 Wang（2012）的研究思路，本章将该过程因素以不规则度和节奏来表示①。节奏是针对投资数量来讲的，以反映一定时期内一国（或地区）对外直接投资快慢的程度高低。部分研究认为，慢节奏的国际化进程能够获得更大的对外投资效应（Vermeulen，2002）②。快节奏的投资过程会产生诸多负面影响：（1）导致原材料、技术以及设备的出口需求加剧，以致跨国企业在短期内无法适应并满足骤增的外需变化，需求的增加致使国内企业的引致效应无法充分发挥；（2）先进技术的模仿学习和创新需要时间消化，快节奏的投资将使企

① Wang, C. Q. Reconceptualizing the spillover effect of foreign direct investment: A process - dependent approach [J]. *International Business Review*, 2012(21): 452 - 464.

② Vermeulen,. G. A. M. , &Barkema, H. G. , Pace, Rhytm and Scope: Process Dependence Inbuilding a Profitable Multinational Corporation [J]. *Strategic Management Journal*, 2002(7): 637 - 653.

业在短期内无法充分吸收并消化利用来自发达国家的管理经验、先进技术等资源，投资效果大打折扣；（3）由于跨国企业面临的国内外投资环境存在较大的差异，如果国际化步伐太快将使部分企业在短期内无法应对激烈的市场竞争及挑战，进而投资的产业关联、产业间竞争等效应难以充分发挥促进企业技术提升和母国产业升级的效果。

H3：不规则的投资过程会抑制对外直接投资的产业升级效应

不规则度也是衡量投资过程的关键指标，它是指一国（或地区）在一定时期内对外投资的不连续性、不稳定性以及不规律性。不规则度由于存在时间挤压效应，进而对直接投资的效果带来负向影响。有步骤、有计划以及规则的开展对外直接投资获得最大化直接投资效应，跨国企业连续的、规则的对外投资能够让企业有远见和前瞻性地调整产品生产，有步骤地模仿学习新工艺、新技术，有计划地学习并吸收发达国家的先进技术、管理经验等优势，进而最大限度地发挥直接投资的产业升级效应；相反，那些不连续的、盲目的以及不规则的投资则让企业在短期内不能快速适应市场竞争和挑战，无法快速高效地实施技术革新，也不能快速地响应市场对产品和服务的需求，对外投资的产业升级效应难以有效发挥。

H4：经济开放程度能够正向调节对外直接投资的节奏及其不规则度效应

国家和地区经济发展水平的差异性，对外直接投资过程中的节奏及其不规则度的影响也不尽相同。经济发展水平与开放程度较高国家或地区的企业，由于其适应和调节能力相对较高，可根据市场行情变化进行及时安排和灵活性生产，且学习和吸收国外先进技术以及管理经验的能力也较高，进而使企业在新工艺、新技术以及新产品的研发和创新层面保持领先地位。此外，经济开放程度较高的国家和地区还能够部分地减缓甚至降低因投资节奏和不规则度所产生的负向产业升级效应。

7.2 实证检验及分析

7.2.1 模型构建与变量选取

目前，国外相关 *OFDI* 与母国产业升级效应的实证，绝大部分尚停留在经验总结层次上且方法比较直观，如企业问卷调查法（Lecraw，1993）①、显性比较指数分析法（Hiley，1997）以及市场份额测度法（Blomström，2000）等。而国内基本上是延续国外模式，如进行指标测度、数据分析等。即使是部分相对规范的实证研究，也存在不少缺陷甚至错误，其突出表现有两点：一是模型虽然能够揭示各产业的演进特征，但某产业的变动难以体现产业结构变化的整体特点，故而存在片面性；二是忽视了部分关键变量，如经济水平、市场化程度等。事实上，通过梳理这些研究不难发现，从中国视角来探讨其对外直接投资与产业升级的实证模型基本上还处在空白状态。

结合本选题和实证方法，抓住两个核心变量或能对以上研究存在的不足做出适当弥补：即产业结构标准，这里采取钱纳里的“标准结构”。钱纳里在对 101 个国家 1950—1970 年数据探究的基础上，提出了大致可应用于不同经济发展层次的“标准结构”，以阐释经济增长进程中的产业结构变化状况，该模型的原始表达式为：

$$X = \alpha + \beta_1 \ln Y + \beta_2 (\ln Y)^2 + \beta_3 \ln N + \beta_4 (\ln N)^2 + \sum \delta_i T_i + \delta_2 I + \cdots$$

其中，X 代表经济结构某方面；Y 代表人均国内生产总值；N 代表某时期内的人口数量；T 代表时间趋势；I 代表国内资源或要素的流动，如进出口变化、资本的流出以及固定资产增加等因素。

此外，核心变量 *OFDI* 也是本研究的关键所在，需要将其纳入实证分析框架。事实上，标准结构模型中已兼顾了资本流动对产业变化的影响，

---

① Lecraw, D. J. Outward Direct Investment by Indonesian Firms: Motivation and Effects [J]. *Journal of International Business Studies*, 1993(24): 589-600.

这为融入 *OFDI* 变量提供了空间。基于以上思考并结合本书的主要研究目标，对标准结构模型做出如下调整和修正：

（1）产业升级指标（*UI*）设计。从中观意义上来讲，产业升级主要是指产业结构的高级化以及合理化过程，突出表现为产业内以及产业间结构的变动。从前文关于产业升级衡量方法的综述看，测度的指标有很多，如国外常用的霍夫曼系数、钱纳里参照标准等，但这些高质量的指标对数据自身的要求比较高，一般需要几十年甚至上百年统计口径数据的支撑，不适用于研究中国产业升级问题。国内学者结合中国国情也构建了不少衡量产业升级的指标，如陈静（2003）利用第三产业产值占国内生产总值的比重来测度产业升级水平①；周昌林等（2007）将分工和专业化等因素纳入分析指标框架，以构建产业升级测度指标②。此外，部分研究还利用三次产业加权法作为产业升级衡量指标（徐德云，2008）③；相对完备的做法是通过构建产业升级体系以刻画产业结构升级，如程如轩（2001）采用产业结构变化、产业部门贡献度以及就业结构变化等三级指标体系，以检验产业结构优化升级的状况④。但这些指标多少都存在一定的不足，如第三产业占 GDP 比重法过于简单，产业结构层次体系法权重确定受主观因素的影响大。

由于考察动机差异，学者们所选择的测度变量往往也不尽相同。本书主要借鉴了靖学青（2005）和柯军（2008）⑤ 的产业结构层次系数以测度产业升级，假如某经济区域存在 n 个产业，将这些产业由高层次至低层次排序，排名的次序为是 $1,2,\cdots,n$，按排序测算出各产业增加值在该区域生产总值的比例，并将其记作 $q(j)$ [$0 \leqslant q(j) \leqslant 1$]，由此得到测算该区域产

① 陈静，叶文振．产业结构优化水平的度量及影响因素分析——兼论福建产业结构优化的战略选择[J]．中共福建省委党校学报，2003(1)：44－49.

② 周昌林，魏建良．产业结构水平测度模型与实证分析——以上海、深圳、宁波为例[J]．上海经济研究，2007(6)：15－21.

③ 徐德云．产业结构升级形态决定、测度的一个理论解释及验证[J]．财政研究，2008(1)：46－49.

④ 程如轩，卢二坡．产业结构优化升级统计指标体系初探[J]．中国统计，2001(7)：16－17.

⑤ 柯军．产业结构升级与经济增长的关系[J]．统计与决策，2008(11)：83－84.

业结构层次系数的公式：

$$UI = \sum_{i=1}^{n} \sum_{j=1}^{i} q(j)$$

UI 值越大，则说明该地区的产业结构层次越高，产业升级的程度就越高；相反，则该地区产业结构的层次就越低，产业升级的程度就越低。综合三次产业分类准则和产业演进理论，三次产业排序从高到低顺次是第三产业、第二产业和第一产业，由此相应的产业结构层次系数可以表述为

$$UI = 3q(1) + 2q(2) + q(3)$$

其中，$q(1)$ 表示第三产业增加值占该区域 *GDP* 的比重，而 $q(2)$ 、$q(3)$ 分别表示第二产业增加值和第一产业增加值占该区域 *GDP* 的比重。

(2) 加入 *OFDI* 变量。原始模型中用来衡量进出口变化、资本的流出以及固定资产增加等的因素 *I* 使用 *OFDI* 替代，这里采用 *OFDI* 的存量数据。

(3) 剔除虚拟变量（ *T* ）。模型中的时间趋势变量为 *T* ，考虑到我国开展对外直接投资的时间短暂，且能够收集到的数据年份也不长（2003—2012 年），因此可以忽略时间因素对实证结果的影响，可以将该部分（ $\sum \delta_i T_i$ ）从模型中剔除。此外，由于样本数据的时间跨度不长，且以典型省份的面板数据进行考察，人口因素的变化部分 [$\beta_3 \ln N + \beta_4 (\ln N)^2$] 也可以忽略不计。

(4) 其他关键指标引入。一是增加了反映 *OFDI* 过程的节奏（ *RH* ）和不规则度（ *IR* ）变量，节奏用于反映对外直接投资进程的快慢，可以利用跨国投资企业数量的增长幅度表示，也可以使用对外投资额增长速度表示。由于统计公报中没有发布各省份关于对外直接投资企业数量的数据，因此采用各省份投资额的增速表示。不规则度用于反映对外直接投资的节奏，这里用对外直接投资额残差的绝对值表示；二是经济开放度指标（ *OPEN* ），该指标能够反映出经济体采取种种举措进行资源配置和个体经济权利自由化的程度。从该内涵来看，可以采用不同的衡量指标反映其开放程度，这里采取文献惯用的做法，运用“地区进出口总额/该地区

GDP”以反映该地区的开放程度①。与此同时，在进行面板数据实证分析的过程中，还加入控制变量：人均国内生产总值（$AGDP$）及其平方项。此外，考虑到对外直接投资、经济开放度等因素对投资国产业升级影响具有滞后效应，故这里采用各变量的滞后一期数据。优化调整后得出估计模型：

$$UI_{it} = \beta_0 + \beta_1 \ln OFDI_{it-1} + \beta_2 RH_{it-1} + \beta_3 IR_{it-1} + \beta_4 OPEN_{it-1} + \beta_5 (\ln OFDI_{it-1} \times RH_{it-1}) + \beta_6 (\ln OFDI_{it-1} \times IR_{it-1}) + \beta_7 (\ln OFDI_{it-1} \times RH_{it-1} \times OPEN_{it-1}) + \beta_8 (\ln OFDI_{it-1} \times IR_{it-1} \times OPEN_{it-1}) + \beta_9 \ln AGDP_{it-1} + \beta_{10} (\ln AGDP_{it-1})^2 + \varepsilon_{it}$$

从考察的数据结构来看，我国对外直接投资起步晚，时间跨度不大，且投资数量存在显著的地区非均衡性，若选取全部省市的数据来研究，可能会造成估计结果偏差较大甚至失去实际意义，故本书仅选取 2012 年投资存量排名前 10 位的省市为研究单位，这样的数据结构与面板数据的特点十分吻合，因此可以采用面板数据研究方法对对外直接投资的产业升级效应进行检验和判断。需要说明的是，在进行后续实证检验的过程中，先对上述模型中的变量 $OFDI$、$AGDP$ 及其平方项进行对数化处理，解释变量 RH、IR 和 $OPEN$ 均采取比值形式。

面板数据内涵时间和截面两维度，因其独特的优点而备受青睐，如能有效规避时间序列数据的多重共线性，提供更多自由度等以提高估计效率。一般表达形式是：$y_{it} = \sum_{k=1}^{K} \beta_{ki} x_{kit} + \mu_{it}$。其中，$i = 1,2,3,\cdots,N$，代表 N 个个体；$t = 1,2,3,\cdots,T$，代表已知的 T 个时点。y_{it} 代表被解释变量对个体 i 在 t 时刻的观察值；x_{kit} 代表第 k 个非随机解释变量对个体 i 在 t 时刻的观察值；β_{ki} 代表待估参数；μ_{it} 代表随机误差项。通过对上式施加部分约束，转化为以下几种常见形式：

（1）混合回归模型。从时间上来看，各个个体间没有显著性差异；从

①。刘晓宁，曲伟．跨国公司在华研发投资对我国技术进步的溢出效应——基于东、中、西部吸收能力的实证研究[J]．东岳论丛，2013（11）：95－99.

截面上来看，各截面之间也没有显著性差异，由此便可将面板数据作混合，并运用普通最小二乘法（*OLS*）对参数进行估计，模型基本表达式为

$$y_{it} = \alpha + X_{it}'\beta + \varepsilon_{it}\ , i = 1,2,3,\cdots,N;t = 1,2,3,\cdots,T$$

其中，y_{it} 代表被回归变量（标量），α 代表截距，X_{it} 代表 $k\times1$ 阶回归变量的列向量（含 k 个回归量），β 代表 $k\times1$ 阶回归系数的列向量，ε_{it} 代表误差项（标量）。模型的主要特点是对所有个体及截面，估计系数 α 和 β 均相同。尽管该模型假设解释变量对被解释变量的影响同个体无关。这种相关参数的假定被广泛应用，但在诸多研究中该模型并不适用（*Mairesse & Griliches*，1990）。

（2）固定效应模型。在对数据进行回归时，倘若有差异截面或者时间序列，其截距项是不同的，但模型的斜率相同，则这类模型被称为固定效应模型。这类模型分成三种类型：一是个体固定效应模型。如果将面板数据的模型界定成：$y_{it} = \alpha_i + X'_{it}\beta + \varepsilon_{it}\ , i = 1,2,3,\cdots,N;t = 1,2,3,\cdots,T$。其中，$\alpha_i$ 当作随机变量，表示对 i 个个体存在 i 个不等截距项，其变化同 X_{it} 有关；X_{it} 代表 $k\times1$ 阶回归变量的列向量（含 k 个回归量），β 代表 $k\times1$ 阶回归系数列向量对不等个体的回归系数相同，y_{it} 代表被回归变量（标量），ε_{it} 代表误差项（标量），那么这种模型被定义为个体固定效应模型。其强假设条件为：$E(\varepsilon_{it} \mid \alpha_i, X_{it}) = 0, i = 1,2,3,\cdots,N$。$\alpha_i$ 代表随机变量概述了不同个体组建模型间的差异，鉴于 α_i 不可观测且与能观测解释变量 X_{it} 间的关系紧密相关，该模型被界定为个体固定效应模型。基本表达式为

$$y_{it} = \alpha_1 D_1 + \alpha_2 D_2 + \cdots + \alpha_N D_N + X'_{it}\beta + \varepsilon_{it},\ t = 1,2,\cdots,T$$

其中，$D_i = \begin{cases} 1,\text{如果属于第 } i \text{ 个个体}, i = 1,2,\cdots,N \\ 0,\text{其他} \end{cases}$

二是时点固定效应模型。假如将面板数据模型定义为：$y_{it} = \gamma_t + X'_{it}\beta + \varepsilon_{it}\ , i = 1,2,3,\cdots,N$。其中，$\gamma_t$ 代表截距项（随机变量），描述了对 T 个个体存在 T 个不等截距项，且其变化同 X_{it} 相关；y_{it} 代表被回归变量（标量），ε_{it} 代表误差项（标量），并满足通常假设条件。X_{it} 代表 $k\times1$ 阶回归变量的列向量（含 k 个回归量），β 代表 $k\times1$ 阶回归系数的列向量，则模型被

界定成时点固定效应模型。在模型中添加虚拟变量后的基本表达形式为

$y_{it} = \gamma_0 + \gamma_1 W_1 + \gamma_2 W_2 + \cdots + \gamma_T W_T + X'_{it}\beta + \varepsilon_{it}$, $i = 1,2,\cdots,N; t = 1, 2,\cdots,T$

其中，$W_t = \begin{cases} 1, \text{如果属于第 } i \text{ 个截面}, t = 1,2,\cdots,T \\ 0, \text{其他(不属于第 } t \text{ 个截面)} \end{cases}$

三是时点个体固定效应模型。倘若面板数据模型的定义为

$y_{it} = \alpha_0 + \alpha_i + \gamma_t + X'_{it'}\beta + \varepsilon_{it}$, $i = 1,2,3,\cdots,N; t = 1,2,3,\cdots,T$

模型中，y_{it} 代表被回归变量（标量），α_i 代表随机变量，表示对 N 个个体有 N 个不等的截距项，且其变化同 X_{it} 有关；γ_t 代表随机变量，表示对 T 个截面（时点）有 T 个不等的截距项，且其变化同 X_{it} 有关；X_{it} 代表 $k \times 1$ 阶回归变量的列向量（含 k 个回归量），β 代表 $k \times 1$ 阶回归系数的列向量，ε_{it} 表示是误差项（标量）并满足 $E(\varepsilon_{it} | X_{it}, \alpha_i, \gamma_t) = 0$ ，则模型被界定为个体时点固定效应模型。

此外，该模型还存在如下表达形式：

$y_{it} = \alpha_0 + \alpha_1 D_1 + \alpha_2 D_2 + \cdots + \alpha_N D_N + \gamma_1 W_1 + \gamma_2 W_2 + \cdots + \gamma_T W_T + X'_{it}\beta + \varepsilon_{it}$

其中，$D_i = \begin{cases} 1, \text{如果属于第 } i \text{ 个个体}, i = 1,2,\cdots,N \\ 0, \text{其他} \end{cases}$

$W_t = \begin{cases} 1, \text{如果属于第 } i \text{ 个截面}, t = 1,2,\cdots,T \\ 0, \text{其他(不属于第 } t \text{ 个截面)} \end{cases}$

（3）随机效应模型。鉴于固定效应模型考虑的仅是自变量中的确定性信息对因变量的影响，没有兼顾随机信息的影响，且固定效应模型还因为包含了过多虚拟变量而压缩了模型估计的自由度，同时其误差项还极有可能与模型的前提假设相背离，从而导致估计结果的无效性。但通过对误差项的分解就可以弥补这些信息缺失，由此形成随机效应模型，将误差项分解成 3 个分量：$u_{it} = u_i + v_t + w_{it}$。其中，$u_i$ 、v_t 和 w_{it} 分别表示个体随机误差项、时间随机误差项以及混合随机误差项分量。同时，还假定三者间均不相关，且彼此之间不存在截面自相关、时间自相关以及混合自相关。

在实际运用中，究竟应选取哪种模型进行估计，必须通过相关的检验来确定，本书采用 *F* 检验和 *Hausman* 检验来给予综合判定。

7.2.2 数据来源与说明

考虑到我国区域经济发展的非均衡性，各省市在对外直接投资的规模以及速度上存在较大的差异，一些省份起步早且投资量大，而部分省份则相对滞后，投资数量有限。若选取全国 31 个省市（含自治区、直辖市）的投资数据进行分析，则会出现以下问题：一是导致非平衡面板数据；二是利用投资量小的省份的数据来解释经济现象意义不大，且会对估计结果产生不利影响。为此，本书选取 2012 年对外直接投资存量在全国排名前 10 位的省份，这些省份市分别是广东省、上海市、山东省、浙江省、江苏省、北京市、辽宁省、湖南省、海南省以及福建省作为研究单位，各省市数据均源自 2003—2012 年《中国对外直接投资公报》《中国统计年鉴》以及各省市统计年鉴相关资料。全部估计由 *Eviews* 6.0、*Stata*10.0 软件结合使用完成。各变量的基本统计信息见表 7 - 1。

表 7 - 1　基本变量统计性描述

变量	符号	均值	标准差	最大值	最小值
对外直接投资	*OFDI*	3278.34	4150.977	25176.17	7.21
人均 GDP	*AGDP*	38633.01	19548.04	87475	9165
投资节奏	*RH*	74.802	80.8192	392.43	-29.52
不规则度	*IR*	22.4451	24.438	160.39	0.86
经济开放度	*OPEN*	76.9191	56.0019	205.26	5.31

7.2.3 检验过程与结果

在对模型进行考察前，先对面板数据进行单位根检测，以判断数据平稳性。由于数据时间跨度不长，这里采取基于相同单位根检验的 LLL（Levin - Lin - Chu）检验法，滞后期由 Schwarz 准则选取。根据检验结果，各变量原始数据序列在 5% 的显著性水平下，均为非平稳序列，但其一阶差分在 10% 显著性水平下都是平稳数据序列，即都是一阶单整的。因此，可以进行后续检验分析。

在模型形式上，由于存在多种估计方式如混合效应、随机效应及固定效应等。因此，在估计前需要首先判断采取何种方法。本书主要采用 F 检验和 Hausman 检验来综合确定采取哪种方法估计，详细检验结果如表 7－2 所示。

表 7－2　固定、随机效应的检测结果

模型	检验目的	检验方法	检验结果	模型判定
模型（1）	混合或固定效应	F 检验	F＝269.53 P＝0.000	固定效应
	固定或随机效应	Hausman 检验	Ch2＝32.22 P＝0.000	固定效应
模型（2）	混合或固定效应	F 检验	F＝252.53 P＝0.000	固定效应
	固定或随机效应	Hausman 检验	Ch2＝22.993 P＝0.0003	固定效应
模型（3）	混合或固定效应	F 检验	F＝251.46 P＝0.000	固定效应
	固定或随机效应	Hausman 检验	Ch2＝32.05 P＝0.000	固定效应
模型（4）	混合或固定效应	F 检验	F＝207.94 P＝0.000	固定效应
	固定或随机效应	Hausman 检验	Ch2＝12.31 P＝0.090	固定效应
模型（5）	混合或固定效应	F 检验	F＝182.09 P＝0.000	固定效应
	固定或随机效应	Hausman 检验	Ch2＝16.953 P＝0.017	固定效应
模型（6）	混合或固定效应	F 检验	F＝146.62 P＝0.000	固定效应
	固定或随机效应	Hausman 检验	Ch2＝13.638 P＝0.000	固定效应

根据表 7－2 结果可以清晰地判断出，模型（1）至模型（6）均为固定效应模型，由此本书选择固定效应模型对面板数据进行回归检验，采用固定效应模型作回归分析后得到的结果如表 7－3 所示。

表 7－3　固定效应估计结果

	模型（1）	模型（2）	模型（3）	模型（4）	模型（5）	模型（6）
解释变量 $\ln OFDI_{it-1}$	0.022***	0.024	0.015*	0.026**	0.017***	0.013**
	(0.005)	(0.015)	(0.006)	(0.012)	(0.003)	(0.009)
控制变量 $\ln AGDP_{it-1}$	0.097	0.096	0.082	0.135	0.157	0.136
	(0.117)	(0.016)	(0.123)	(0.100)	(0.097)	(0.098)
$(\ln AGDP_{it-1})^2$	－0.048	－0.049	－0.061*	－0.023	－0.027	－0.032
	(0.032)	(0.032)	(0.077)	(0.028)	(0.027)	(0.027)

续表

	模型（1）	模型（2）	模型（3）	模型（4）	模型（5）	模型（6）
调节变量 RH_{it-1}		-0.006*		-0.003		-0.004*
		(0.003)		(0.003)		(0.002)
IR_{it-1}			-0.034**		0.016***	0.014***
			(0.018)		(0.003)	(0.003)
$\ln OFDI_{it-1} * RH_{it-1}$		-0.003*		-0.007**		-0.002*
		(0.001)		(0.002)		(0.001)
$\ln OFDI_{it-1} * IR_{it-1}$			-0.014**		-0.017***	-0.016***
			(0.004)		(0.004)	(0.003)
$OPEN_{it-1}$				0.037**	0.027***	0.024**
				(0.010)	(0.009)	(0.009)
$\ln OFDI_{it-1} * RH_{it-1}$ $* OPEN_{it-1}$				0.015***		0.004*
				(0.004)		(0.002)
$\ln OFDI_{it-1} * IR_{it-1}$ $* OPEN_{it-1}$					0.040***	0.034***
					(0.007)	(0.008)
常数项	2.241***	2.265***	2.135***	2.242***	2.114***	2.135***
	(0.063)	(0.064)	(0.066)	(0.055)	(0.052)	(0.053)
F 值	30.68	19.69	23.34	23.81	35.00	25.25
R^2	0.5169	0.5396	0.5815	0.6703	0.749	0.7617

注：*、**、***、分别代表10%、5%和1%的显著水平；括号内为标准差。

从表7-3固定效应的估计结果来看，产业升级指标与各变量间基本都表现出显著的相关性，由此上述基本假说得以验证。然而，在对面板数据模型进行估计的过程中，并不能排除数据存在的组间自相关和组内异方差问题，还需要对6大模型实施自相关与异方差检验，本书采取BG检验和White检验给予判断。结果发现六模型均存在自相关和异方差现象，这说明利用固定效应作回归分析的结果在解释对外投资的产业升级效应时说服力不足。鉴于此，为提高模型的解释力并克服面板数据的自相关和异方差问题，采取广义最小二乘法（GLS）对以上6个估计模型作出修正，其估计结果如表7-4所示。

表 7－4　经修正后固定效应的估计结果

	模型（1）	模型（2）	模型（3）	模型（4）	模型（5）	模型（6）
解释变量	0. 042 *	0. 041 * *	0. 021 * *	0. 024 *	0. 025 * * *	0. 066 * *
$\ln OFDI_{it-1}$	(0. 015)	(0. 013)	(0. 009)	(0. 013)	(0. 008)	(0. 014)
控制变量	0. 347 * *	0. 209 * *	0. 056	0. 153 *	0. 074	0. 021
$\ln AGDP_{it-1}$	(0. 118)	(0. 091)	(0. 065)	(0. 084)	(0. 059)	(0. 064)
$(\ln AGDP_{it-1})^2$	－0. 056 *	－0. 101 * * *	－0. 089 * * *	－0. 082 * * *	－0. 089 * * *	－0. 074 * * *
	(0. 038)	(0. 029)	(0. 020)	(0. 026)	(0. 018)	(0. 018)
调节变量		－0. 024 * * *		－0. 022 * * *		－0. 011 * * *
RH_{it-1}		(0. 004)		(0. 003)		(0. 003)
IR_{it-1}			－0. 019 * * *		－0. 017 * * *	－0. 018 * * *
			(0. 001)		(0. 001)	(0. 001)
$\ln OFDI_{it-1} * RH_{it-1}$		－0. 005 *		－0. 001		－0. 004 * * *
		(0. 001)		(0. 001)		(0. 001)
$\ln OFDI_{it-1} * IR_{it-1}$			－0. 021 * * *		－0. 025 * * *	－0. 026 *
			(0. 001)		(0. 002)	(0. 002)
$OPEN_{it-1}$				0. 075 * * *	0. 049 * *	0. 058 * * *
				(0. 016)	(0. 012)	(0. 012)
$\ln OFDI_{it-1} * RH_{it-1}$				0. 042 * *		0. 007 * *
$* OPEN_{it-1}$				(0. 004)		(0. 003)
$\ln OFDI_{it-1} * IR_{it-1}$					0. 034 * * *	0. 045 * * *
$* OPEN_{it-1}$					(0. 008)	(0. 009)
常数项	2. 163 * *	2. 077 * * *	2. 016 * * *	2. 083 * * *	2. 014 * * *	2. 027 * * *
	(0. 052)	(0. 026)	(0. 018)	(0. 024)	(0. 017)	(0. 017)
F 值	20. 16	22. 28	71. 14	23. 68	65. 07	51. 11
R^2	0. 4049	0. 5701	0. 8090	0. 6690	0. 8474	0. 8661
White 检验	38. 54 * * *	45. 16 * * *	46. 39 * * *	62. 84 * * *	68. 67 * * *	85. 18 * *

注：*、* *、* * *、分别代表 10%、5% 和 1% 的显著水平；括号内为标准差。

模型（1）显示，在不考虑其他条件下 OFDI 对产业升级的影响，结果表明对外直接投资的产业升级效应在 10% 显著性水平下较为显著。伴随对外直接投资数量的逐步增加，其投资国产业也呈现出升级趋势，且对外直接投资每增长 1 个点，将带动产业升级增长 0. 042 个点。以此为基础，在模型中依次加入假说中的调节变量，即投资节奏和投资不规则度指标，将调节变量纳入分析框架，考察投资节奏和投资不规则度对产业升级的影响效果。实证研究显示，对外直接投资节奏和不规则度均对投资国的产业升级效应带来负向影响；进一步地，为验证不同的经济开放程度是否会对投资节奏和不规则度产生影响，增加了模型（4）、模型（5）和模型（6），检验结果表明，尽管节奏和不规则度会对投资国产业升级带来抑制作用，但若经济开放度较高则能够部分地克服这种负向影响的程度，也即假如一国或地区经济开放程度较高，就能够在一定程度上减弱直接投资节奏及其不规则度对产业升级的负向影响，进而充分发挥对外直接投资对产业升级的正向作用。

7.2.4 主要结论与分析

基于国内的实证分析，本书得出以下基本结论：

（1）对外直接投资具有国内产业升级效应，但存在水平性差异。一般来讲，对外直接投资数量越多，对产业升级的影响程度就越显著。投资国借助直接投资能够促进中间产品、相关原材料以及设备等的出口，产生贸易互补效应。与此同时，还可以将国外资源、先进技术和管理经验等优势反馈至国内，这些战略资产通过产业关联、产业转移等效应，进而带动母国产业升级。

（2）对外直接投资的节奏及其不规则度对母国产业升级存在反向调节效应。即使国家或地区对外直接投资水平比较接近，倘若投资节奏及其不规则度存在差异，那么对外直接投资的产业升级效应也会不同。实证检验说明，如果投资节奏较快，不规则度较大，将会对产业升级带来负向调节作用。节奏快、不规则、缺乏连续性的直接投资会导致母国企业无法对市场变化作出及时调适，无法适应工艺升级、技术进步等的要求，也无法在短期内应对市场竞争、模仿学习和消化吸收先进技术以及营销管理经验，导致直接投资对母国的逆向溢出效应难以充分发挥；相反，假如对外投资遵循慢节奏，并有计划、有步骤地展开，则能够给投资国企业调适和缓冲的时间，让其能够逐步调整并安排生产结构，以适应投资形成的自然资源、中间产品和设备等需求的变动，渐进式模仿学习、改善生产流程和创新生产工艺，通过干中学消化吸收并掌握国外先进管理技能和服务流程，以提升企业国际综合竞争力，进而推动母国经济发展和产业优化升级。

（3）中国区域经济发展和开放程度不均衡，经济开放程度差异致使产业升级效应不尽相同。在实证检验过程中，模型加入了经济开放程度这个调节变量。检验结果显示：经济开放程度能够正向调节投资节奏和不规则度对产业结构升级的影响度。经济开放程度高的地区，投资节奏及其不规则度对产业升级的抑制作用要远小于经济开放程度较低的地区。经济开放程度高的区域，由于市场发育相对成熟，生产要素和资源能够按照市场机制进行科学优化配置，企业能够应对市场供求变化，快速地掌握先进技术、管理经验等优势，并将其转化为自身竞争力。因此，即使对外直接投资的节奏较快、不规则度稍高，但因企业和市场的调适能力非常强，通过快速学习和及时调整，也能够在一定程度上抑制或克服投资节奏较快和不规则度较高对产业升级造成的负面影响。

7.3 本章小结

延续前文的分析，本章从宏观省际视角深入探讨 OFDI 对国内产业升级带来的影响。估计结果显示：中国 OFDI 具有国内产业升级效应，一般来讲，对外直接投资的数量越多，对产业升级的效果就越显著；投资的节奏及其不规则度对母国产业升级存在反向调节效应。对外投资的节奏越快、不规则度越大将会对产业升级带来负向作用；相反，慢节奏、有规律地开展投资会更有利于母国产业升级；经济开放程度能够正向调节投资节奏和不规则度对产业升级的影响度。通常经济开放程度较高的地区，对外直接投资的节奏及其不规则度对产业升级的负向作用要小于经济开放程度较低的地区。

第八章　研究结论与政策建议

许多先行国家的对外直接投资理论和实践均证实对外直接投资能够带动母国产业升级，这部分地消除了有关对外直接投资负向影响的担忧。中国在外资利用上正从“引进来”转向“引进来”和“走出去”并重的格局，能否借助对外直接投资方式推动我国产业结构优化升级，是本书关注的核心问题。为此本书采取理论分析和实证考察相结合、文献梳理和案例解读相结合等方法，从微观和宏观视角对中国对外直接投资对国内产业升级的影响进行深入探索，并得出了具有一定理论意义和现实价值的研究结论。

8.1 主要研究结论

8.1.1 微观视角研究结论

从微观视角分析中国企业对外直接投资的产业升级效应的基本经验主要来自先行国家。通过对美国和日本企业对外直接投资与产业演进的历史回顾发现，不同动机下对外直接投资对母国产业升级的影响大致有如下规律：资源导向型对外直接投资与国内重工业化水平密切相关；市场导向型对外直接投资有助于制造业高加工度化；效率导向型对外直接投资能改善并提高母国劳动生产效率；战略资产导向型对外直接投资与母国制造业高技术化相生相伴。结合上述规律选取典型的产业升级测度指标衡量和实证，估计结果支持以上判断。但以上规律并未指出对外投资影响母国产业升级的路径，因此，在综合国外企业典型案例的基础上，从微观动因视角分别提炼出了资源导向型对外直接投资的重工业化效应、市场导向型对外直接投资的高加工度化效应、效率导向型对外直接投资的生产效率提升效应以及战略资产导向型对外直接投资的高技术化效应。

将先行国经验运用于中国，必须考虑现实国情。当前，中国正处于双转型的关键时期，与发达国家和新兴工业化国家相比存在很多差异，因此用先发国的经验来指导中国经济问题需要做出部分修正。以对外直接投资为例，有两大问题特别值得关注：一是跨国企业多以国有企业为主，民营企业占据的市场份额不高；二是对外投资活动中政府干预的色彩浓厚，市场化的调控力度不足。在充分考虑上述问题之后，本书尝试将先发国家企业借助对外直接投资促进母国产业升级的经验引入国内，从微观视角分析企业不同动机的对外直接投资对母国产业升级的影响，并得出以下主要结论：

（1）基于企业不同动机的对外直接投资与产业升级演进的特点考察发现，近十多年来中国企业的对外投资活动具有跳跃式特点，而且投资动机呈现出多元化的倾向。在这些复杂投资动机的主导下，企业对外直接投资不仅促进了国内制造行业的重工业化、高加工度化以及高技术化水平，同时也带动了国内企业劳动生产效率的大幅提升。将先发国的经验纳入分析框架，通过选取并测度不同动机所主导的产业升级指标发现，对外直接投资与各指标间的符号与预期相吻合，采用 VAR 模型证实了对外直接投资存在国内产业升级效应。

（2）运用灰色关联法深入企业具体行业的投资分析发现，不同行业的对外投资对国内产业升级的效果有所不同。测度结果显示：信息传输/计算机和软件业，批发和零售业与采矿业对国内产业升级的促进作用较大，而制造业、交通运输和仓储业、租赁和商务服务业等产业的促进作用相对较低。

8.1.2 宏观视角研究结论

我国对外直接投资活动始于改革开放初期，经过摸索期、起步期、发展期与成长期等阶段后，截至2012年对外直接投资流量达878亿美元，为当年度世界第三大对外投资流量国。但由于中国经济区域发展不均衡，东、中、西部地区各省市在投资速度和规模上存在较大差异，而投资速度和规模与产业升级密切相关，如若采用全国31个省市（自治区、直辖市）的数据进行研究，或将会出现以下问题：一是以投资数量少的地区为样本，难以有效解说经济问题；二是会产生非平衡的面板数据，造成估计结果出现偏差。为此，本书选取2012年投资存量排名前10位的省市为样本，这些省市投资存量之和占当年地方非金融类对外直接投资总存量的74.72%，以此为样本来考证对外直接投资的产业升级效应极具代表性。进而以修正的钱纳里“标准结构”模型为基础，采用2003—2012年省际面板数据，并将投资节奏和不规则度等变量纳入分析框架，通过面板回归方法实证考察对外投资的母国产业升级效应，得到如下结论：

（1）对外直接投资存在国内产业升级效应。对外直接投资作为参与国际分工并融入全球价值链的极其重要的方式，从不同的投资动机来看，其促进母国产业升级的路径大致是：对外直接投资能够获取国际化的资源，以解决国内资源供求矛盾，进而促进国内产业发展和优化升级；通过扩张国际市场份额，输出过剩产能，带动相关产品与原材料出口，为其他产业发展腾出要素资源；借助竞争效应、示范效应和低成本优势，提高母国企业生产效率，并带动国内相关产业发展；以并购、合资等方式获取企业发展所需的战略资产，推动企业乃至行业价值链的提升，改善并提高行业和产业的国际竞争力。这些优势通过产业关联、产业间竞争以及产业内竞争等效应促进母国产业升级。

（2）不同水平的对外直接投资对产业升级的效果不同。一般来讲，对外直接投资的数量越大，对产业升级的影响也就越显著。母国通过对外直接投资促进中间品、原材料和设备等的出口，带来贸易互补效应。同时将国外资源、先进技术和管理经验等优势引入国内，这些资产通过产业关联、产业转移等效应，能够对促进母国产业升级产生正向效应。

（3）对外直接投资的节奏及不规则度对产业升级具有反向调节作用。

实证研究表明，投资节奏快和不规则度大，会对产业升级带来负向影响。节奏快、不规则和不连续性的投资让企业无法快速响应市场变化，不能及时适应工艺升级、技术进步等要求，也难以在短时期内通过模仿学习以消化吸收国外先进技术、管理经验等优势，致使投资对母国的逆向溢出效应难以有效发挥；相反，投资节奏慢、有计划和有步骤地进行，让企业具备充足的调适和缓冲时间，以合理调整并安排生产，应对投资产生的资源、中间品和设备等需求的变化，通过模仿学习、完善生产流程和工艺，借助干中学消化吸收并掌握国外先进技能和服务流程，提升企业国际竞争力，进而推动母国产业升级。

（4）由于区域经济发展不平衡，省际经济开放程度差异对产业升级的影响大不相同。估计结果显示，经济开放程度具有正向调节投资节奏及其不规则度效应的功能。经济开放度高的地区，投资节奏和不规则度对产业升级的抑制作用相对于开放程度较低的地区作用要小些。开放程度高则反映地区市场发育较成熟，生产要素、自然资源能够充分发挥市场调节作用，当地企业也能够快速应对市场变化，及时掌握国外的先进技术、管理经验等技能，并将其转化为企业竞争优势。哪怕投资节奏快、不规则度高，但由于企业和市场的调适能力较强，也能部分地减轻投资节奏较快和不规则度较高给产业升级带来的负面效应。

8.2 政策建议

改革开放30多年来，中国经济创造了举世瞩目的“奇迹”。但由于中国正处于历史性“转型”期，从发展理念到发展模式，从经济结构到经济体制等，其转型的广度和深度都史无前例，在这样的特殊历史阶段，中国经济发展内部也出现了严重的痼疾。伴随外部环境骤变，内在失衡、不协调以及不可持续问题日渐凸显。产业结构不合理及其质量偏低是其突出表现之一，如三次产业及其内部结构布局不合理；高能耗产业占比过高；产业发展方式粗放，生态环境污染问题突出等。我国产业升级在路径选择上面临外部压力和内在推力的严峻挑战。然而，值得庆幸的是，作为能够驱动产业升级的对外直接投资活动正如火如荼地进行着，且不断刷新投资史。伴随对外投资数量及规模的不断增长，其在促进我国经济增长的同时，更有望成为推动国内产业升级的新生力量。从国际视野来看，对外直接投资促进母国产业升级的共识已为许多发达国家与新型工业化国家所认同。由于我国直接投资的历史相对短暂，因此，唯有结合国情并借鉴国际经验，以对外直接投资推进产业升级为主要目标，借助对外直接投资新动力驱动国内产业升级。以下将主要从微观和宏观层面对强化对外直接投资给出部分参考建议。

8.2.1 微观层面政策建议

根据微观视角的研究结论，本书给出以下建议：

其一，适度增加资源导向型对外直接投资，鼓励在发展过程中遭遇关键要素制约的企业到境外开发自然资源。企业发展面临关键要素制约，不仅使本身发展路径受阻，同时也会影响其他相关产业的发展。以资源采掘业为例，由于我国人均资源占有量偏低，石油、天然气和铁矿石等资源短缺，成为国内产业发展的“绊脚石”。国际经验表明，资源采掘业是对外投资早期阶段重点关注的行业，因此当前在制定对投资的激励政策时，应给予资源导向型投资企业以大力扶持。同时，资源型直接投资还将促进相关配套技术、设备以及劳务等的出口，对增加出口具有重要拉动作用。值得注意的是，如拉美、中东以及非洲等地自然资源丰富，但基础设施不强，部分国家政治风险偏高。当前以国有企业等为代表的境外资源行业的投资和开采不断遭遇有些国家的干预和限制，由此造成的国家安全、公平竞争等问题频出。因此，政府应引导企业进行合理化投资，不可盲目地扩张，注意投资主体和投资方式的多元化。

其二，继续深化市场导向型对外直接投资，缓解人民币升值压力与对外经济贸易摩擦，加速企业产品、生产工艺及流程更新换代。从日本的对外直接投资进程来看，其在促进国内产品更新换代的同时，就将目光投向国际大市场。20 世纪 70 年代以来，伴随与美、欧等国贸易摩擦日渐频繁，以及 1985 年“广场协议”签署日元升值，为稳定海外市场份额，日本企业陆续将生产基地转移至海外，并借助当地的廉价资源和劳动力组织生产和销售，不仅提升了企业自身能力，同时也促进了国内产业升级。中国的现状与日本当年的处境惊人地相似，伴随人民币加速升值与贸易保护主义在全球日渐盛行，借助对外直接投资方式转移生产基地或在海外设厂，无疑是缓解贸易纠纷和摩擦的有效举措。如将服装纺织、家电制造等劳动密集型行业通过直接投资输出海外，不但能够缓解贸易摩擦增加产品出口，更有助于稳定并扩张海外市场份额。

其三，大力扶持效率导向型对外直接投资发展，以提升国内生产要素的单位产出。由于目前劳动密集型产业在制造业中的占比过高，借鉴美、日等国经验，将我国已经处在比较劣势的服装、纺织以及家电等劳动密集型产业转移至非洲、东南亚等地，发挥当地比较优势以降低企业生产成本。同时为国内其他产业发展释放出生产要素，促进新兴产业的形成和发展，进而带动产业升级。

其四，积极鼓励战略资产导向型对外直接投资，逐步提升内资企业生产技术水平和产品技术含量。当前，国内企业在国际化进程中尽管拥有一定的技术实力，但与先发国家的企业相比，无论是在技术层面还是在经营管理等层面都存在很大的差距。特别是在核心和关键技术领域比较匮乏，诸多关键零部件和核心技术部件均高度依赖于进口，如计算机芯片等核心零部件。这里可借鉴美国技术寻求型对外直接投资，向发达国家进行逆向直接投资，旨在谋取发达国家最新的先进技术、研发专利等成果，通过学习模仿、消化吸收和创新利用等过程，将其转变成企业核心竞争力，进而通过技术溢出效应促进国内产业升级。

8.2.2 宏观层面政策建议

从宏观视角来看，由于中国对外直接投资主要以国有企业为主，其投资行为受政府干预和政策导向的影响相对突出，因此建议从以下方面着手：

其一，政府在制定产业发展战略和对外经济政策时，应高度重视对外直接投资的产业效应。由于高水平的投资能够快速驱动地区或国家产业升级，各省市（自治区、直辖市）在制定对外直接投资政策，以及开展对外投资时应以促进地区产业升级为主要目标之一。

其二，政府在考核对外直接投资绩效时，不应单独以数量来衡量投资效果的高低，应该将对外直接投资作为动态和变化的过程来考察。理论和实践均显示，在对外直接投资数量基本相当的前提下，由于投资的节奏以及不规则度的差异，对国家和地区产业升级的影响程度存在很大的差别。节奏快、不连续、无计划地投资会对产业升级带来负面影响；相反，节奏慢、有步骤、有计划地投资却对产业升级带来了显著的正向效应。

其三，经济开放程度高能够抑制因投资节奏快、不规则度高对产业升级的负面影响，因此政府在实施对外直接投资战略，以及创新产业升级路径的过程中，应快速推出部分有效举措，以市场化驱动地方经济发展，为对外直接投资营造优良的经济环境。与此同时，强化企业体制和结构改革，以大幅度提升企业参与国际分工和市场化竞争的优势，为更好地促进国家和地区产业升级奠定坚实基础。

除此以外，全球化背景下在加快企业“走出去”的过程中，政府应与时俱进、创新思路，摒弃不适应当前对外投资的政策措施部分，发挥政策的导向、保障以及促进功能。从监管体系设计、制度保障体系、金融扶持体系以及市场化管理和服务等层面改革，构建促进对外直接投资多层次保障体系。

第一，在管理机构和法律保障层面。首先，应组建专门管理机构以简化审批体制。目前企业境外投资审批体制过于复杂，导致跨境投资成本增加，不利于企业增强国际竞争力。明确跨境投资主管部门，尝试构建以商务部为主管单位，国家发展改革委员会、国家外汇管理局等为辅助单位的格局。由商务部负责制定对外投资方针，并根据国家产业政策及企业经营状况，科学引导企业对外投资的区位和产业流向。同时不断提升审批效率，弱化审批职能并逐渐放权，构建高效、透明和公正的审批制度。再者，不断完善跨境投资法律保障制度。当下，国内还尚未出台较为系统的跨境直接投资法，致使境外投资行为及其规范缺乏约束和监督，不利于政府监管对外投资。为此，应在结合国情的基础上，快速推出一套切合实际的对外投资法律保障体系，有效规范企业对外投资的行为与决策，以规避对外投资风险。

第二，在金融扶持和财税保障层面。当前因融资渠道狭窄等因素致使跨境企业经营和发展资金不足，约束了企业对外投资的积极性。首先，应鼓励商业银行等金融机构不断探索并试行股权、境外资产、矿业开采权以及应收账款抵押等模式拓宽融资平台，为企业跨境投资提供融资支持；采用融资保函、履约保函等担保方式为投资项目提供信用担保，优化金融机构服务能力。其次，不断为企业开拓多元化融资渠道。单纯依靠银行信贷远远无法满足企业的资金需求，如尝试风险投资基金模式，对企业跨境投资采取股权投资；依托资本市场，如香港金融中心优势为企业融资，协助企业实现境外资本运作等方式，化解企业跨境投资的资金压力。最后，强化财税政策扶持力度。为减轻企业经营的税赋压力，借鉴部分国家的先进经验，如采取境外投资收入税收减免和投资损失准备金制度；设立专项投资基金；对部分扩大境外投资项目贷款提供贴息等，逐步构建多元化的跨境投资保障体制。

第三，在技术援助和信息服务层面。改进并完善我国跨境投资的技术援助及信息服务，以降低企业境外投资的信息搜寻成本，提升经营决策的科学性。建立专业化的跨境投资信息服务机构，挖掘、整理并及时发布涉外投资的有关信息及统计数据，为境外投资企业提供综合性咨询服务。例如，帮助企业了解相关审批流程或推介跨境投资的投融资规章制度；协助企业制订投资计划及合同等。此外，政府还应对研究对外投资的相关机构提供资金帮助，以鼓励其为企业提供最新的投资咨询，如受资国的法律法规、投资门槛以及契约规则等信息，为企业提供准确度高、时效性强的咨询服务。此外，建立对外投资企业数据库。依托网站、出版物和报纸等媒体快捷地向企业发布招商、业务洽谈等信息，实现企业间资源共享，强化外资与内资企业的互动，不断探索跨境投资合作的新领域。

第四，在投资保险与知识产权保护层面。快速推出跨境投资保险法规，明确投资保险机构、投保条件、承包范围及代为求偿权等细则，让对外投资保险有法可依，以规避企业境外投资的风险。如由商务部、外交部、财政部、发展改革委以及外汇管理局共同组建“境外投资保险委员会”，承担跨境投资保险的审批，而中国出口信用保险公司为指定专业服务机构的运营模式，对企业境外投资活动提供担保。另外，在知识产权保护上，企业应高度树立风险防范意识。防止企业在跨境投资的过程中，其品牌、商标以及专利等被他国抢先注册，给企业经营带来不利影响。政府在该方面应积极加入国际知识产权协定，通过大力宣传以强化国内投资企业的知识产权保护意识。当然，参与跨国投资仅仅依靠本国单边投资保险制度很难有效维护国内企业的境外投资权益，还要重视并借助国际双边及多边保护机制维权，通过多层次的保障机制，降低并规避境外投资风险。

第五，在投资区位格局创建层面。首先，选择适宜的投资模式。跨境投资由于面临政治、经济、文化以及法律法规等多重风险，适宜的、合理的投资模式或能让企业在投资过程中实现有的放矢，以降低可能存在的风险。无论是选择并购还是绿地投资等方式，都应考虑自身投资动机与东道国投资环境，采取有针对性的投资策略，以降低跨国投资的风险和成本。但现实的情况是，部分企业由于对国际市场环境缺乏充分的了解，往往采取激进式投资方式，结果造成巨大的经济损失。因此，我国企业在国际化的道路上，最适宜采用渐进式的方式，通过不断地探索学习，逐步积累跨国投资经验。其次，选择多元化的投资区域。当前国内企业对外投资主要集中在亚洲、拉美等地，不仅造成内资企业间竞争加剧，更不利于吸收和学习他国的先进技术、管理经验以及营销技能等优势，进而影响了对外投资母国产业升级效应的发挥。金融危机和欧债危机后，欧美等发达国家经济遭受巨大的冲击，导致民族保护主义思潮盛行，提高了引资门槛。但部分发展中国家以及新兴市场国家受危机的冲击不大，经济发展相对稳健，可以将投资视野转向南非、巴西、俄罗斯等其他“金砖国家”，中东、非洲等地潜力也很大。同时，近年国家提出了“丝绸之路经济带”“21 世纪海上丝绸之路”等对外发展战略。因此，应当抓住当前对外投资新机遇，不断扩大对外直接投资的区域范围，逐步构建以亚洲为核心，兼顾北美地区、欧盟国家和大洋洲，不断开拓非洲、中东等地区的多元化投资新格局。

第六，在制度优势和全球治理层面。深度参与改善国际投资制度环境，培育中国跨国企业壮大。首先，主张在“走出去”、自贸区以及“一带一路”三大战略下，依托现有 WTO 框架或在重点区域发起构建区域多边国际投资体系。其次，通过 UNCTAD、APEC、中日韩自贸区和东盟“10 +1”等渠道，加强同各国间投资政策协同性建设。再次，配合丝路基金与亚洲基础设施投资银行的筹建，建立配套的区域多边投资担保机构，通过投资担保分散风险促进中国同周边和“一带一路”国家的直接投资，以推动经济发展。最后，通过担保咨询服务协助相关国家创建更具吸引力的投资环境。

8.3 研究展望

回顾整个研究，客观地讲，受样本数据、资料查阅等问题的约束，本书在该领域研究中仅做了部分工作，对对外直接投资的产业升级问题给予了尝试性解读和实证考察，还有很多问题亟待深入研究和补充完善：

一是影响机理有待补充与修正。本书关于影响机理提炼的基础是发达国家与新兴工业化国家的经验，借鉴这些机理研究发展中国家经济问题，特别是分析中国对外直接投资的产业升级命题，难免会存在缺陷，需要结合国情给予补充完善和修正。从原则上来讲，所有影响机理都需要通过实证研究来支撑，但限于篇幅和本研究的论题，本书仅就对外直接投资的产业升级问题给予研究，并未探讨产业升级对对外直接投资将会产生怎样的影响。事实上，一国或地区的产业升级势必会加快母国开展对外直接投资的步伐。

二是实证模型还有待构建和修正。本书以修正的钱纳里“标准结构”

模型为基础判断对外直接投资的母国产业升级问题，在实证中重点考察了对外直接投资变量，以及能揭示其产业效应的相关过程变量（节奏、不规则度）及其交叉变量，而忽略了影响产业升级的其他因素。事实上，产业升级是诸多因素相互交织并共同作用的结果，在今后的研究中将重点关注其他影响因素。

三是样本数据时间跨度不长，难以全面反映对外直接投资的产业效应。由于我国对外直接投资时间不长，对外直接投资相关数据 2003 年才由《中国对直接投资公报》发布。同时，受地区经济发展水平的限制，各省份（自治区、直辖市）在对外直接投资的数量和规模上存在较大差距，许多省份投资规模偏小，故本书选取 2012 年投资存量排名前 10 位省份的数据作为考察对象。由于小样本数据可能会造成估计结果部分的偏误，因此本书属于尝试性地分析和探讨。

本书重点探讨了对外直接投资的母国产业升级效应问题，并没有将其他相关议题纳入分析框架，这些内容将在未来的研究中进行补充和完善。

参考文献

[1]陈明森. 国际产业转移的结构传导与区域互动——基于中国承接国际产业转移的实证研究[M]. 北京:社会科学文献出版社,2012.

[2]左安磊. 后危机时代中国国际贸易摩擦的特点、趋势及对策[J]. 世界贸易组织动态与研究,2012(5):60-69.

[3]Grossman G. and A. Krueger. Economic Growth and the Environment [J]. *Quarterly Journal of Economics*,1995,(2):353-377.

[4]李国柱. 外商直接投资与环境污染的因果关系检验[J]. 国际贸易问题,2007(6):105-109.

[5]周力,应瑞瑶. 外商直接投资与工业污染[J]. 中国人口·资源与环境,2009(2):42-50.

[6]张学刚,钟茂初. 外商直接投资与环境污染——基于联立方程的实证研究[J]. 财经科学,2010(10):110-117.

[7]张鹏,陈卫民,李亚楠. 外商直接投资、市场化与环境污染——基于1998—2009年我国省际面板数据的经验研究[J]. 国际贸易问题,2013(6):88-97.

[8]Robert Koopman. How much of Chinese exports is really made in China? Assessing domestic value-added when processing trades is pervasive[R]. NBER Working Paper, June 2008:1-49.

[9]江小涓. 中国对外开放进入新阶段:更均衡地融入全球经济[J]. 经济研究,2006(3):2-9.

[10]Lucas, Robert E., Why doesn't capital flow from rich to poor coun-

tries? [J]. *American Economic Review*, 1990, 80(2):92 -96.

[11]IMF. Foreign Direct Investment Statistics: How Countries Measure FDI [Z]. Washington D. C. ,2001:23.

[12]联合国贸发会议. 世界投资报告1995[R]. 北京:对外经济贸易大学出版社,1996.

[13][澳]A. G. 肯伍德,A. L. 洛赫德. 国际经济的成长1980—1990 [M]. 北京:经济科学出版社,1987.

[14]保罗·克鲁格曼. 国际经济学[M]. 北京:中国人民大学出版社,2011.

[15]小岛清. 对外贸易论[M]. 周宝廉,天津:南开大学出版社,1987.

[16]原正行. 海外直接投资论[M]. 广州:暨南大学出版社,1995.

[17]卢进勇. 从《与贸易有关的投资措施协议》到《多边投资协议》[J]. 世界经济,1997(10):32 -37.

[18]李东阳. 国际直接投资与经济发展[D]. 东北财经大学,2002.

[19]张继康. 跨国公司与直接投资[M]. 上海:复旦大学出版社,2004.

[20]商务部. 2007年中国对外直接投资统计公报[R]. 商务部,2008:42.

[21]Ernst D. Ganiatsos T. , Mytleka L. Technological capabilities and export performance :lessons from east asia[M]. Cambridge University Press,1998.

[22]威廉·配第. 配第经济著作文选[M]. 北京:商务印书馆,1981.

[23]Vernon. R. , International Investment and International Trade in the Product Cycle[J]. *Quarterly Journal of Economics*, May,1966:190 -207.

[24]Kojima,K. , Direct Foreign Investment: A Japanese Model of Multinational Business Operations[M]. London: Croom Helm,1978.

[25][美]刘易斯·威尔斯,第三世界跨国企业[M]. 叶刚,杨宇光,译. 上海:上海翻译出版公司,1986:14 -72.

[26] Cantwell John, Tolentino. Technological Accumulation and Third World Multinationals [R]. Berkshire: International Investment and Business

Studies, 1990.

[27]Dunning J. H.. American Investment in British Manufacturing Industry [M]. London:Allen and Unwin,1958:320.

[28]薛求知. 当代跨国公司新理论[M]. 上海:复旦大学出版社,2007:4.

[29]Kindlebergr C. P., American Business Abroad: Six Lcetures on Direct Investment[M]. New Haven:Yale University Press,1969.

[30]Caves R. Causes of Direct Investment: Foreign Firms' Shares in Canadian and United Kingdom Manufacturing Industries[J]. *Review of Economics & Statistics*,1974(56):279 - 293.

[31]P. J. Buckley and M. Casson. The Future of the Multinational Enterprise [M]. Holmes & Meier,1976.

[32]Dunning J. H.. Trade. Location of economic activity and the multinational enterprise:a search for an electic approach[A]. First published in Ohlin B. Hesseilorn P O. Wijkman P M. The international Allocation of Economic Activity[C]. London:Macmillan,1977.

[33]Nagesh Kumar. Multinational Enterprises, Regional Economic Integration, and Export - Platform Production in the Host Countries: An Empirical Analysis for the US and Japanese Corporations[J]. *Weltwirtschaftliches Archiv*, 1998(3):451 - 483.

[34]Branstetter,Lee. IS Foreign Direct Investment a channel of knowledge spillovers? Evidence from Japan's FDI in United States[R]. NBER Working Paper,No. 8015,2000.

[35]Lipsey,R. Home and host effect of FDI[R]. NBER Working Paper Series:9293,2002.

[36]Love,J. H. Technology sourcing versus technology exploitation:an analysis of US Foreign Direct Investment flows[J]. *Applied Economics*,2003(35): 1667 - 1678.

[37]刘辉煌．日本产业海外转移的新趋向与中国利用外资的对策分析[J]．金融与经济,1997(3):48－52.

[38]肖卫国．跨国公司海外直接投资研究:兼论加入 WTO 新形势下我国利用外商直接投资的战略调整[M]．武汉:武汉大学出版社,2002.

[39] Lewis, W. A., The Evolution of the International Economic Order [M]. Princeton: University Press, 1978.

[40]刘文娟．发达国家劳动密集型产业转移的因素分析及启示[J]．桂海论丛,2007(4):6－9.

[41] M. Hiley. The dynamics of changing comparative advantage in the Asia-Pacific region [J]. *Journal of the Asia Pacific Economy*,1999.

[42]张雪宁,胡振华．比较优势理论在国外的实践及对我国投资决策的启示[J]．财经理论与实践,1996(4):67－68.

[43]范飞龙．论我国对外直接投资的产业选择[J]．国际贸易问题,2002(11):36－39.

[44]王根军．比较劣势产业对外直接投资与我国产业升级[J]．云南财贸学院学报(社会科学版),2004(3):8－9.

[45]冯志坚,谭忠真．对外直接投资与母国产业升级的理论分析[J]．沈阳教育学院学报,2008(1):90－93.

[46][日]赤松要．我国羊毛工业产品的贸易趋势[M]．东京:商业经济论丛,1986.

[47] Dowling, M. and Rey, D. The structure and composition of international trade in Asia: historical trends and future prospects[J]. *Journal of Asian Economics*,2000(11):301－318.

[48] Magnus Blomstrom, Denise Konan, Robert E. Lipsey. FDI in the Restructuring of the Japanese Economy[R]. Cambrige: National Bureau of Economic Reaerch,2000.

[49] M. Blomström. Foreign Investment and Productive Efficiency [J]. Journal of Industrial Economics,1986(15):97－110.

[50]张宏. 我国对外直接投资的产业选择[J]. 齐鲁学刊,2003(3):42-44.

[51]Advincula. R. Foreign Investment, Competitivencess and Industrial Upgrading: the case of the Republic of Korea[J]. *MA thesis*,2000(9):1-49.

[52]Griffith, Gedding, and Van Reenen. Hsiu-Ling Wu, Chien-Hsun Chen. An Assessment of Outward Foreign Direct Investment from China's Transitional Economy[J]. *Europe-Asia Studies*,2001,53(8):1235-1254.

[53]Falzoni A. M., Grasseni M. Home country effects of investing aboard: evidence quantile regressions[Z]. NBER Working Paper,2005(170):326-358.

[54]汪琦. 对外直接投资对投资国的产业结构调整效应及其传导机制[J]. 世界政治与经济论坛,2004(1):36-41.

[55]赵伟,江东. ODI与母国产业升级:先行大国的经历及其启示——多维视角的考察和分析[J]. 浙江社会科学,2010(6):2-10.

[56]宋维佳. 基于产业结构调整视角的我国对外直接投资研究[J]. 社会科学编辑,2008(2):82-86.

[57]卢平. 对外直接投资母国效应及对中国的启示[J]. 商场现代化,2009(5):136-137.

[58]杨大楷. 我国企业FDI的区位选择分析[J]. 世界经济研究,2003(1):25-28.

[59]关下稔. 跨国公司经济学:现代资本主义的世界经济模型序论[J]. 世界经济译丛,1990(5):9-16.

[60]陈继勇. 国际直接投资的新发展与外商对华直接投资研究[M]. 北京:人民出版社,2004.

[61]高野邦彦. 关于产业空洞化[J]. (日本)世界经济,1987.

[62]Minoru Ito. Hollowing-out of the Japanese manufacturing industry and regional employment development[D]. Working paper, Japan Institute for Labor Policy and Training,2006.

[63]Cowling K., Tomlinson P. R. The problem of regional "Hollowing

Out" in Japan: Lessons for regional industrial policy[D]. Working paper, University of Warwick,2000.

[64]Kojima K. ,Direct Foreign Investment:A Japanese Model of Multinational Business Operation[M]. Croom Helm,1978.

[65]Barrell, R. and Pain, N. An Econometric Analysis of U. S. Foreign Direct Investment[J]. *The Review of Economics and Statistics* ,1996,78(2): 200 -207.

[66]Blomstrom M. ,Fors Gunnar,Lipsey Robert E. ,Foreign Direct Investment and Employment : Home country experience in the United States and Sweden[J]. *The Journal of the Royal Economic Society*,1977(11):1787 -1797.

[67]Ramstetter, Eric D. Comparison of Foreign Multinationals and Local Firms in Asian Manufacturing over Time[J]. *Asian Economic Journal*, 1999, (13):163 -203.

[68]李东阳. 对外直接投资与国内产业空心化[J]. 财经问题研究, 2000(1):56 -59.

[69]Cheng, K. and P. Lin, Spillover effects of FDI on innovation in China: Evidence from the provincial data[J]. *China Economic Review*,2004,15(1): 25 -44.

[70]Yang T. H. ,Liao Y. P. Product cycle and industrial Hollowing - Out: The case of the electrical and electronics sector of Taiwan[J]. *Research Institute of Economy, Trade and Industry*, 2007.

[71]Hymer,S. International Operations of National Firms:A study of Direct Foreign Investment [M]. *Ph. D. Dissertation*,Cambrige,MA,MIT Press,1960.

[72] Cavas R. E. Intemational corporations: The Industrial Economies of Foreign Investment[J]. Economic,1971(38):1 -27.

[73]Johanson,J. and J. E. Vahlne. The international process of the firms - A modle of knowledge development and increasing market commitment[J]. *Journal of International Business Studies*, 1977,8(2):23 -32.

[74]Knickerbocker F. T. , Oligpolistic Reaction and the Multinational Enterprise[M]. Harvard Gradnate School of Business Administration,1973.

[75]J. H. Dunning. Trade, Location of economic activity and the Multinational enterprise: a search for an Eclectic Approach, in B. Ohlin, ed. , The International Allocation of Economic Activity [M]. Holmes and Meisr, 1977: 395 -418.

[76]上官学进,胡凤玲. 论我国中小企业对外直接投资的可行性[J]. 国际贸易问题,2003(8):22 -25.

[77]宓红. 从小规模技术理论看浙江民营企业对外直接投资的优势[J]. 亚太经济,2003(4):66 -67.

[78]胡日东,衣长军. 基于小规模技术理论的福建省民营企业境外直接投资战略分析[J]. 经济地理,2006(3):280 -283.

[79] Paz Estrella E. Tolentino. Technological Innovation and Third World Multinationals [M]. London and New York:Routledge,1993.

[80]Madhok,A. Cost, Value and Foreign Market Entry Mode: The Transaction and Firm [J]. *Strategic Management Journal*,1997(18):39 -61.

[81]Mathews ,J. Dragon multinationals: New players in 21st century globalization[J]. *Asia Pacific Journal of Management*, 2006,23(1):5 -27.

[82]Ya dong Luo and Rosalie L. Tung. International Expansion of Emerging Market Enterprises: A Springboard Perspective[J]. *Journal of International Business Studies*, 2007, 38(4): 481 -498.

[83]马克·格兰诺维特. 镶嵌:社会网与经济行动[M]. 北京:社会科学文献出版社,2007.

[84]Rugman, A. M. & Brain, C. Multinational Enterprises are regional not global [J]. *Multinational Business Review*,2003, 11(1):3 -12.

[85]Porter, M. E. The Competitive Advantage of Nations[M]. New York: Free Press,1990.

[86]John Child and Suzana B. Rodrigues. The Internationalization of Chi-

nese Firms: A Case for Theoretical Extension? [J]. *Management and Organization Review*,2005:381 - 410.

[87]吴彬,黄韬. 二阶段理论:外商直接投资新的分析模型[J]. 经济研究,1997(7):25 - 31.

[88]冼国明,杨锐. 技术积累、竞争策略与发展中国家对外直接投资[J]. 经济研究,1998(11):52 - 63.

[89]欧阳峣. 大国综合优势的提出及研究思路[J]. 经济学动态,2009(6):20 - 22.

[90]冯雁秋. 我国境外投资管理的比较、综合与发展——五阶段周期理论[J]. 投资研究,2000(2):46 - 49.

[91]楚建波,胡罡. 发展中国家FDI理论的新探索——跨国投资门槛轮[J]. 中央财经大学学报,2003(7):77 - 80.

[92]韩红丽,刘晓君. 产业升级再解构:由三个角度观照[J]. 改革,2011(1):47 - 51.

[93]Poon,T. S. C. Beyond the global production networks: a case of further upgrading of Taiwan's information technology industry[J]. *Technology and Globalization*,2004(1):130 - 145.

[94]丁焕峰. 技术扩散与产业结构优化的理论关系分析[J]. 工业技术经济,2006(5):95 - 98.

[95]孔曙光,陈玉川. 广义技术创新与区域产业结构升级的机制探索[J]. 工业技术经济,2008(9):67 - 70.

[96]Porter M. Competitive Advantage: Creating and Sustaining Superior Performance[M]. New York:The Free Press,1985.

[97]Gereffi G. International Trade and Industrial Upgrading in the Apparel Commodity Chains [J]. *Journal of International Economics*,1999.

[98]HumphreyJ. , Sehmitz H. , Chain governance and upgrading[A]. In Schmitz Local enterprises in the global economy:issues of governance and upgrading[C]. Cheltenhan Elgar,2004:349 - 381.

[99][英]亚当·斯密．国民财富的性质和原因研究[M]．郭大力，王亚南译．北京：商务印书馆，1972.

[100]周振华．产业融合：产业发展及经济增长的新动力[J]．中国工业经济，2003(4)：46－52.

[101]芮明杰，巫景飞，何大军．MP3技术与美国音乐产业演化[J]．中国工业经济，2005(2)：110－117.

[102]Kaplinsky R. Spreading the Gains from Globalization：What Can Be Learned from Value Chain Analysis? [R]. Institute of Development Studies，IDS Working Paper，2000.

[103]马涛，李鹏雁，马文东．新型工业化的区域产业结构优化升级测度指标体系研究[J]．燕山大学学报，2004(3)：273－278.

[104]邬义均．我国产业结构优化升级的目标和效益评价方法[J]．中南财经政法大学学报，2006(6)：73－77.

[105]钱纳里，赛尔奎因．工业化和经济增长的比较研究[M]．上海：上海三联书店，1989.

[106]龚仰军．产业结构研究[M]．上海：上海财经大学出版社，2002.

[107]刘志彪，石奇．产业经济学的研究方法和流派[J]．产业经济研究，2003(3)：72－77.

[108]邓茂，龙志和．广东省工业产业结构优化程度测度[J]．南方经济，2005(9)：65－67.

[109]王聪，谭政勋．泛珠江三角洲经济结构差异、成因及合作策略研究[J]．中国工业经济，2005(7)：65－72.

[110]靖学青．产业结构高级化与经济增长[J]．南通大学学报(社会科学版)，2005(3)：45－49.

[111]约翰·H. 摩尔．产业结构变化的测量[J]．收入和财富评论，1987(3).

[112]刘志彪，王国生，安国良．现代产业经济分析[M]．南京：南京大学出版社，2001.

[113]伦蕊．工业产业结构高度化水平的基本测评[J]．江苏社会科学，2005(2):69－74.

[114]申俊喜，蒋伏心．工业化中后期产业结构优化升级的路径选择[J]．江苏社会科学，2006(3):220－226.

[115]刘宏杰，马如静．资源获取型对外直接投资的历史阶段研究[J]．经济纵横，2008(4):62－65.

[116]宋则行，樊亢．世界经济史(上)[M]．北京:经济科学出版社，1993.

[117]宋则行，樊亢．世界经济史(中)[M]．北京:经济科学出版社，1995.

[119]肖卫国．跨国公司海外直接投资研究:兼论加入WTO新形势下我国利用外商直接投资的战略调整[M]．武汉:武汉大学出版社，2002.

[119]马文秀．日本对外直接投资缓解日美贸易摩擦的效果及其启示[J]．日本问题研究，2007(4):6－11.

[120]胡涛．国外石油跨国公司并购的动因及提示[J]．经济纵横，2001(1):45－48.

[121]温青山．国际石油公司发展战略与财务管理[M]．北京:石油工业出版社，2004.

[122][日]大藏省．财政金融统计月报(第452号).

[123][日]原正行．海外直接投资论[M]．封小云，译．广州:暨南大学出版社，1995.

[124]陈继勇．美国对外直接投资研究[M]．武汉:武汉大学出版社，1993.

[125]李锴．韩国企业在华投资的发展与现状[J]．国际经贸，1999(5):19.

[126]姜虹，范纯增．韩国对外直接投资的区域特征及成因[J]．东北亚论坛，2002(5):31－34.

[127]张慧智．韩国海外能源资源开发战略研究[J]．当代经济研究，

2009(12):50 -54.

[128]资料来源:Textile World Vol. 147 No. 1997:79 -81.

[129][日]铃木惠一．アジアへの企业展开と日本の地域产业政策[J]. 地域开发,1995(4):38 -44.

[130]郭思琪．日本产业结构转换与对外直接投资动机变化的初步研究[J]. 现代日本经济,2000(1):27 -31.

[131]李国平,田边裕．日本的对外直接投资动机极其变化研究[J]. 北京大学学报(哲学社会科学版),2003(2):121 -128.

[132]将序怀．1990 年代以来日本对外直接投资动因与结构变化[J]. 探求,2005(1):54 -57.

[133]丁详生,张岩贵．发展中国家(地区)跨国公司对外直接投资的动因[J]. 珞珈管理评论,2007(1):209 -216.

[134]Kogut, Brule&Sea - Jin Chang. Technological capabilities and Japanese Foreign Direct Investment in the heisted Stands [J]. *Review of Economics and Statistics*,1991:73.

[135]Chang, sea - Jin International Expansion Strategy of Japanese Firms Capability Building through sequential Entry [J]. *Academy of Management Journal*, 1995:38.

[136]楚天娇,宋韬．跨国公司在发展中国家 R&D 投资的空间格局研究[J]. 世界地理研究,2005(4):9 -14.

[137][美]美国历史统计——从殖民地时期到 1970 年[M]. 纽约出版公司,1976:868 -869.

[138][美]刘易斯．美国在国际投资中的股本[M]. 威斯康星,1983:575 -606.

[139]陈继勇．美国对外直接投资研究[M]. 武汉:武汉大学出版社,1993.

[140]黄梅波．世界经济——国别经济[M]. 厦门:厦门大学出版社,2005.

[141]王清平. 20 世纪 90 年代以来美国对外直接投资的新特点[J]. 天津市经理学院学报,2005(2):71 -72.

[142]赵伟,江东. ODI 与母国产业升级:先行大国的经历及其启示——多维视角的考察和分析[J]. 浙江社会科学,2010(6):2 -10.

[143]UNCTAD. FDI from Developing and Transition Economics: Implications for Development [R]. World Investment Report, 2006:155.

[144]Franco & Rentocchini & Marzetti. Why do firms invest abroad ? An Analysis of The Motives Underlying Foreign Direct Investment [J]. *IUP Journal of International Business Law*,2010(1):42 -65.

[145]孙建中. 资本国际化运营:中国对外直接投资发展研究[M]. 北京:经济科学出版社,2000.

[146]孙建中,马淑琴,周新生. 中国对外直接投资的产业选择[M]. 北京:中国财政经济出版社,2000.

[147]邢建国. 中国企业 FDI 研究:理论模型与政策思路[D]. 上海:复旦大学,2003.

[148]尹作敬,刘缉川. 我国企业对外直接投资的不同动机探析[J]. 经济体制改革,2005(4):105 -108.

[149]梁瑞. 中国境外直接投资:安全与对策——以矿业为例[J]. 河南社会科学,2014(5):13 -18.

[150]钟红艳,朱云鹃. 后危机时代中国矿业企业"走出去"成长模式研究[J]. 中国石油大学学报(社会科学版),2003(1):12 -16.

[151]赵伟,管汉晖. 中国彩电企业遭受美国反倾销诉讼的原因和对策分析[J]. 国际贸易问题,2004(8):78 -81.

[152]Noorbakhsh, F. and A. Paloni. Structural Adjustment Programs and Growth in sub -Saharan Africa: The Importance of Complying with conditionality [J]. *Economic Development and Cultural Change*, 2001(49):479 -509.

[153] Kogut B. and Chang S. J. Technological Capabilities and Japanese Foreign Direct Investment in the United States[J]. *Review of Economics and Sta-*

tistics,1991(73):401 -413.

[154]Almeida P. ,Knowledge sourcing by foreign multinationals: patent citation analysis in the U. S. semiconductor industry[J]. *Strategic Management Journal*, 1996:155 -165.

[155]Shan and Song. Foreign direct investment and the sourcing of technological advantage:evidence from the biotechnology industry[J]. *Journal of International Business Studies*, 1997, (28):267 -284.

[156]周伟. 我国企业创造性资产寻求性 FDI 的最新动向研究——基于联想跨国并购 IBM PC 业务的案例分析[J]. 科技与管理,2006(1):17 -20.

[157]李俊江,薛春龙,史本叶. 中国对美国直接投资的内在动因、主要障碍与应对策略[J]. 社会科学战线,2013(12):73 -77.

[158]王琦. 谈中国中小企业的跨国发展[J]. 阴山学刊,2003(2):196 -197.

[159]王根军. 比较劣势产业对外直接投资与我国产业升级[J]. 云南财贸学院学报(社会科学版),2004(3):8 -9.

[160]冯志坚,谭忠真. 对外直接投资与母国产业升级的理论分析[J]. 沈阳教育学院学报,2008(1):90 -93.

[161]杨建清,陈思. 对外投资促进产业升级的机理与对策[J]. 经济纵横,2012(6):41 -44.

[162]张春萍. 中国对外直接投资的产业升级效应研究[J]. 当代经济研究,2013(3):43 -46.

[163]汪琦. 对外直接投资对投资国的产业结构调整效应及其传导机制[J]. 世界政治与经济论坛,2004(1):36 -41.

[164]Chen E. K. Y. Foreign direct investment in Asia development country versus developed country firms. In Chen E. K. Y, ed. , Foreign Direct Investment in Asia, Tokyo: Asian Productivity Organization,1990:1 -27.

[165]肖黎明. 中国境外投资与国家利益[M]. 北京:经济科学出版

社,2007.

[166]张春萍．中国对外直接投资的产业升级效应研究[J]．当代经济研究,2013(3):43－46.

[167]宋大勇．国际直接投资与区域产业结构升级——基于省级面板数据的实证研究[J]．经济体制改革,2008(3):149－153.

[168]衣长军．我国民营企业对外直接投资的动因研究[J]．科技和产业,2010(2):67－73.

[169]杨大凯．中国对外直接投资研究[M]．上海:立信会计出版社,2006.

[170]衣长军,胡日东．中国企业海外投资的产业与区域选择[J]．江西社会科学,2002(6):196－199.

[171]苏东水．产业经济学[M]．北京:高等教育出版社,2001.

[172]Hong Eunsuk ,Sun Laixiang. Dynamics of internationalization and outward investment: Chinese corporations strategies[J]. *The China Quarterly*, 2006(4):610－634.

[173]唐绍祥．基于资源及经济安全视角的中国对外投资合作研究[J]. 上海经济研究,2012(7):31－42.

[174]邱立成,王凤丽．我国对外直接投资主要宏观影响因素的实证研究[J]．国际贸易问题,2008(6):78－82.

[175]姚淑梅．能矿资源企业跨国并购现状、问题及对策[J]．国际经济合作,2008(2):41－45.

[176]刘晓岚,陈方正.2009年中国企业海外资源并购活动分析[J]．矿业研究与开发,2011(1):99－106.

[177]张洪,刁莉．中国资源企业跨国并购的战略思考[J]．亚太经济,2010(2):101－105.

[178]叶林,余江．重工业化与中国能源消费变动[J]．南都学坛(人文社会科学版),2009(2):124－127.

[179]付宝宗．当前我国重化工业发展发展阶段特征与建议[J]．宏观

经济管理,2010(2):30 - 33.

[180]宋勇超．中国对外直接投资目的效果检验——以资源寻求型 OFDI 为视角[J]．经济问题探索,2013(8):123 - 129.

[181]高煜．从重化工业争论看我国产业结构升级的路径选择[J]．天津行政学院学报,2006(2):58 - 61.

[182]李猛,于津平．贸易摩擦、贸易壁垒与中国对外直接投资研究[J]．世界经济研究,2013(4):66 - 72.

[183]Tracy D. Caves R. Changing determinants of Japanese foreign investment in the United States[J]. *Journal of the Japanese and International Economics*,1992(3):228 - 246.

[184]Helpman E. A simple theory of international trade with multinational corporations [J]. *Journal of Political Economic*,1984(3):451 - 472.

[185]Blonigen B. Tariff - jumping antidumping duties[J]. *Journal of International Economics*, 2002(1):31 - 50.

[186]卢进勇．化解反倾销困局——中国企业海外直接投资与应对反倾销[J]．国际贸易,2004(3):42 - 44.

[187]杜凯,周勤．中国对外直接投资:贸易壁垒诱发的跨越行为[J]．南开经济研究,2010(2):44 - 63.

[188]严皎婕．浙江纺织业遭遇反倾销的现状及对策分析[J]．现代商贸工业,2011(23):99 - 100.

[189]严皎婕．新型贸易壁垒下的浙江纺织业国际化进程[J]．国际商贸,2013(9):134 - 135.

[190]马蛰君,郑磊．中国对印度直接投资的动因分析[J]．财经问题研究,2008(12):73 - 76.

[191]苏立峰,张子龙．TCL 的跨国并购:为何国际化而国际化? [J]．经济与管理,2007(9):38 - 43.

[192]王增涛,庄贵军,樊秀峰．中国制造企业国际化的影响因素与分析框架:以 TCL 为例[J]．南开管理评论,2005(3):88 - 94.

[193]李昂．海信试金匈牙利[J]．世界机电经贸信息，2004(7)：58－59.

[194]孙文杰．中国产业结构优化的测度及影响因素研究——基于中国1995—2008年的工业数据[J]．经济研究导刊，2010(33)：170－172.

[195]陈淮，江林．中国产业结构高加工化的战略思考[J]．经济科学，1996(2)：12－16.

[196]鲁桐．中国企业跨国经营战略[M]．北京：经济管理出版社，2003.

[197] Ping Deng. Foreign Investment by Multinationals from Emerging Countries: The Case of China[J]. *Journal of Leadership & Organizational Studies*, 2003(10)：113.

[198]任会中．浙江省民营企业跨国投资的经验、动机及障碍[J]．国际贸易问题，2003(10)：28－32.

[199]肖文，周君芝，潘家栋．浙江省民营企业对外直接投资能力和动机研究[J]．中共浙江省委党校学报，2014(2)：91－96.

[200]宓红．宁波民营企业对外直接投资方式的示例分析[J]．对外经贸实务，2012(11)：82－85.

[201]张生玲．调整需求结构 推进需求转型[J]．国际贸易，2010(10)：16－17.

[202]熊勇清，黄健柏．光伏产业困境摆脱与市场的协同培育[J]．改革，2013(12)：52－57.

[203]王文祥，史言信．我国光伏产业困境的形成：路径、机理与政策反思[J]．当代经济，2014(1)：87－97.

[204]邓洲．国内光伏应用市场存在的问题、障碍和发展前景[J]．中国能源，2013(1)：12－16.

[205]Mark Yaolin Wang. The Motivations Behind China's Government－Initiated Industrial Investment Overseas[J]. *Pacific Affairs*, 2002(2)：187.

[206]王志乐．走向世界的中国跨国公司[M]．北京：中国商业出版

社,2004.

[207]殷越南．后危机时代民营企业对外直接投资的机遇与对策[J]．当代财经,2012(7):69－76.

[208]鲁桐．中国企业跨国经营战略[M]．北京:经济管理出版社,2003.

[209]陈劲．创新全球化——企业技术创新国际化范例[M]．北京:经济科学出版社,2003.

[210]魏东,王璟珉．中国对外直接投资动因分析[J]．东岳论丛,2005(5):88－92.

[211]王辉,徐波．中国企业技术寻求型跨国并购行为分析[J]．国际商务研究,2005(4):56－60.

[212]杜群阳．R&D全球化、反向技术外溢与技术获取型FDI[J]．国际贸易问题,2006(12):88－91.

[213]石云明．中国汽车企业对外直接投资中技术获取路径——上汽集团并购韩国双龙的案例研究[J]．技术经济,2013(3):7－12.

[214]李晓羽,谢伟．国际经济表现与中国产业韩进的思考[J]．科技管理研究,2009(9):73－75.

[215]白洁．中国企业的技术寻求型海外投资战略分析[J]．中国科技论坛,2009(4):26－29.

[216]虞瑾,韩晓燕．我国民营企业技术获取型对外直接投资研究[J]．浙江金融,2007(2):59－60.

[217]王谦,徐小青．技术获取、竞争策略与发展中国家跨国并购投资[J]．财贸研究,2007(5):59－64.

[218]杜群阳,朱勤．中国企业技术获取性海外直接投资理论与实践[J]．国际贸易问题,2004(11):66－69.

[219]杨晓猛．转型国家市场化进程测度的地区差异分析——基于产业结构调整指标的设计与评价[J]．世界经济研究,2006(1):72－78.

[220]汤婧,于立新．我国对外直接投资与产业结构调整的关联分析

[J]. 国际贸易问题,2012(11):42 -49.

[221]张宁,裴长洪. 对外承包工程:我国实施“走出去”战略的主导形式[J]. 中国经贸,2011(3):18 -20.

[222]Wang, C. Q. Reconceptualizing the spillover effect of foreign direct investment: A process - dependent approach [J]. *International Business Review*, 2012(21):452 -464.

[223]Vermeulen,. G. A. M. , &Barkema, H. G. , Pace, Rhytm and Scope: Process Dependence Inbuilding a Profitable Multinational Corporation [J]. *Strategic Management Journal*,2002(7):637 -653.

[224]Lecraw, D. J. Outward Direct Investment by Indonesian Firms: Motivation and Effects [J]. *Journal of International Business Studies*, 1993 (24): 589 -600.

[225]陈静,叶文振. 产业结构优化水平的度量及影响因素分析——兼论福建产业结构优化的战略选择[J]. 中共福建省委党校学报,2003(1):44 -49.

[226]周昌林,魏建良. 产业结构水平测度模型与实证分析——以上海、深圳、宁波为例[J]. 上海经济研究,2007(6):15 -21.

[227]徐德云. 产业结构升级形态决定、测度的一个理论解释及验证[J]. 财政研究,2008(1):46 -49.

[228]程如轩,卢二坡. 产业结构优化升级统计指标体系初探[J]. 中国统计,2001(7):16 -17.

[229]柯军. 产业结构升级与经济增长的关系[J]. 统计与决策,2008(11):83 -84.

[230]刘晓宁,曲伟. 跨国公司在华研发投资对我国技术进步的溢出效应——基于东、中、西部吸收能力的实证研究[J]. 东岳论丛,2013(11):95 -99.

后 记

改革开放以来，中国一直是国际直接投资的主要受惠国，截至2016年底累计吸收外资超过1.77万亿美元。自2004年以来，中国对外直接投资开始迅速增长，2015年投资规模达到1456.7亿美元，超过日本（1286.5亿美元），位居全球第二。尤其值得关注的是，同期我国的产业结构也呈现出加速升级的阶段性特征，这二者之间究竟蕴含着怎样的关联？中国对外直接投资是否也像发达国家一样促进了国内产业升级？这些问题促使我去探究。目前，学术界关于对外直接投资与东道国经济关系的研究已经取得一定共识，但其与母国经济关系的探索才刚起步，相关问题亟待深入研究。本书是基于我的博士论文修改而成，书中的多数观点已经发表，但仍然存在不足之处，希望读者批评指正。书中借鉴和参考了一些学者的观点，尽量注明，但我对书中的观点负责。

本书能够顺利出版，首先，感谢我的导师兰州大学的俞树毅教授，他的教导使我受益匪浅，且为本书的研究框架和核心内容进行了细致指导；感谢兰州大学的郭志仪教授对书稿提出的宝贵意见。其次，感谢宗鑫博士、陈南旭博士、赵小克博士、杜斌博士等对本书提供的帮助。最后，感谢父母对我的无私关怀和大力支持，祝愿他们健康快乐、幸福安康！

本书得到2015年中央高校基本科研业务费专项资助项目：甘肃省产业结构优化的系统动力学分析（15LZUJBWYJ012）、2017年河南省软科学研究计划项目：价值链视阈下河南承接产业转移促进产业升级研究（172400410411）和2017年度国家社科基金一般项目：国家监察制度下的环境监管问题研究（17BFX122）的资助。